江湖隐语行话的神秘世界

曲彦斌 | 著

外一种：中国
民间隐语行话

九 州 出 版 社
JIUZHOUPRESS

图书在版编目（CIP）数据

江湖隐语行话的神秘世界：外一种：中国民间隐语行话／曲彦斌著. --北京：九州出版社，2022.9（2024.7 重印）

ISBN 978-7-5225-1114-6

Ⅰ. ①江… Ⅱ. ①曲… Ⅲ. ①汉语-社会习惯语-研究-古代 Ⅳ. ①H131

中国版本图书馆 CIP 数据核字（2022）第 153002 号

江湖隐语行话的神秘世界（外一种：中国民间隐语行话）

作　　者	曲彦斌　著
责任编辑	邓金艳
出版发行	九州出版社
地　　址	北京市西城区阜外大街甲 35 号（100037）
发行电话	（010）68992190/3/5/6
网　　址	www. jiuzhoupress. com
印　　刷	北京捷迅佳彩印刷有限公司
开　　本	880 毫米 × 1230 毫米　32 开
印　　张	13. 25
字　　数	308 千字
版　　次	2023 年 2 月第 1 版
印　　次	2024 年 7 月第 2 次印刷
书　　号	ISBN 978-7-5225-1114-6
定　　价	88. 00 元

目　录

中国民间隐语行话

从道书隐语符文秘字
与江湖文化说起

——《江湖隐语行话的神秘世界》
《中国民间隐语行话》
两书再版自序

以往，我关注过道家文化与道教，写过《道教与民间文化》之类文章，或在某部书中专门论及，如《江湖隐语行话的神秘世界》一书中卷第五章社会杂流切口，论及由于道教本即生长于汉语言文化环境之中，又与民间社会生活密切地联系在一起，或此即其接受民间文化影响，乃至隐语行话语俗的根本机缘和"先天性"条件吧。据所见材料，道士中隐语行话颇多，为此，我设计了中华锦语（隐语行话）博物馆的"中国道教语言文化双葩：道书隐语与符箓天书"单元。虽然如此，但我相对集中地研究道教文化，还是最近一段时间。

在中国传统文化中，江湖的本义是指广阔的江河湖海，如《庄子·大宗师》："泉涸，鱼相与处于陆，相呴以湿，相濡以沫，不如相忘于江湖。"《汉书·货殖传·范蠡》："（范蠡）乃乘扁舟，浮江湖，变姓名，适齐为鸱夷子皮，之陶为朱公。"而后，借指隐士的居处，如晋陶潜《与殷晋安别》诗"良才不隐世，江湖多贱贫。"《南史·隐逸传序》："或遁迹江湖之上，或藏名岩石之下。"清方文《寄怀鲁孺发天门》诗："江湖常有庙廊忧，逢人好谈天下事。"再由此衍生出"天下"的意思，并进而泛指古时不接受官府控制、不受法律约束与朝廷相对逍遥适性的民间社会。例如，北宋范仲淹《岳阳楼记》："居庙堂之高，则忧其民；处江湖之远，则忧其君。"至近现代，则指以卖艺、卖药、占卜等游走四方的谋生的行业。《二十年目睹之怪现状》第三十一回所谓"昨听江湖施伪术，今看骨肉出新闻"，即属此类所谓"江湖社会"。此类江湖社会由于包容着复杂的以古代的巫、医、百戏为源头多种生计职事群体，进而形成了以侠武为主要势力的巾、皮、李、瓜四行，从而成为人员混杂、光怪陆离、半明半暗的混沌社会。有清以降的武侠小说，以"侠义"为号召美化而且神化了江湖社会。清佚名《江湖通用切口摘要》中"相夫""江湖诸技"的"皮行"，"算命、相面、拆字等类，总称曰巾行。医病、卖药、膏药等类，总称曰皮行"，江湖涵盖了江湖道士谋生的基本手段。

"隐语远非仅仅是语言的特定形式，它们反映了一种生活方式……它们是研究有关心态、对人们和社会的评价、思维方式、社会组织和技术能力的关键所在。"① 道书隐语亦然。

兼容五花八门、三教九流的江湖社会，将道士排在了"中九流"，即所谓"一流举子二流医，三流风鉴四流批，五流丹青六流相，七僧八道九琴棋"，可见道士的江湖地位居中。在江湖其他行当的隐语行话里，有着不同的解读。例如，清季佚名《郎中医话》："直把，是道士。"《全国各界切口大词典》的"住宅保镖者之切口"："漂火头：道士送符也。吊浸水：道士和尚化缘

---

① ［美］戴维·W·摩洛《投骰赌徒的隐语》，《美国政治社会学年鉴》一九五〇年第二六九期。

也。""红白帖之切口":"钻工：道士也。"又据齐如山《镖局》访谈镖师得知，清末镖行行话道士为"点把祥师"。

　　近期，我专注于读道书，几乎入迷到了沉浸其间的地步。何以如此这般？主要是特别注意到，在作为传承各宗派道学思想主要载体的、浩如烟海的道书颇多语言晦涩、诡谲神秘现象，尤其是掺杂许多富有道教各宗派特殊含义的大量玄奥隐语，令人难以辨读，成为辨识解读道书、释读典籍、破解奥义、传承道学思想的一大语言障碍。道书隐语之深奥难解，在于其出于保密兼故弄玄虚而越来越诡异，即如《江湖通用切口摘要》所言："江湖各行各道，纷纷不一。""各行各道另有隐切口，乃避同类而用，隐中又隐，愈变愈诡矣。其类既多，其语可知也。"不过，亦正因如此，深奥难解的愈显玄秘的道书隐语，成为世界隐语丛林最为独特的一脉宗教语言的文化风景线。

　　孳生于本土文化的道教及其道教语言，形成于汉语言文化环境之中，自然与民间社会生活密切地联系在一起，特别是，亦同样生存于江湖文化社会环境之中。在接受民间文化影响和融合过程中，同样接受并形成了道书隐语符文秘字语俗。因此，今所见道教隐语，也就必然地形成了道教徒所认可的道书隐语符文秘字，以及被道教徒所鄙视的、被视为"伪道教徒"，或说是以道士名义游走于市井的江湖术士群体的"道士隐语行话"，两大分野。当然，亦毋庸讳言，历来也不乏道士混迹其间，江湖社会一想就是个鱼龙混杂的世界。因为，道书隐语符文秘字语俗本体，便涵盖着占卜之类宗教活动的语言事实。清初人翟灏《通俗编·识余》所记"道家星卜：一太，二大，三蒙，四全，五假，六真，七秀，八双全，九渊"，即是。

　　至于江湖道士的种种伎俩和嘴脸，从民初的一部《全国各界切口大词典》所辑江湖"道士隐语行话"，则颇为真切可观。且略选而编辑如下：

　　　　谓道士为"顺子"，法师为"法蠹"，香火为"熏天"，敲木鱼为"丁火子"，大锣为"划四维"，小锣为"勾四维"，敲为"丁"，大钹为"翁大"，小钹为"勾翁大"，小为"勾"，飞钹为"面带"，中钱为"小闹"，云锣为"云四维"，笛子为"蠲老"，笙为"披老"，箫为"摸洞"，胡琴为"贰扯"，提琴为"手响"，琵琶为"白虮"，弦子为"川条"，印磬为"瓜子"，小木鱼为"勾火子"，磬为"青七张"，云钟为"西瓜"，云板为"方云"，锣鼓套为"帐子"，大铜鼓为"双飞"，催鼓为"单飞"，檀板为"捐老"，笏为"朝板"，盖经忏用帕子为"经盖"，大木鱼为"发水"，云磬为"云条"，拜忏为"扦"，念经为"荒"，吹为"作"，写为"触"，疏头为"索线"，榜为"玉告"，对子为"双飞"，忏堂悬挂物总称"端严"，轴子为"轴了贰"，倒垂的帐幕为"欢门"，香炉为"朝奏"，蜡烛台为"朝天"，纸模为"挽司"，桌帏为"掌空"，净水钟为"仰口"，手提香炉为"云记"，宝剑为"斩妖"，旗为"招风"，鞭为"麻条"，灵牌为"响火"，幡为"招魂"，小灵牌为"勾响火"，香担为"挑"，法师穿的靴子为"法关"，法师戴的帽子为"法冠"，法师靴帽总称"头脚一套"，扇子为"摆风"，香为"河泥"，灯为"路照"，神主为"驻魂"，喜神为"欢观"，挽联为"白票"，孝堂为"白宫"，哭为"号淘"，笑为

"守"，座台为"如在"，死人为"抄天"，起座头及上家堂为"出刍"，高佛为"南无"，上饭为"奏食"，接眚为"劈大"，接时辰为"迎銮"，铺灯为"破荧"，结箓为"结龙"，做法事为"任果"，施食为"解缘"，大为"滑"，保太平为"了结"，散花解结为"了冤"，做完道场的大拜送为"拨"，东方为"七起"，南方为"三起"，北方为"五起"，算账为"圈起"，意外的赠送为"外货"，钞票为"票了式"，大洋钿为"霸王"，角子为"屋根"，铜钱为"九另"，吃饭为"齐笃落"，吃酒为"齐酱"，吃蔬菜总称"齐索"，吃肉为"齐昌"，鱼为"五面观麟"，鸡为"全斗"，粥为"五雷"，点心为"占水"，吃为"齐"，快为"风"，面为"丁回"，米为"大字"，茶为"草头"，烟为"流"，香烟为"熏流利用"，水烟为"青流利用"，敷衍了事为"小落"，做一日的功德为"一太阳"，做两日的功德为"牌太阳"，做三日的功德为"穿太阳"，做四十九日的功德为"永了郎太阳"，男主人为"账官"，女主人为"罗车"，人家为"天尊"，好为"簇"，不好为"烂"，老年人为"考考"，妇人为"流宫"，小孩为"苟西"，老妇为"敲破流"，蒲墩为"摆底"，蜡烛为"五烂"，等等。又有数字隐语若干，一为"人"，二为"利"，三为"西"，四为"底"，五为"圆"，六为"隆"，七为"青"，八为"昌"，九为"湾"，十为"人式"，等。

道教道书隐语符文秘字语俗，是汉语锦语（隐语行话）与本土江湖文化密切关联乃至融为一体的一支重要实证。借用美国文化学家萨姆瓦等在《跨文化传通》所言，"为了改进传通，我们必须懂得其他人所使用的特殊的语码。如果他们使用某一群体所特有的隐语，我们必须将那隐语作为语码的一部分来了解"。①　或言之，通过对道教道书隐语符文秘字文本的考察，不仅是了解该群体社会态度的一个特定的独到的视角，同时也有助于解读其产生隐语的文化背景。

通过读经，研究语料得知，道书隐语及其"鬼画符"似的符文秘字的发生学轨迹显示，其本体的功利性成因，是道教徒群体性的自觉意识，在于以秘密化、玄化为雅致、神秘化，同时规避他知，于是乎，成了后世读经、解经的语言障碍，成了千百年来令人望而却步的冷门绝学之苑。就这样，我萌生了辑集、释解道书隐语符文秘字的想法。

《论语·述而》："其为人也，发愤忘食，乐以忘忧，不知老之将至云尔。"自省一番，之所以老来还跃跃欲试地执意闯关这一隅冷门绝学，并非一时冲动或自我陶醉，或许是几十年所事民俗语言学尤其是民间隐语行话研究的知识积淀致使的刺激。书画家往往有"衰年变法"之举，然而我不是。不过，套用《论语》之言，的确也是"不知老之已至"，是自感时不我待的暮年的一次严峻自我挑战。

那么，通过上述讨论道书隐语与江湖文化的铺垫之后，现在即进入本书新版的新序话题。而且，这是《江湖隐语行话的神秘世界》和同时以"外一种"名义收录的《中国民间隐语行话》两部书的再版自序。

可以说，同样可以视为冷门绝学的隐语行话研究，是我此生用

---

① 中译本第二六八页，生活·读书·新知三联书店一九八八年版。

力最勤的学术研究领域之一。大约三十年前，我曾集中时间精力专注于这一领域的研究。其结果，是在两年里连续出版了三部专著，即《中国民间秘密语》①《江湖隐语行话的神秘世界》② 和《中国民间隐语行话》③，再就是将与本书同时问世的专题文集《曲径通幽：锦语世界的智慧诡谲》，四部专著，若外加相关的辞典和中华锦语博物馆的设计文字，合计数百万字，便是我在本领域的全部著述。

其中，《中国民间秘密语》已有再版新序，《曲径通幽：锦语世界的智慧诡谲》亦自有新书新序，唯有两著合一的本书，亦理当有篇再版新序。

先说关于《江湖隐语行话的神秘世界》的话题，是乃"花絮"。

这部小书，是继撰写《中国民间秘密语》之后，言犹未尽所作，因为"中国民俗语言文化丛书"乃我主编，首批仅出了几种，个中就有我的三种，故这部署了个笔名"冷学人"。还有一种《俗语古今》是旧稿，也署了个笔名"屈朴"。

小书面世后，著名的文化学者、鲁迅学家，时任辽宁社会科学院副院长的彭定安先生见到赠书后，虽非其研究领域，却给予特别关爱，撰写了一篇专题评介文章给予热诚鼓励。他是引领我免试，而且还因我受命出任新公职一时不得脱身调离等候了两年之久才如愿调入，成为职业学者的"恩者"。这篇发表于《社会科学辑刊》1992 年第 1 期，题为《民俗语言学的又一新著——谈

---

① "中华本土文化丛书"一种，上海三联书店一九九〇年版。
② "中国民俗语言文化丛书"一种，署名冷学人，河北人民出版社一九九一年版。
③ "神州文化丛书"一种，新华出版社 一九九一年版。

〈江湖隐语行话的神秘世界〉》的评介，在评介小书内容、价值的字里行间，满是前辈的关爱与鼓励。

小书凡三卷，上卷中国隐语行话概论，中卷从隐语行话考察、透析社会，下卷江湖隐语行话要籍。具体内容，已见于彭先生的评介，且将该文迻录于此，则不赘言之。

我当过多年编辑，常有一种心情：每当在阅稿中发现一篇出色的作品时，便不禁欣喜非凡。在浏览了曲彦斌同志的新著《江湖隐语行话的神秘世界》之后，我的心情颇与上述状况相同。彦斌同志"学历不深"，然而他却能在自修的基础上，坚持从事研究工作，已经撰写了多部专著，现在，又有了新的成果，这确实是令人高兴、欣慰和赞佩的。

作者在本书弁言中说到搞研究工作，坐冷板凳，有"冷趣"。我很同意这种看法，自身也有此感受。

不过，我觉得这种"冷趣"，其实也是一种"热味"，这种"味道"——人生的味道，处世的味道，奉献于民族、社会、国家、文化的味道，确实是热烘烘的，它需要热心、热情，它具有热度，它也产生热量。说它"冷"，只是就某种工作状态而言，也是就一种文化心态而言，就是说，它需要从业者、献身者，能够不怕冷清、寂寞，不为"外面"的热闹所引诱，不为热闹场中的"热闹"所左右，它也需要冷静的钻研，冷静的思索、追究、探寻，还需要一种冷于利禄而热衷事业的心态。"冷趣"，是一种高尚的趣味。知识分子、研究人员，需要培养并坚持这种趣味。

弁言中还提到，此种学问，即关于隐语行话这个语言文化的一个神秘世界的事情，是"枝梢末节"，——他用了引号，或有转借、保留之意。然而，不管他的本意如何，我都是不同意的。当然，解释一两个隐语行话、揭破三言两语"黑话"，或考证一些隐语行话之类的出处来历，只能看作是作学问的枝梢末节，但是，系统地、有独立见解地整理前人之学术积淀、收集这方面的历时性资料，进行分类研究，并且描述、提示这个语言的也是社会的秘密世界，这工作就决不是枝梢末节了。这还是只就其"本体"的、直接的内涵与意义而言，如果连类而及、扩大关涉范围和作跨学科的思考与研究，那么，它就至少还有历史学、民俗学、文学、文化人类学、社会学、心理学、训诂学等方面的意义。它可以帮助解读古籍、杂学，可以研究历时性和共时性的亚文化（如书中所列三种分类形态的各种社会阶层、各行各业、各种秘密会社的隐语、行话、秘密语）状况，研究历史上的现实和社会状况和阶层结构、"角色"状态以及社会心理，等等。从这些方面看，这就是一种"大系统"研究和"研究大系统"了，因此也就是一门大学问了。

就这本书已经达到的程度来说，我以为也已经证实了这一点。全书分三大部分：（一）中国隐语行话概论；（二）从隐语行话考察、透析社会；（三）江湖隐语行话要籍。这三部分，就本体论的角度而言，既记述、描摹了总体状貌，又连及语言、社会、阶级、职业以至心理；既对隐语行话进行了分类排比，又做了必要的解读注释。确是较为系统、全面的。然而，在这同时，也就是关连到上述许多学科的研究领域，在不少地方，已经越过"本体"，而具有跨学科的意义和价值了。比如，书中写到"扯淡""杀风景"，使我们了解到今活在人们口头的词语的来历；《金瓶梅》中的一句骂人的话"望江南巴山虎汗山东斜纹布"，原来是镶嵌式的隐语，意思是"王（望）八（巴）汗（汗）邪（斜）"。书中还指出：隐语行话"融汇凝聚了各行业人行为惯制心态"，这些，不都是一些实际例证，证明了跨学科的意义么？

这本书的专业性很强，却又有知识性、可读性。它介绍了许多鲜为人知的语言的、社会的、历史的、文学的知识，它又介绍了不少人们熟知的各方面知识的历史渊源、来龙去脉。读来令人颇有兴味。这里只举两个例子，一个是著名的"江永女书"，向为人知，但都不明其详。书中对之介绍纵横兼备，令人看了不仅颇感兴味，而且了解到多方面的知识与情况，包括社会学、民俗学、文化学以至心理学方面的知识。还有就是杭州隐语中关于十个数字的说法：一为忆多娇，二为耳边风，三为散状香，四为思卿马，五为误佳期，六为柳摇金，七为砌花台，八为霸陵桥，九为救情郎，十为舍利子。这里含着多少南国市人的机智、风趣和文化心态的机锋。我对此十分赞赏，而且所思很多，远不止于语言学范畴。书中关于这个数字的隐语，还有其他多种说法，作为一比较研究，也是会所得更多，越过语言领域又不脱离"母体"的。

书中还指出隐语行话盛于宋，至明亦盛，又指出隐语行话与宋元话本、元明杂剧的互渗互用关系，也是可以进一步研究，涉及社会学、经济学、戏曲史等；当然，"语言学本体"方面的研究题旨也还可以由此生发许多。

弁言中作者还说到公安人员见到他这方面的文章后，认为可以根据此种知识来帮助侦破工作。这是肯定能发挥作用的。而这就是更具有实用性了。这种实用性，恐怕还远不止于公安工作方面。

总之，我喜欢这部书，也认为作者收集了丰富的资料，且做了抉隐发微的工作，又对这些资料进行了独到的研究，做了开辟性的工作。我乐于向读者推荐这部书，并借此机会祝作者取得更多更好的研究成果。①

之所以将江湖道教隐语行话在"社会杂流切口"中记述，小书认为，汉语文化史上的"杂流"，一般有三指，一是未入流的杂职之官，二是不经由正常途径（如科举）补以官位者，三是指士流之外出身者，如《新唐书·曹确传》云："工商杂流，假使技出等夷，正当厚给以财，不可假以官。"这里所谓的"杂流"，则是就一般工商行帮、江湖秘密帮会等隐语行话语俗的主要流行社群而外的一些群体而言的，如僧道、士兵、警察、仵作、侦探、地保、幕宾、衙役、狱卒、保镖等等。秘密语语俗，是社会中下层人群的文化。举凡这种语俗进入一种社会群体，都在于其本身特有的功利性特点，即便于内部交际和沟通同人思想感情。这些"杂流"群体之所以流行有隐语行话，亦不外乎于此。道士道教是土生土长的中国宗教。其宗教思想体系颇为庞杂，源于先秦道家而又承袭了古代巫术、神仙方术，尔后又糅合了一些儒家及佛教的理论及教规、仪式。正因其滋生于中华民族传统文化之中，因而其本身从来即是传统文化的当然成分之一。道教信奉的

---

① 彭定安《民俗语言学的又一新著——谈〈江湖隐语行话的神秘世界〉》，《社会科学辑刊》一九九二年第一期。

以"玉皇大帝"为首的众班神仙，大者化为了民间信仰。民间供奉的财神、福禄寿三仙及腊日祭灶等信仰习俗，无不与道教信仰密切相关。又如《水浒传》中一百零八位梁山好汉用以排座次的三十六天罡、七十二地煞，均为道家信奉的星神。而且，又因道教经典本即出自汉语，加之通俗易懂，其《太上感应篇》《文昌帝君阴骘文》等所宣扬的天人感应、因果报应等思想，早即渗透于民俗心理之中，对民间文化影响颇深。

现在，再说说《中国民间隐语行话》。此书原本是本人应对相关讲座或专题学术报告使用的讲稿。不曾想，这个选题进入了季羡林先生主持的"神州文化丛书"视野，收到由季先生署名的约稿函，一并寄来的还有出版协议和预支稿酬汇款单。或许其由来是丛书策划者看到了此前刚刚问世不久的拙著《中国民间秘密语》，不得而知。如此盛邀、诚邀之下，苦于一时难以拨冗在短时间内交稿。于是，便将原本十余万字的讲稿，略作修订交了差。

后来还得知，该书系经我未及谋面、结识和请教的庞朴先生审稿，庞先生的审稿意见，给予了高度评价。庞先生是我仰慕已久的中国当代著名历史学家、文化史家、哲学史家和方以智研究专家。看到庞先生评语的复印件，在感到受宠若惊的同时，深感其知识结构的广博，期望能有机会向其专题请教、畅议关于"锦语"（隐语行话）的若干话题。然而，庞先生已仙逝多年，成了我此生诸多追悔莫及的遗憾之一。

鲁迅在 1933 年 6 月 18 日致曹聚仁的信中说："中国学问，待从新整理者甚多，即如历史，就该另编一部。古人告诉我们唐如何盛，明如何佳，其实唐大有胡气，明则无赖儿郎，此种物件，都须褫其华衮，示人本相，庶青年不再乌烟瘴气，莫名其妙。其他如社会史、艺术史、赌博史、娼妓史、文祸史……都未有人着手。"① 我之进行本选题研究的初衷，在于从专门史的微观视点切入社会文化的深层结构——民间文化和亚文化之中，探析社会文化的本源、发生、发展以及流变的轨迹。因而，在此前后我曾经陆续涉猎了典当史、行会史、保安史、经纪史、拍卖史、生肖史、隐语行话史、招幌和招徕市声史、俗语史乃至流氓文化，等等，多属拾遗补缺之作。有的，甚至被光明日报社主办的《文摘》杂志在创刊之初两次选摘片段。反思之下，其缘故主要在于本书的选题，恰是近年颇受学界关注的社会生活史、风俗史等专门史的空白。而且，大都采用业已形成的民俗语言学学说老办法，从与之相关的民俗语汇、关键词考索切入，逐步深入、展开。其中民间隐语行话，均为这些社会生活史著述打开了不同的特殊窗口，同时其语料，又是还原相关史实的"语言化石"和不可多得的语证。这也是这几部社会生活史中的亚文化专门史小书理所当然的双重使命。

一如本文的题名"从道书隐语符文秘字与江湖文化说起"，本领域实在是存在很多有待发现、发掘、解读的和深入阐释乃至重新认知的宝贵语料资源。期望这几部小书的再版，能够继续为读者引发新的兴趣，大跨度地超越我三十年前这些探路铺路的粗浅之作，余愿足矣。

壬寅年中伏次日（2022 年 7 月 27 日）

补撰于沈阳北郊邨雅堂

---

① 《鲁迅书信集》上卷第三七九页，人民文学出版社一九七六年版。

江湖隐语行话的神秘世界

上卷　中国隐语行话概论

题为"中国隐语行话概论"，一如"中国民间秘密语"这个提法，实际上只是一种习惯说法，实际论述所及，基本上都是汉语言文化中的东西。由于历史的原故，汉语言文化已成为中华民族的主体文化。追根溯源的话，汉民族文化（包括语言文化在内）却是广泛汲取了其他许多兄弟民族文化精华才发展至今天这个样子的。因就此意义而言，且按习惯沿用了这种称法。至于中国其他兄弟民族语言文化中的民间秘密语的发掘研究，限于笔者本人学识，未敢妄加论述或引录，只好留待熟知个中真谛的专家来弥补此阙了。

　　本卷所谓"概论"，拟在以往研究的基础上，着重选择五个比较重要的基本问题，加以重新梳理、论述，旨在以一家之说对中国民间秘密语基本情况做出摘要清理，为读者有个比较清楚的总体性的认识提供参考。

一、隐语行话简史

在汉语言文化中，"隐语"一词出现较早，并且其内涵亦很宽泛，其中最著名的，是南朝梁刘勰《文心雕龙》卷三关于"谶"的阐释。刘勰说："谶者，隐也；遁辞以隐意，谲譬以指事也。"对此，历代又阐发不一。修辞学家认为这是一种与比喻（暗喻）相近的修辞方式，民间文学专家认为这是谜语的基本特点，甚至探寻歇后语、藏词一类语言形式亦往往归结于此。那么，刘勰所说的隐语是什么呢？《文心雕龙·谐谶》云："昔楚庄、齐威好隐语，至东方曼倩尤巧辞述。"我们不妨按图索骥看看他们的"隐语"是什么。

《史记·楚世家》："庄王即位三年，不出号令，日夜为乐，令国中曰：'敢谏者死。'伍举入谏，曰：'愿有进隐。'曰：'有鸟在于阜，三年不飞不鸣，是何鸟也？'庄王曰：'三年不飞，飞将冲天；三年不鸣，鸣将惊人。举退矣，吾知之矣。'"伍举冒死相谏，以及庄王的答语，双方均属"遁辞隐意，谲譬指事"，可见其"隐语"是一种譬喻方式的话语组合。而齐威王所好"隐语"亦是如此。如《战国策·齐策一》："靖郭君将城薛，客多以谏。靖郭君谓谒者无为客通。齐人有请者曰：'臣请三言而已矣，益一言，臣请烹！'靖郭君因见之，客趋而进，曰：'海大鱼。'因反走。君曰：'客有于此。'客曰：'鄙臣不敢以死为戏。'君曰：'亡，更言之。'对曰：'君不闻大鱼乎？网不能止，钩不能牵，荡而先水，则蝼蚁得意焉。今夫齐，亦君之水也，君长有齐，奚以薛为？失齐，虽隆薛之城到于天，犹之无益也。'君曰：'善！'乃辍城薛。"亦属譬喻谏事一类"隐语"。至于东方曼倩（即东方朔）的"尤巧辞述"，亦类上述。如《汉书·东方朔传》载："上令倡监榜舍人，舍人不胜痛，呼謈（音 bào，号叫）。朔笑之，曰：'咄！口无毛，声謷謷，尻益高。'舍人恚曰：'朔擅诋欺天子从官，当弃市！'上问朔：'何故诋之？'对曰：'臣非敢诋之，乃与为隐耳。'上曰：'隐云何？'朔曰：'夫口无毛者，狗窦也。声謷謷者，乌哺鷇也。尻益高者，鹤俯啄也。'舍人不服，因曰：'臣愿复问朔隐语，不知，亦当榜。'即妄为谐语曰：'令壶龃，老柏涂，伊优亚，狋吽牙。何谓也？'朔曰："令者，命也；壶者，所以盛也；龃者，齿不正也；老者，人所敬也；柏者，鬼之廷也；涂者，渐洳径也；伊优亚者，辞未定也。狋吽牙者，两尤争也。'舍人所问，朔应声辄对，变诈锋出，其能穷者，左右大惊。上以朔为常侍郎，遂得爱幸。"凡此，实亦即刘勰于《文心雕龙·隐秀》中所说的："隐也者，文外之重旨者也。"悉若闻一多《说鱼》所认为："隐语古人只称作隐（讔），它的手段和喻一样，而目的完全相反，喻训晓，是借另一事物来把本来说不明白的说得明白点；隐训藏，是借另一事物来把本来可以说得明白的说得不明白点。"

"讔"即隐语。社会诸行群体或集团用以内部交际的"语言"，即以保守内部秘密、维护本行利益为功能的这种特殊语言，一般亦谓之"隐语"，乃取其隐秘有别于通语这个特质而言。

"行话"，即流行于各种职事集团或群体的不同当行用语，大都与其所事内容相关，多为外行人所不懂。大部分行话，都具有一定的保密功能。如《江湖行话谱》中的"走江湖行话"，以烟袋为灰搂儿，烟卷为草卷，鸦片为海草，茶盅为紧口，茶水为海儿，洋火为崩星子，被为干草子，看牌为翻章子，枪为蔓子，睡觉为陈条儿，死了为碎了，等等。这些"行话"已非狭义范围中手工匠人所使用的那种专业术语，而是属于秘密语性质的特殊语言。明田汝成《西湖游览志余》卷二十五"委巷丛谈"云："乃今三百六十行，各有市语，不相通用，仓猝聆之，不知何等语也。有曰四平市语者，以一为忆多娇，二为耳边风，三为散秋香，四为思乡马，五为误佳期，六为柳摇金，七为砌花台……意义全无，徒以惑乱观听耳。"其所谓"市语"，即行话；"惑乱观听"，亦显然是防备外行人听得明白，在于保守当行秘密。

作为秘密语的隐语、行话，历来名称颇多，如切口、杂话、市语、方语、查语、锦语、俏语、黑话、暗语等等。还有称作"春点"的，如《江湖通用切口摘要》前面小引中称："江湖各行各道，纷纷不一。切口，即隐语也。……今所记皆各道相通用者，至于各行各道另有隐切口，乃避同类而用，隐中又隐，愈变愈诡矣。其类既多，其语可知也。""秘密语"一词，是现代语言学中的一个术语，在汉语言文化中，亦即"隐语行话"。旧俗谓流浪四方或游走各地谋生为"走江湖"，故民间诸行秘密语又谓江湖隐语行话。《江湖切要》《江湖行话谱》等，即属辑释这类用语的专书。

　　汉民族语言文化，是世界文明史上历史最久、发达最早的一系，是人类文明主要发源之一。而汉语言文化形式的丰富多彩，亦理所当然地包括着隐语行话这一民俗语言文化品类。

　　一般地说，汉族民间隐语，大抵可依发生学分类法分为三种较大的类型，即：由禁忌、避讳而形成的市井隐语，亦即因避凶就吉、避俗（秽）就雅而成的各类代码式隐语，如《金瓶梅》中以"王鸾儿"讳称男性生殖器之类；其次是以回避人知为功利性特点的隐语行话，如盲人秘语之类；再即以隐约其辞为特点的游戏类隐语，如以钱为"白水真人""阿堵物"之类。三种类型相互影响、渗透，相对存在，而隐语行话亦从另外两类得以丰富和充实。

　　江湖诸行隐语行话，就今所见文献可据者，其上限在唐代，至今已逾千年之久。如宋曾慥《类说》卷四引唐无名氏《秦京杂记》云："长安市人语各有不同，有葫芦语、镊子语、钮语、练语、三摺语，通名市语。"是知唐时都城长安商贾的隐语行话名目已经许多。又如宋王谠《唐语林》卷五"补遗"载："宋昌藻，考功员外郎之问之子。天宝中，为浛阳尉。刺史房琯以其名父之子，常接遇。会中使至州，琯使昌藻郊外接候。须臾却还，云：'被额！'房公顾左右：'何名被额？'有参军亦名家子，敛笏对曰：'查名诋诃为额。'房怅然曰：'道额者已可笑，识额者更奇。'近代流俗，呼丈夫、妇人纵放不拘礼度者为查，又有百数十种语，自相通解，谓之查语，大抵多近猥僻。"是知唐时已有名为"查语"的这种隐语流传，然所传不广，仅系一时一地的语俗。在唐孙棨《北里志》中记载，称假母为"爆炭"；崔令钦《教坊记》中载，称天子为"崖公"，以欢喜为"蚬斗"之类，是知唐代娼妓、优伶行中已流行有隐语行话。这也是今所见文献上确切记载的较早的民间隐语行话语汇形式。

　　宋元时，民间诸行隐语行话即已经兴盛一时。据宋张仲文《白獭髓》称，当时的"掀也""火里"之类，"此银匠谚语"，亦即当时银匠一行的隐语行话语汇。此间流传至今的，有宋汪云程辑入《蹴鞠谱》中的《圆社锦语》，和见于宋陈元靓所辑《事林广记续集》卷八的《绮谈市语》两种。《圆社锦语》是宋代球社团体的隐语行话辑集，也是迄今所见较早的一种隐语行话专集。清翟灏《通俗编》卷三十八"识余"云："宋汪云程《蹴鞠谱》有所谓锦语者。亦与市语不殊，盖此风之兴已久。"是集辑释隐语行话一百三十余条，悉以通语注隐语。全篇如下：

圆社锦语

　　孤：一。对：二。春：三。宣：四。马：五。蓝：六。星：七。卦：八。远：九。收：十。解数：一。勘赚：二。转花枝：三。火下：四。小出尖：五。大出尖：六。落花流水：七。斗底：八。花心：九。全场：十。坐蹬十三解未解。打楦：添物。添气：吃食。宿气：中酒。夹气：相争。单胖：无钱。听拐：耳。夹胖：有钱。拐搭：靴鞋。葱管：阳物。字口：阴物。入气：吃饭。胖声：言语。达气：声气。膜串：不中。朝天：巾帽。侵云：长高。表：妇人。用胖：如使。喷嘤：下雨。喝啰：叫唤。□刚：大名。无下刚：裹。补踢：干事。绵脚：牙齿。顺行：退随。逆了：颠倒。场：失礼。水：表。入网：无房。上手：得。下手：不得。大泰：毒行。折皮：行动。细褪：饥了。足脉：醉了。五角：村。入步：来。膁辞：去。水脉：酒。脉透：醉。受论：肯。糟表：无用。光表：和尚。老表：道士。调胅：
尿。网儿：衣。涨水：杂。嵌角：瞎。遭数：或。撞烟：
黑。粉皮：白。侵粗：床。曢表：耐。踢脱：死。虎掌：手。
旋道：眼。璃戏：看。掔胅：坐。胅儿：女。插脚：坐入。
刀马：脚。折皮：动行。滚：浴。圆：好。不正：歪。上
网：上盖。出恶：性起。用表：使女。攒老：军人。苍老：
老妇。锁腰：丝环。打奠：吃茶。水表：娼妓。孤老：老官
人。贡八：使人。敦杀：坐地。者粗：猪肉。嗟表：少女。
五角表：村妇人。云厚：多人。盘子：场儿。白打：远去。
稍拐：后。歪：不好。球粗：羊肉。斗粗：牛肉。浮粗：鹅
鸭。江戏：鱼。线粗：鸡。搭：上前。左拐：左边。右拐：
右边。打唤：请人。冲撞：骂人。仙桥：鼻。粉合儿：口。
玉栏干：手。数珠：肚。胞头：卵。粮头：米。聚网：伞。
鸾字：书信。花市：早。夹胞：有钱。奠闲：茶钱。花阴：
午。蹴鞠梢：晚。云散：无人。拨云见日：明人。乌龙摆
尾：了毕。

凡此，早已是十分成熟的汉语隐语行话。《绮谈市语》亦然，
可以说是中国民间秘密语史上，第一部隐语行话的分类语汇专
集。凡依汉籍传统目录学分类的习惯方法，根据语汇所指通语语
义内容分作天地、君臣、亲属、人物、身体、宫殿、文房、器
用、服饰、玉帛、饮食、果菜、花木、走兽、飞禽、水族、举
动、拾遗、数目等，共十九门，悉以隐语行话注通语（全文详见
本书后面的"江湖隐语行话要籍"）。

所谓"绮谈"，即纤婉言情词语。一如《法苑珠林》卷一五○

"五戒戒相"所称："又《成实论》云：虽是实语，以非时故，即名绮语。或是时以随顺衰恼无利益故，故虽利益以言无本，义理不次，恼心说故，皆名绮语。""绮语"亦即"绮谈"。由此可知这种"市语"于当时的流行，及其在世人印象中所处的地位。

至明代，社会诸行流行隐语行话之风益盛，今可见之辑集亦多，业已引起学人文士的注意。如明人田汝成《西湖游览志余·委巷丛谈》即云："杭人有以二字反切一字以成声者，如以秀为卿溜，以团为突栾，以精为鲫令，以俏为鲫跳，以孔为窟窿，以盘为勃兰，以铎为突落，以窠为窟陀，以圈为窟栾，以蒲为鹘卢。有以双声而包一字，易为隐语以欺人者，如以好为现萨，以丑为怀五，以马为杂嗽，以笑为喜黎，以肉为直线，以鱼为河戏，以茶为油老，以酒为海老，以没有为埋梦，以莫言为稀调。又有讳本语而巧为俏语者，如诉人嘲我曰淄牙，有谋未成曰扫兴，冷淡曰秋意，无言默坐曰出神，言涉败兴曰杀风景，言胡说曰扯淡，或转曰牵冷，则出自宋时梨园市语之遗，未之改也。"又云："《辍耕录》言，杭州人好为隐语，以欺外方。如物不坚致曰憨大，暗换易物曰掇包儿，粗蠢人曰杓子，朴实曰艮头。《白獭髓》言，杭俗浇薄，语年甲则曰年末，语居止则曰只在前面，语家口则曰一差牙齿，语仕禄则曰小差遣。此皆宋时事耳。乃今三百六十行，各有市语，不相通用。仓猝聆之，不知为何等语也。有曰四平市语者，以一为忆多娇，二为耳边风，三为散秋香，四为思乡马，五为误佳期，六为柳摇金，七为砌花台，八为霸陵桥，九为救情郎，十为舍利子，小为消梨花，大为朵朵云，老为落梅风，讳低物为靸，以其足下物也。复讳靸为撒金钱，则又义意全无，徒以惑乱观听耳。"云云。足见明代市间的一些流行隐语行话，乃前代传承而来，然而又进一步得以丰富，是其益盛之证。

宋代是中国白话通俗小说滥觞之季，元明杂剧又繁荣其间。小说、杂剧以及明代民歌时调多以当时口语为事，因而其中颇富俗语等民俗语言。由此，民间秘密语之进入其文学语言，亦是时俗之功，为一时语俗之必然的结果。关于隐语行话之进入戏曲语言，明人徐渭的《南词叙录》中所谓"曲中常用方言字义"诸事最为显证，兹摘录若干。如：

> 勤儿　言其勤于悦色，不惮烦也。亦曰刷子，言其乱也。
> 入跋　入门也。倡家谓门曰跋限。
> 顶老　伎之诨名。
> 入马　进步也。倡家语。

古时娼优一家，是其俗尚，而娼家行话进入戏曲为之所用，亦极其自然之事。但所用者，却并非皆属娼家行话，如裱褙匠的隐语行话，即大段用于戏曲，见于明朱有燉《诚斋乐府·乔断鬼》：

> 〔末云〕：且住，再听他说个甚么。
> 〔净云〕：大嫂，你收了银子了？将前日落了人的一个旗儿，两搭儿荒资，把那青资截一张荒资，荷叶了，压重处潜垛着，休那着老婆子见。
> 〔贴净云〕：你的嗽，我鼻涕了，便去潜垛也。
> 〔末云〕：小鬼，他说的都是什么言语？我不省的。
> 〔小鬼云〕：他说"旗儿"是绢子，"荒资"是纸，"青资"是刀儿，"荷叶了"是包裹了，"压重"是柜子，"潜

垛"是藏了。他说：教他老婆将那落的人的绢子纸，用刀儿截一张纸包裹了，柜子里藏了，不要他娘见。那妇人说"鼻涕了"，是省得了，便去藏也。

〔末云〕：他的市语声嗽，我也不省得，你如何省得？

〔小鬼云〕：小鬼自生时，也是个表背匠。

这是从戏文中见到的当时裱褙匠当行隐语行话。明代社会以浮丽、堕落、淫逸为一时习尚。明宪宗（1465—1487）以来，朝野公然竞谈房中之术，方士以献房术骤贵者不乏其例，娼妓业亦一时大盛。因此，今所见存的明代隐语行话，以娼妓中流行的居多，则不足为奇耳。如附刻于《新刻江湖切要》卷末、署名为"明·风月友"的《金陵六院市语》，及见于程万里《鼎锲微池雅调南北官腔乐府点板曲啊大明春》卷一的"六院汇选江湖方语"，即是，兹分别抄录如次：

金陵六院市语

六院风景不同，一番议论更别。既难当时分晓，可不预先推详？

谈笑诎字居先，举动者字为尚。无言静坐，号为出视；有望不成，则云扫兴。扩充知其齐整，稀调欲为莫言。好曰现，而走曰趋。讨曰设，而唱曰咽。超者打之谓，嗟乃小之辞。燥皮，相戏之称。垂头，歇宿之意。趣鹎子，极妙情怀。麻苍蝇，可憎模样。以冷淡为秋意，言说谎作空头。情不投者，不着人言；涉败兴者，为杀风景。眼里火，见者便爱；尝汤水，到处沾身。闯寡门者，空谈而去；吹木屑者，不请自来。

自身而言：撤楼者，头也。凶骨者，鼻也。睬老者，眼也。爪老者，手也。齿老者，牙也。听聆者，耳也。撤道者，脚也。嘻溜者，笑也。攘抢者，恼也。枪者，脸也。啜者，嘴也。摸枪者，搽粉也。高广者，肉香也。洒酥者，出恭也。杂嗽者，骂也。怀五者，丑也。

自称呼言：老妈儿为波么。粉头为课头。乐人为来果。保儿为抱老。小娃子为顶老。酒客为列丈。老者为采发系。少者为剪列血。夹为瞎眼。骂玉郎为麻面。绳儿为蛮子。歹该为呆子。矮而壮者为门墩。长大者为困水。

自饮食言：称讪老知其用茶。称馨知其用饭。称海知其用酒。称直线知其用肉。称咬翅知其用鸡。称河戏知其用鱼。称碾知其吃食。

自用物而言：衣服则曰袍杖。帽子则曰张顶。簪子则曰插老。银子则曰杏树。铜钱则为匾儿。汗巾则曰模攘。

至若埋梦即没有之意，扯淡则胡说之辞。弄把戏以喻乎偷，郎兜以明乎大。方列趖，与房里去声音粗近；设燕剪，与讨房钱声实相同。哥道是，则曰马回子拜节；问是谁，则曰葛五妈害眼。滥嫖呼为高二，烘人比之刘洪。行经号为红官人，用绢呼作陈妈妈。有客妨占，号曰顶土；粉头攒龟，名为打弦。赚人以娘称己，自道小名柳青；令客连念三汪，诱此声为犬吠。

千言万语，变态无穷；乍听乍闻，朦胧两耳。致使村夫孺子，张目熟视；不解所言，徒为彼笑。故略序以告同人，须把他这场看破。

六院汇选江湖方语

但凡在于方情，而在江湖上走动者，称：琴家，凡言下处主人家。埠台，若言歇也。犊孙，巧做吏者。平天孙，乃官员也。姑儿子，亦官宦也。立地子，乃门子也。青腰儿，乃皂隶也。结脚孙，皂隶民快也。方砖儿，是非僧也。陀头，乃和尚也。玄门，乃修养人。篡经，乃算命的。撒过，乃打卦的。皮家，谓人唱曲者。采盘子，乃打劫者。盘上走，乃强盗也。肘琴，乃谢银也。寸节，乃讨银也。调皮，会说话者。斗牙，两人说话。烧空，乃鼠贼也。短路的，乃剪径打劫。钻皮，学行医者。拍掌，染网巾者。飘行，乃篦头者。坚居，谓好与标致也。古老，谓丑而不美、苦而不好。土老，不知方情。杨孙，乃不识货之好歹。染孙，谓其不晓方情之争。华佗，乃行医的。驴唇，善骂人者。仙书，乃相人者。衍孙，谓村人也。终入孙，乃忘八也。古孙，谓蠢人也。吼孙，子弟们也。杨花孙，唱曲的人。牵孙，说人要理闲争。滔天孙，乃乞丐也。斗好，乃闺女也。细子，乃妇人也。雄西，乃表子也。三六，乃劫贼也。七七，乃小贼也。酸子，乃秀才弄耍老子者。扯溜子，乃弄蛇的，调孔，叫人唱曲。杨花，不扬不醒得。王六，乃弄人也。相家，乃晓得方情者。调皮正入，谓话多怕人晓得。结坐，叫人起身，搁谚，谓物没有了。卯孙，乃小官也。牵孙，谓小官交朋友也。笋芽，乃幼女也。籴米，寻伙伴也。踹线，乃走路也。滚线，起身行路也。踹瓢，行船也。牵绊，与女人交姤。柴火，会打内家。招子，乃眼睛也。丢招，乃看人而瞧视者。打贪子，说因果的。袍帐，乃衣服也。海青，乃长衫也。叉子，乃裤也。围竿子，乃裙子也。掷上，乃鞋也。掷同，乃袜子也。控儿，乃鼓也。筛子，乃铙钹也。顶天儿，乃帽子也。干希，乃饭也。扰人俨希，乃吃粥也。咬人，乃吃饭也。水到，乃豆腐也。穷，乃豆腐干也。班，乃买物件。浪同，乃酒也。山，亦酒也。扰山，乃吃酒也。德剉，乃鸡肉也。道，乃生鸡也。低剉，谓鸭肉也。矮婆子，是生鸡也。高头剉，乃鹅肉也。菜，是生鹅也。摆剉，乃鱼脊也。水上儿，乃鱼之活。软剉，猪肉也。咬列，乃食肉也。扰剉，亦同上也。刘官纱帽，乃猪头也。吕公绦，乃猪肠也。闪于，乃人屎也。撒闪，骂人吃屎。湾老，是个臁子。希流，是屎也。要苏，乃小便也。角要，乃是屁眼也。簸角，与人做朋友。榔扁，是被人打。钻创，是进房屋。钻窑，是去人家。月儿，是楼上也。吊扇，是关门也。刘官，是猪也。周官人，即死，是狗也。杨官人，是牛也。狗子，是差人也。宋子，是书手也。碾子，是半也。瓜老，是妇人也。苍孙，老人家也。寿星，其语话皆知，不能瞒也。安安，是老妈子。半仔，是后生家。孤老，是官人也。接引，是拐杖儿。珠儿，是戴的钗。荷花儿，是碗也。荷叶，是盘子。连杖，是筷子。平公，是厘等。造屈老，是做戏的。山蒙，是酒醉子。山胀，是发酒疯。马后，是叫缓些。马前，是叫快些。歇马，是住了。出杀，是出场。梦周，是没有了。四黑，是夜了。大红，是日出了。盖子，是丈夫也。肩上，是哥哥也。肩下，是兄弟也。巨肱，是大酒盂。骗马，是打拐也。溜答孙，是说谎的。回回眼，能识好歹。病琴，是没银子。古琴，是不好。牙老，是讲戏文说唱的。衿老，是读书的。肯斗口，是每喜交朋、喜与人偷情者。烟兜，是吃恼。羊肠，是大官路。臭，是骂人也。卖炭，是看人颜色不好。买大种，喜人奉承。龙，是褒奖也。石，是破坏也。空孙，是有家私。古孙，是贫穷的。

据明侯甸《西樵野记》云："国初于京师尝建妓馆六楼于聚宝门外，以宿商贾。"徐充《暖姝由笔》云："聚宝门旧有六楼：来宾、重译、轻烟、淡粉、梅妍、柳翠。下四名主女侍言。"又刘玉《已疟编》亦载："江东门外，洪武间建轻烟、淡粉、梅妍、翠柳四楼，今官姑居其上。""六翠"亦即"六院"，为明都当时著名北里、烟花所在。六院为一时商贾富绅往来留恋之所，故不唯有院中当行隐语行话，又有江湖诸行隐语行话混杂其间，则又衍出《六院汇选江湖方语》。此外，尚有《行院声嗽》专集传世，体例一如《绮谈市语》，凡分天文、地理、时令、花木、鸟兽、宫室、器用、衣服、饮食、人物、人事、身体、伎艺、珍宝、文史、声色、数目、通用等，共十八类（详见"江湖隐语行话要籍"专章）。"行院"，宋时指行帮，金元以来又多兼时优伶居所，而明代则又多用指娼妓或妓院。凡此，所存一代隐语行话文献，多属娼妓中流行之语，其时社风可知。"六院"之中隐语行话尚且如此发达、丰富，当时诸行隐语行话语俗之盛显然可以想见。

有清以来，社会诸行隐语行话进一步流行，可谓以往这一语俗之遗风。清翟灏《通俗编》卷三十八"识余"中引述《委巷丛谈》中"四平市语"后按云："今松木场香市中，犹习用此语。而其余诸行，正如《志余》所云，各有市语，不相通用。如：米行：则一子，二力，三削，四类，五香，六竹，七才，八发，九丁，十足；丝行：则一岳，二卓，三南，四长，五人，六龙，七青，八黪，九底；绸绫行：则一叉，二计，三沙，四子，五固，六羽，七落，八末，九各，十汤；线行：一田，二伊，三寸，四水，五丁，六木，七才，八戈，九成；铜行：一豆，二贝，三某，四长，五人，六土，七木，八令，九王，十合；药行：一羌，二独，三前，四柴，五梗，六参，七苓，八壳，九草，十芎；典当：一口，二仁，三工，四比，五才，六回，七寸，八本，九巾；故衣铺：一大，二土，三田，四东，五里，六春，七轩，八书，九籍；道家星卜：一太，二大，三蒙，四全，五假，六真，七秀，八双全，九渊；杂货铺：一平头，二空工，三眠川，四睡目，五缺丑，六断大，七皂底，八分头，九未丸；优伶：一江风，二郎神，三学士，四朝元，五供养，六么令，七娘子，八甘州，九菊花，十段锦；江湖杂流：一留，二月，三汪，四则，五中，六人，七心，八张，九爱，十足。江湖人市语尤多，坊间有《江湖切要》一刻，事事物物，悉有隐称。诚所谓惑乱听闻，无足采也。其间有通行市井者，如官曰孤司，店曰朝阳，夫曰盖老，妻曰底老，家人曰吊脚，僧曰廿三，道士曰廿四，成衣曰戳短枪，抬轿曰抱楼儿，剃头曰削青，船曰瓢儿，屋曰顶公，银曰琴公，钱曰把儿，米曰软珠，饼曰匾食，盐曰瓒老，鱼曰黪水，鸭曰王八，鞋曰踢土，镜曰照儿，抹布曰蹋郎，坐曰打墩，拜曰剪拂，揖曰丢圈子，叩头曰丢匾子，写字曰搠黑，说话曰吐刚，被欺曰上当，虚奉承曰王六，大曰太式，多曰满太式，无曰各念，俱由来于此语也。《西京杂记》云，长安市人语，各有不同，有胡芦语、镶子语、钮语、练语、三摺语，通谓市语。宋汪云程《蹴鞠谱》有所谓锦语者，亦与市语不殊，盖此风之兴已久，或云卢敖作市语，其信然乎？"

仅是数字隐码，诸行即各有繁多名目，足见其比前朝更进一步。至于《江湖切要》，更是中国民间秘密语历史上的空前之作。就今所见由卓亭子删订的《新刻江湖切要》得知，是书凡分两卷，有天文、地理、时令、官职、亲戚、人物、店铺、工匠、经纪、医药、星卜、娼优、乞丐、盗贼、释道、身体、宫室、器用、文具、武备、乐律、舟器、章服、饮馔、珍宝、数记、草木、五谷、百果、鸟兽、虫鱼、疾病、死生、人事等，计三十四类；中间略有并类，实际上是三十一类。全书所收隐语行话约一千六百个左右，是有宋至清收录最富、分类最细的一部专门隐语行话辞书。

就《新刻江湖切要》所见，书中有"广""增""补""改"，以及"疑为""疑作"字样多处，显然非出一人之手。同时，清初乾隆时人翟灏（1736—1788）编著《通俗编》时所见本与今本间有参差，书名亦与卓氏序前所题《江湖切》不同，当属删订之后刻本。而据此则可推知卓氏或为明末清初之人，《江湖切》原本亦当出明人手辑。一部坊刻小书，多人手订刊行，可见其当初颇流行一时，今见清末民初诸行切口与宋、明时多有相同、相近，是当与以此书为媒介的流传扩布极有关系，由此既见其影响、作用，亦窥知隐语行话的一种历史传承渠道。这一事实说明，民间秘密语作为一种口耳相传的民俗语言，一当化为文字这种语言信息载体形式，其流传扩布将更为广远，并日趋规范化，增加了进入民族共同语的机缘。总而言之，《江湖切要》的文史价值不可低估。

清褚人获《坚瓠九集》卷一"市语"一条笔记，在引述明田汝成《委巷丛谈》的"四平市语"后称："不若吾乡市语有文理也。一为旦底，二为断工，三为横川，四为侧目，五为齾（音 yà）丑，六为撤大，七为毛根（一作皂脚），八为入开，九为未丸，十为田心。"褚氏为长洲人，今属江苏省苏州市。其所记其家乡流行的一至十隐码，恰可与翟氏《通俗编·识余》所记杂货铺的数目隐码相参差、类似。实际上，这是旧时各地工商诸行流传较广的一套隐语数码。旧时福建省东部、木兰溪上游的仙游县，以及各地米行，大都使用这种数目隐码，虽略有参差，却大体都以旦、工、川、目、丑、大、皂、入（或分）、丸、田诸字析形、变位而成。

除上述外，清末民初，又有光绪间苏州桃花仙馆石印本唐再丰编《鹅幻汇编》卷十二的《江湖通用切口摘要》，北京打磨厂学古堂排印的《江湖行话谱》，以及吴汉痴等编、由上海东陆图书公司于一九二四年出版的《全国各界切口大词典》，此三种尤以末者为收录最富，远远超过了《江湖切要》。

历来各地方言不一，是语言文化史上的一个突出特点。这种情况，势必直接作用于各种以口耳相传为基本传承扩布方式的民俗语言，而民间隐语行话自不例外。《江湖通用切口摘要》所辑巾（星命业）、皮（医药业）、李（变戏法）、瓜（打拳、跑解马）四行"相夫要言"，凡三百余种隐语行话名目，即悉以"吴下俗音而译之"。以方言记录隐语行话，难免讹误衍变。在中国民间秘密语历史上，这种情况屡见不鲜，实属自然，只不过许多文字记载大都未如此申明罢了。即或口耳相传过程中，方言所致变异，亦属难免，只不过今天只能就文献所载来考其变异痕迹罢了。如《江湖切要》中淫阴为拿蚌，于此交姤则为拿攀，是为吴方言音讹之故。

《江湖行话谱》系属依流行范围及内容大体分为"行意行话"

"走江湖行话"等九类，以隐语注通语。古今依流行范围分类最为细致的，则首推《全国各界切口大词典》。是书按流行范围分为商铺、行号、杂业、工匠、手艺、医药、巫卜、星相、衙卒、役夫、武术、优伶、娼妓、党会、赌博、乞丐、盗贼、杂流计十八大类，又细别为三百七十六子类（书前目录漏标三子类），悉以通语注隐语，洋洋十多万言。考其所辑材料，则以《江湖切要》等为基本，兼采时下流行语汇，汇录而成。尽管是书注释多有繁琐不切，又多见重复，收录不严，在中国民间秘密语历史上，仍属一部功绩卓著之作。在一部最新专书出现之前，仍是一部可资查阅、参考的专门辞书。据知，日本名古屋于一九七五年出版了一部《下层社会隐语集》，亦仅搜集的是京津地区所流行内容，并非各地诸行的全面辑录。

对于清代隐语行话，三合会、哥老会、天帝会等民间秘密社会组织流行的秘密语，是不容忽视的。这些民间秘密社会组织的隐语行话，与工商、消费服务等诸行隐语是不同的类型，两者合而成为中国民间秘密语的完整体系。

三合会、哥老会、天帝会最后举事成功而为太平天国。在秘密结社期间，其中出于保守内部机密的功利性需要，有茶阵、口白及常见的词语替代式多种隐语流行。在日本人平山周所著《中国秘密社会史》和近人萧一山所著《近代秘密社会史料》书中，均作为比较详细的描述和辑录。作为一种语俗，并不因其传承集团或群体的政治、经济地位的改变而立时消逝或完全改变。当天帝会等举事成功创建太平天国之后，其原所流行的隐语又一跃成为军中隐语，正是这种语言事实。其显证，即收入清张德坚主编的清廷官方收集太平天国情报的文献《贼情汇纂》中的若干隐语。是书于卷五"伪军制下"辑录"贼中军火器械隐语别名"凡十九事，卷八"伪文告下"又有"隐语"凡三十三事，合计四十二事，皆以通语释隐语。如例：

堆烧　贼称点灯为堆烧。

灯草　贼称人心为灯草。

禾乃　乃秀字拆字隐语。

反草　即变心。

运化　贼称如厕为运化。

变妖、三更　皆指人逃走而言。

装身　作收拾起程解。

凡此，可窥之一斑。至民国，江南各地如上海的青红帮一类黑社会组织，以及东北等地的匪帮，多流行有不同的隐语行话，悉为以往这种语俗遗风。如青帮隐语名为"海底"，以拐卖小孩为"贩夜子"，拐卖年轻女人为娼为"开条子"，设赌行骗为"赌软子"，硬敲竹杠为"装榫头"，贩卖私盐为"淘砂子"，逼良为娼"开门口"，以绑架相勒索为"拔人"，借钱不还却倒打一耙为"摆丹老"，等等。

自一九二四年容肇祖于《歌谣》周刊发表《反切的秘密语》一文以来，除赵元任《反切语八种》（一九三一年《史语所集刊》）和陈志良《上海的反切语》（一九三九年《说文月刊》）而外，较有影响的尚有已故钱南扬教授的《市语汇钞》。收录于《汉上宦文存》的《市语汇钞》校理辑录了《圆社锦语》等十一种宋至民初隐语行话专辑等文献，为保存、整理这类语言文化遗产功劳昭著之作。

如上，我们从探寻隐语行话语源入手，以今可见历来流传的民间秘密语文献为纲加以论述，从中略为梳理出中国汉语言文化中隐语行话的发展脉络，权作为其专门的简史概说。

二、隐语行话的双重特质略论

作为民间秘密语，隐语行话是一种符号系统，一种兼具特定集团或群体内部交际工具和语言习俗文化双重特质的特定符号系统。也就是说，隐语行话既是一种特殊的语言现象，又是一种民俗语言文化现象。

清袁枚《随园诗话》中写道："吾乡诗有浙派，好用替代字，盖始于宋人，而成于厉樊榭。……嗣后学者，遂以瓶为军持，桥为略彴，箸为挟提，棉为芮温，提灯为悬火，风箱为扇隤，熨斗为热升，草履为不借……数之不尽，味同嚼蜡。"其中"箸为挟提""草履为不借"，即以往的隐语行话说法。袁氏所谓"替代"，恰属隐语行话的形式特征。谜语之所以被文人称为隐语，如刘勰所谓"君子嘲隐，化为谜语"，悉基于这一特征。谜语有"谜底""谜面"之分，"谜面"是说出来供人猜射的，而"谜底"才是其本来事物所在。隐语行话虽不在于供人猜射而在于让外行人不知内情，其说出来的替代语词则类似"谜面"，被替代的通语本义则类如"谜底"。用索绪尔的符号学方法来分析，隐语行话的类似"谜面"的替代语词，即符号的"能指成分"；而类似"谜底"的被替代的通语本义，亦即符号的"所指成分"。
试看如下诸例（这是旧时收卖锭灰者的当行切口）：

能指成分：所指成分

帮头：收锭灰而有资本者。

高身：锭灰质佳。

低身：锭灰质次。

行贩：受雇于帮头或一般收锭灰者。

坏：假锭灰。

探：专事偷窃或以假乱真。

拉：用手段以假灰换人真灰。

彩门：器具置夹层置入铅饼，在于巧取人家锭灰。

印子：印用彩门的铅饼。

吃印：使用印子手段。

椿：以假灰混杂于真灰之中。

元宝：盛锭灰竹篮。

如意：盛锭灰的篾篓。

招财：扫锭灰用棕帚。

进利：兜锭灰用蜊壳。

红脸老：香灰。

夹杂：锭灰中有垃圾杂物。

白货老：锭灰中有纸钱。

清货：锭灰中全为锡箔。

上工：外出收锭灰。

跳码头：另往别场收锭灰。

脚下：卖锭灰的主人。

坤老：女主人。

纸路：寺观香炉中的灰。

公德：打醮或追荐等所烧之灰。

路头：乞丐扫来的街灰。

庙头：寺院中的灰。

后门头：私下里偷来的锭灰。

凡此，隐语符号的能指成分是其表现出的符号形式，所指部分则是其符号语义所在，两者合而成为完整的一个符号。

符号学的主要奠基人、瑞士语言学家费尔迪南·德·索绪尔在论述语言符号中认为，语言是一种表达观念的符号系统，并且是文字、聋哑人字母、象征仪式、礼节形式、军用信号等诸系统中最为重要的系统。语言符号虽然主要是心理的，但并非抽象的概念。由于集体的同意而得到认可，其全体即构成语言的那种联结，都是实在的东西，它们的所在地就在我们的脑子里。而且，语言的符号可以说都是可以捉摸的，文字将其固定在约定俗成的形象里。"符号在本质上是社会的。"隐语行话作为用于集团或群体内部交际的特定符号系统，它是在民族共同语基础上的一种特殊社会变体；其产生并得以在一定人际之间作为表情达意、传达、交流语言信息的封闭式符号系统，是建立在该集团或所属群体成员共同认可而约定俗成的基础之上的，否则将是一堆废物。而且，在运用方式上，又是以部分替代共同语符号（即通语符号）、掺杂于普通言语交际符号之中来进行交流信息的。一般情况下，大都不能脱离其所脱胎衍化的母语，不能游离或超出母语而孤立存在。究其根本，则在于它是以一般语言思维为基础创制的，是运用母语材料改变形制等构造出来的。这是隐语行话这一特定符号系统的基本机制。

语言学家萨丕尔的《语言论》中有一个著名的论断，即："语言有一个底座。说一种语言的人是属于一个种族（或几个种族）的，也就是说，属于身体上具有某些特征而不同于别的群的一个群。语言也不脱离文化而存在，就是说，不脱离社会流传下来的、决定我们生活面貌的风俗和信仰的总体。"帕默尔（Palmer）也认为："语言的历史和文化的历史是相辅而行的，他们可以互相协助和启发。"凡此均可说明，语言作为信息的载体，当然地兼具交际工具与载负社会文化的载体两种属性。语言即是交际工具，而其本身又是一种文化现象。以语言为媒介或同语言现象相直接联系的文化现象，即语言文化。中国语言学家罗常培教授于一九五〇年所著的《语言与文化》一书，以从语词的语源和演变推溯过去文化的遗迹，从造词心理看民族的文化程度，从借字看文化的接触，从地名看民族迁徙的踪迹，从姓氏和别号看民族来源和宗教信仰，从亲属称谓看婚姻制度，这一基本的线索构架，比较明确地讨论语言之与文化的内在关系，反映着语言的双重属性。吴玉章为该书的题词："语文发展和社会发展联系起来加深我们的研究。"可以说是对其基本思想的简洁概括。隐语行话作为一种民俗语言或语言习俗现象，其所兼具的交际工具及文化这双重特质，则尤其显著。隐语行话不是语言，是语言的社会变体，并以此资格进入民俗语言行列，成为一种特殊的民俗语言品类。

隐语行话作为内部言语交际的特定工具和信息载体这一属

性，以其功利性特点为显著标志。这是毋庸详论、显而易见的，至于其作为一种文化现象这个二重属性，则首先在于它又是一种特定言语集团或群体的语俗。

各民族语言文化中大都多种语俗并存，是其语言文化发达、丰富的基本体现，是语言文化传统的基础形态之一。语言游戏、语言崇拜、语言禁忌、副语言习俗等，几乎是人类语言文化共有的语俗形态。汉语言文化亦含有这些语俗，而且这些语俗之间往往互相联系、互为作用，并非孤立存在。例如《江湖通用切口摘要》中称："凡当相者，忌字甚多，不能尽载。其中有八款最忌者，名曰八大快……快者，即忌也。梦曰混老，虎曰巴山子（原注：火字同音，亦忌火，曰三光），狮狻曰根斗子，蛇曰柳子（原注：茶字同音，亦忌茶，曰青），龙曰海柳子，牙曰瑞条，桥曰张飞子，伞曰开花子，塔曰钻天子，伙食曰堂食。……凡杜琴头（原注：即住客寓也），另有相夫琴头，专留相夫，满寓皆同类。同寓诸人，清晨各不搭话，盖恐开大快（原注：开大快者，即犯大忌也）。如犯之，此人是日之用费，皆要赔偿，名曰开堂食（原注：即伙食也）。清晨取火，须自于石中取之，或隔夜留一火种，切不可向人乞取。若犯之，罚同前。到黄昏时，终皆归寓，则尽可纵谈，无所顾忌矣。语言禁忌是源自语言崇拜与其它民俗文化形态的一种语言文化现象，亦毫无例外地自然成为产生某些隐语行话的社会文化基因。旧时浙南采菇人进山前和进山后，都要举行许多祭祀活动，其中向山魈殿进香却不供酒肉，为防止山魈知道，则形成一套当行隐语，以便在菇棚里对话。如以香菇为香老，香菇棚为香老寮，老酒为黄汤，猪肉为歪老，吃饭为庠添，饭碗为饭脑，稀饭为平碗，斧子为洞鼓，睡觉为倒席，本地人为蛮儿，女人为尖登，看山为乃山，去别的菇棚玩为乃棚去，回家为落棚，等等。显然这是因语言禁忌而形成当行隐语。至于长年在湖海、矿坑中进行生产活动的渔民、矿工，往往有生命危险相伴，更有许多禁忌习俗，由此而产生的语言禁忌乃至隐语行话，更是名目繁多。即或商贾、工匠、戏曲曲艺艺人等，出于谋生、获利不易，亦形成许多花样的禁忌习俗以及相应的隐语行话。如戏班尤忌"散班"，"伞"与"散"音同，而称"伞"为"开花子"或"撑老"之类；后台不准说梦，而以"打黄粱子"为"做梦"的隐语；后台忌说老虎，则以"扒山子"作为其隐称，等等。至于因避俗（秽）就雅而形成的隐语行话，则更不胜枚举。从广义来讲，隐语行话的本身，即是一种自成体系的语言禁忌形式。这是从其回避人知这一保密功能特点来说的。

现在来考察一下隐语行话与语言游戏这一传统语俗的相互关系。

汉民族语言文字游戏源远流长，而且品类繁多，形制各异。其中，许多方式又被列属语言修辞的范畴。藏词、切脚语、歇后语、谜语、析字、风人诗、离合诗、藏头诗等，是我们一般常见的语言游戏品类。据《世说新语·捷悟》记载：

> 魏武尝过曹娥碑下，杨修从。背上见题作"黄绢幼妇外孙齑白"八字。魏武谓修曰："解不？"答曰："解。"魏武曰："卿未可言，待我思之。"行之十里，魏武乃曰："吾已得。"令修别记所知。修曰："黄绢，色丝也，于字为'绝'；幼妇，少女也，于字为'妙'；外孙，女子也，于字为'好'；齑白，受辛也，于字为'辞'。所谓'绝妙好辞'

也。"魏武亦记之，与修同，乃叹曰："吾才不及卿，乃觉三十里。"

这是一则历史上颇为有名的析字游戏故实，而以此结构造隐语行话者，亦不乏其例，如《通俗编·识余》所录杂货铺隐语数码中的"空工"（二）、"缺丑"（五）、"断大"（六）、"皂底"（七）、"分头"（八）、"未丸"（九）之类便是。旧时上海道士中所流行的以男为"田力头"，以女为"安脱帽"，以烟为"火因"之类，也是采用析字法构造的隐语行话符号。而析字式语言游戏远在公元纪年之初即已出现。如汉末诗人孔融曾有一首《郡姓名字诗》："渔父屈节，水潜匿方；与时进止，出寺弛张。吕公矶钓，阖口渭旁；九域有圣，无土不王。好是正直，女固子藏；海外有截，隼逝鹰扬。六翮将奋，羽仪未彰；龙蛇之蜇，俾它可忘。玫璇隐曜，美玉韬光。无名无誉，放言深藏；按辔安行，谁谓路长。"宋人叶梦得《石林诗话》卷中，根据离合析字原理，认为此诗乃"鲁国孔融文举"六字的离合。又如《后汉书·五行志》所录当时民谣："千里草，何青青；十日卜，不得生。"据范晔的解释："千里草为董，十日卜为卓。"显然是一首以析字方式构造的讽刺歌谣，隐藏了诅咒董卓的意义。可谓广义上的析字式隐语。

《歌谣》周刊于一九二五年的第九十四、九十七两期，分别发表有钱肇基《"俗谜"溯原》和《"俗谜"溯原补》二文，计六则。其中《"俗谜"溯原补》一文的第二则讨论了反切隐语；第三则又认为："市语，一行语，俗所谓黑话也。由来甚古，《中山诗话》云：'今言离为万，千为撇，非讹也，若隐语尔。'是宋代已然。"随即又引田汝成《委巷丛谈》中杭州市语，并案云：

"艮头、扫兴之类，吾乡一带犹习闻之，然亦不知其为谜语矣。"由此可见，其将隐语行话视为"俗谜"之一种源头。之所以如此认为，显然作者沿袭的是《文心雕龙·谐讔》的思想，即隐语就是谜语，亦即隐语化为谜语的观点。然而，《文心雕龙》之所谓"讔""隐语"，乃属一般广义概念上的涵义。这个事例也说明，民间隐语行话之与语言游戏的错综联系。

人际称谓语俗，是反映人类社会人际关系构成的基本文化形态。

汉族称谓语俗，是一个以亲族关系为本位加以延伸、扩展而构建起来的多平面、多层次的体系。汉族亲属称谓大抵可分为父系称谓、母系称谓、姻系称谓及类亲属称谓四系，并且以父系称谓为基本，即所谓高祖、曾祖、祖、父、本身、子、孙、曾孙、玄孙这"九族"，是九族制称谓，以此作为划分亲族中亲疏差别的标志。同辈之间，另以年龄作为分别长幼称序的标志。

隐语行话不仅具有内部交际、保守行中秘密的功能，亦在以此来组织、协调其言语集团的人际关系。亲属称谓是最基本的人际称谓用语，不但是任何民族语言的基本语汇，也是隐语行话这种特殊语言的常用语汇。因而，则势必在隐语行话中出现相应的隐语称谓。《江湖切要·亲戚类》（详见要籍专章）所辑数十种隐语亲属称谓，堪称汉族亲属称谓体系的一个缩影。它明显地反映着中国社会亲族关系的以男系血缘关系为本，以母系血缘关系为辅的文化传统。《尔雅·释亲》的"宗族""母党""妻党""婚姻"体系内容，大抵都融入了隐语行话的亲属称谓体系之中。

而且，各种民间职事组织和社会组织首领人物的当行称谓，亦直接体现着民族文化传统中的尊卑、长幼秩序观念。例如清末青红帮合流后，其会规中所规定的内部称呼：

> 正副介士称大都督叫老大哥，称左右都督叫大哥，称统制使、军正使、巡察使叫二哥，对自己并辈兄弟彼此都呼老三。统制使、军正使、巡察使称大都督也叫老大哥，称左右都督也叫大哥，对自己并辈兄弟彼此均称老二，称正副介士叫三弟。左右都督称大都督也叫老大哥，对自己并辈兄均称大哥，称统制使、军正使、巡察使叫二弟，称正副介士叫三弟。大都督对自己并辈兄弟都叫老人，称左右都督叫老弟台，称统制使、军正使、巡察使都叫二弟，称正副介士都叫三弟，称统制使、军正使、巡察使都叫二弟，称正副介士都叫三弟。大都督、左右都督对枢密府管事都叫老哥，枢密府管事人对大都督、左右都督也都称老哥。（据吴公雄《绘图青红帮演义》）

凡此，个中的"大哥""老弟"之类称谓，虽属源出于亲属称谓体系的社会称谓，于此却悉以称呼双方职位为制约而冠以大、二、三之类为标志，是"兄弟"相称中亦具尊卑位列等级。这样一来，称谓名目虽属一般称呼用语，却悉因其会规所定，只有会中之人方识其具体所指身份及相互关系，因而尽已成为隐语称谓，有其内部约定的特定含义。

据法国人类学家列维-布留尔《原始思维》一书记述："在阿比朋人那里，多布里茨霍菲尔见到一个巫师为了不让人听见，用手势跟别人秘密地谈话，在这些手势里，手、胳膊肘、头起了自己的作用。他的同行们也用手势回答，所以他们容易彼此保持接触。"德国人类学家利普斯在《事物的起源》中也讲到，随着农业母权文化中妇女重要性日益增长，西非女孩子的成丁礼非常复杂。她们从为准备进入成年生活的"学院"举行成丁礼，发展到建立永久性妇女秘密会社，还要学习和使用一种新的语言——"阿布格贝"，这是妇女俱乐部所有成员使用的秘密语，这就是各民族语言文化所共有的语俗，即民俗语言学的副语言习俗；在普通语言学和心理学中，一般称作非言语交际。除手势、身体态势外，许多特定的标志、音响，亦可构成副语言习俗的各种不同形态，用于各种需要的信息交流。著名的福尔摩斯探案《归来记》中的"跳舞的小人"，即是一个黑社会集团所用的一种隐语联络符号。清代三合会、哥老会、天地会等秘密社会集团所流行的"茶碗阵"，是其除"口句"（言语式的谣诀体隐语）及一般替代式的语词隐语之外的非言语方式的隐语。清末青红帮中，相传由蔡标拟定的"带子招牌"，也是一种非言语形态的隐语行话，即以带子编成的图形作为帮中标识。例如在轮船上，即将带子扣在行李之上。凡是山主，扣作囬形；老五扣作甶形；老六则扣作毌形。并且，自老九起至老大，其带子下垂的度数依次增高。非但可使同帮者识别内外，亦一眼即知其身份地位。此外，亦可于带上打结为标识，老大打一个结，老二打二结，老三打三个结，直至老九，以此类推。若无带子，用手巾或辫子打结代用。用辫子，即将辫子盘于头上，辫梢垂于左耳旁并与耳根相齐，再于辫梢上依身份等级应打结数打结。

　　隐语行话是语言的社会变体，同地域方言相比，又称作社会方言；两者是分处于不同平面的不同符号体系。

　　之所以称隐语行话为社会变体，即在于它是流行于各种社会民间组织集团或群体的内部的特别语俗，特定的封闭式的内部交际符号结构系统。

一般说，中国民间社会结社组织，大抵可分为职事集团、秘密结社、信仰结社、游艺竞技团体等若干类型。就这里所提及的几种民间组织而言，都存在不同体系的隐语行话，均以此作为其结社习俗基本特点之一。

木、瓦、石、铁等手工匠人，粮、棉、麻、布等诸行市商，车、船、轿、店等各种交通行业，食、茶、酒、烟等消费行业，衣、鞋、帽、带等服务、加工行业，历来多有隐语行话流行，是其已成为民间职事集团的语俗。从清代的三合会、哥老会、天地会至民国初年的青红帮，乃至各种匪盗、流氓等黑社会团伙，亦无不有其独自的隐语行话，即俗所谓黑话。曾在湖南省江永县及其邻近地区部分乡村妇女之中至今已渐绝迹了的"江永女书"（又谓"女字"），也是一种民间秘密社会的隐语习俗形式。围绕"江永女书"的产生，有各种民间传说。考其历史地理文化，则该地多系偏僻山村，以往夫权为重，妇女多有婚姻不幸。为此，当地即出现了"姑娘会""七姐妹"之类不同名目的民间结社，一如旧时广东、福建沿海地区"金兰会"结社性质。以汉字变体为形式的"江永女书"，则成为当地妇女用以倾述苦衷、不幸，通报消息，以及传抄唱本、交流女工和家务技艺的秘密交际工具。"江永女书"作为她们的一种语俗，在女人临终前，还要叮嘱家属将女字书写物焚化，以使其于阴间仍可读之。究其实，这是一种民间信仰结社组织的语俗。至于巫卜星相以及僧、道，亦有其不同的隐语行话。然而他们这类行业，已经成为一种职事，是介于民间信仰与职事之间的社会群体，其语俗亦当然地具有这种属性。民间游艺竞技的文化结社，早在宋代就已形成了特有的隐语行话，如今所见之《圆社锦语》，即当时流行于蹴鞠游艺社团中的这种语俗实例。一当某些民间游艺竞技成为一种市井职业，其隐语行话亦自然兼具职事集团语俗性质。

旧时变戏法艺人多奉传说中"八仙"之一的吕洞宾为祖师，而吕洞宾作为实际的人，却是唐代人。然而，远在汉代形成"百戏"之先，即已出现了各种"戏法"。如《拾遗记》载："周成王七年，南陲之南，有扶娄之国，其人善能机巧变化，易形改服，大则兴云起雾，小则入于纤毫之中，缀金玉毛羽为衣裳。吐云喷火，鼓腹则如雷霆之声。或为巨象、狮子、龙蛇、火鸟之状，或变为虎兕，口中生人。"云云。凡此，先为民间游戏竞技，是一种娱乐，后逐渐由于当行艺人以此谋生为事，则成了一种职事行业，进而形成其特有的行业集团或群体。据宋人吴自牧《梦粱录》卷二十《百戏伎艺》所载，当时杭州，"百戏踢弄家，每于明堂郊祀年分，丽正门宣赦时，用此等人，立金鸡竿，承应上竿抢金鸡。兼之百戏，能打筋斗、踢拳、踏跷、上索、打交辊、脱索、索上担水、索上走装神鬼、舞判官、斫刀蛮牌、过刀门、过圈子等。……又有村落百戏之人，拖儿带女，就街坊桥巷，呈百戏使艺，求觅铺席宅舍钱酒之资。且杂手艺，即使艺也，如踢瓶、弄碗、踢磬、踢缸、踢钟、弄花钱、花鼓槌、踢笔墨、壁上睡、虚空挂香炉、弄花球儿、拶筑球、弄斗、打硬、教虫蚁、弄熊、藏人、烧火、藏剑、吃针、射弩端、亲背、攒壶瓶等，绵包儿、撮米酒、撮放生等艺。"是知诸游艺竞技业已成为文化艺术方面的职事行业。旧时北京的天桥等处，摔跤、耍猴、变戏法、耍中幡、耍坛子、拉硬弓、练把艺的，等等，亦颇盛一时。这类文化艺术行中，多流行着各种名目的当行隐语行话。如耍猴戏者，谓猴为老儿，狗为叭子，羊为双角，脸谱为糊脸子，鞭子为提引，猴子表演所用支架为平天架，表演场地为盘子，等等。又如搭台子变戏法者，谓于茶馆里搭台变戏法为海李子，变大物为大件，变细小物为小件，台后布幕为遮法，台子为高搁，手中绢帕为蔽人眼，看客坐处为游墩，喝彩声为千响，笑为巧倩，哭为拭照，要为同工，坐为打墩，走为蛋赶，奉承为除公，善于逢迎为买火种，等等。可见其语俗之一斑。

语俗，是一种文化现象。隐语行话这种语俗，是各种语言文化所共有的习俗形态。由上述可证，隐语行话作为民间秘密语，显然兼具着作为特定集团或群体内部交际工具及语言文化的习俗形态双重特质。

三、隐语行话与修辞漫议

所谓"修辞"，一般说，是指在具体言语交际过程及其特定的言语环境条件中，运用语言和必要的非语言手段来加强表达效果的言语现象。作为民间秘密语的隐语行话，是语言的社会变体，其符号能指成分的构造与用于内部言语交际活动的过程，乃至有选择地被运用于以普通语言（即其"母语"）为材料的言语交际诸语体之中，均亦毫无例外地存在着类如通语那样的修辞现象，有其特定的规律和特点。考察、研究隐语行话的修辞现象，是透析、了解中下层社会文化、市井社会心态的一个重要视点和方法。

首先，考察隐语行话符号能指成分所运用多种修辞方式的情况。

"比喻"，即俗所谓的"打比方"，是中国汉语修辞学史上起源较早而应用亦极为广泛的一种修辞方式。由于使用隐语行话者，多为中下层社会中人，大都不掌握或略知文字这一基本语言书写工具。加之其又属口耳相传为基本传承扩布的方式，为追求隐语行话回避人知的保守当行秘密的功利性效果，以及尚可便于心记口诵，因而在修辞上则以日常习见内容作为比喻等修辞方式所用的材料。这也是其作为民间文化的形态的显著标志之一。例如：月为冰轮，雷为天鼓，雨为天线，露为甘霖，霜为冰端，雾为杏花雨，小路为羊肠，饼为大棋，箭为流星，铙钹为双筛，毛贼为小老鼠，冷笑为冰哂，口为樱桃，小米饭为星星闪，大米粥为盐花乱，风为骤吼，鱼为水梭，鳗为线香，螺蛳为曲房，田螺为海波罗，抿子（一种梳子）为金刀，锁为将军，筷子为条篙，天平为担针桥，监狱为土砖城，等等，悉以通俗比喻作为隐称，并使之能指成分（隐称）与所指成分（被隐称所替代的本来事物）的某一特征构成一种内在的而又具有特指性的联系。同时，单看其以比喻构成的能指成分，又带有很大的模糊性，不能像谜语的谜面那样可以因猜中而轻易被破译出真实信息。谜语以谜面形式给出具体而略显含混的条件，诱导猜谜人略动脑筋即可猜中。然而隐语行话却绝非如此，是恐怕说漏的。尽管大部分隐语的能指成分在结构上是任意的，一如明田汝成《西湖游览志余·委巷丛谈》所云："义意全无，徒以惑乱观听耳。"皆系"避同类而用，隐中又隐，愈变愈诡矣"（《江湖通用切口摘要》开篇解称）。然而，其并非完全没有规律可寻，今所考察见知的各种构造方式，即粗略可得的规律性特点。

"婉曲"，即不直说，委婉云之。这一常见修辞方式，在隐语行话中，多系因避讳而作为构造能指成分的手段。例如：谓坟墓为佳城，谓偷为弄把戏，行经为红官人，淫筹或女人拭秽物的绢子为陈姥姥（一作陈妈妈），会说话为调皮，官兵堵截为路锁，死为归原，乳为缠手、毯子，摸乳为采毯子，阳物为蘸笔，阴物为才前，放屁为撒进，血为光子，交媾为拿蚌，等等。凡此，许多在通语中不便言之于口或不好直呼的事物，于隐语行话中，虽多出自下层社会乃至下流人物之口，亦不便直称，人毕竟是人而非动物，故一并改以相应的隐称委婉呼之于口。

"歇后"，这是一种源自"歇后语"构成特点的修辞方式。歇后语一般分为两种情况：一是将一个短语或词组的谜底似的所指部分略去不说（有的亦一并说出）；一是将成语的末一词略去，只说出其余几个词，作为末一词的替代。民间隐语行话中，有些即采用后一种"歇后"方式构成。例如旧时上海的"缩脚隐"便属这种情况，其隐语数码，一为大年初（一），二为桃园结（义；方言中二、义音同），三为东化西（散；三、散音同），四为不三不（四），五为自念自（唔；五、唔音同），六为支为缠（六），七为形式逻（辑；七、辑音同），八为七勿搭（八），九为十中八（九），十为紧牢固（实；十实音同）等等（据陈志良《上海的反切语》）。与此相类似的还有一种"歇前"方式，亦谓"缩头语"，亦用来构造隐语行话。例如明清代优伶数目隐语：一江风，二郎神，三学士，四朝元，五供养，六幺令，七娘子，八甘州，九菊花，十段锦。其中，有的是"歇前"与"歇后"兼用，如"四朝元"本为"四朝元老"，而当行仅以"朝元"作为"四"的隐称。同制，取词牌"八声甘州"的"甘州"为"八"的隐称，非但与当行职业相联，又均可见其隐中修辞妙趣，是为词趣。

"镶嵌"，是一种将无关紧要字词夹杂入语的修辞方式，可使语流舒缓、产生郑重语感的效果。如《左传·昭公二十五年》师己引童谣："鹳之鹆之，公出辱之。"又如《汉书·叙传》所见："荣如辱如，有机有枢。"而用之构造隐语，则另产生隐而活泼的情趣。如民间流行的"八音摄""五音循环语""同音切""麻雀语"之类，悉属此格，而采用叠音循环插入衬以通话为构成方式。例如旧时福州流行的"八音摄"，即所谓"哨语"，则是重复任何一个音缀并将其分为两个，第一个保持原样，第二个则仅保留韵母而将任何声母均换作 K；若第一个音缀声母是 K，即将第二个音缀声母改作 r（详参高名凯《语言论》和《普通语言学》增订本）。又如赵元任《反切语八种》中提到的被我名之"五音循环语"，其方法是定出几个字来，间隔而顺序地附加于所说的话的各字后面。旧时北京有一种即以红、黄、蓝、白、黑五字作为说话的镶嵌用字，如说"咱红们黄不蓝要白跟黑他红玩黄"，意思即"咱们不要跟他玩"。这种方式保密程度低，故多用作语言游戏。又如《金瓶梅》第三十二回中："李桂姐道：'香姐，你替我骂这花子。'郑爱香儿道：'不要理这望江南巴山虎汗东山斜纹布！'伯爵道：'你这小淫妇，道你调子曰儿骂我，我没的说，只是一味白鬼，把你妈那裤带子也扯断了'。由他，到明日不与你个功德，你也不怕，不把将军为神道。"这里，被伯爵称作"调子曰儿"的"望江南巴山虎汗东山斜纹布"，即是一句以谐音兼镶嵌构造的骂人隐语。"望江南""汉东山"是词曲牌子名，巴山虎是草名，斜纹布是布名；又分别取用望王、巴八、汉汗、斜邪之谐音，实际是骂伯爵为"王八汗邪"。如此隐中又隐，难怪让人听之懵懂了。

隐语行话中采用语音学构造方法的颇多，仅"反切语"即有十几种之多，而像上述"王八汗邪"式的谐音兼嵌词方式，亦非仅其一例。又如《委巷丛谈》所记"四平市语"的一为忆多娇，二为耳边风，三为散秋香，四为思乡马，五为误佳期，六为柳摇金，七为砌花台，八为霸陵桥，九为救情郎，十为舍利子，大为朵朵云，小为消梨花，老为落梅风，𩦠为撒金钱，所用皆无实际意义的明代杭州方言谐音兼镶嵌式构造。

"借代"，是以甲代乙的一种常见辞格，用于构造隐语行话，尤其具有当行特色，别有情趣。例如五金行业，是以棕、红、橙、黄、蓝、紫、灰、白、黑为一至十数目的隐称；药店，则以羌、独、前、柴、梗、参、苓、壳、草、芎十味中药名的略称作为其一至十数目的隐称；羌为羌活，独为独活，前为车前子，柴为柴胡，梗为桔梗，参为人参，苓为茯苓，壳为枳壳，草为甘草，芎为川芎，都是常见中药材。又如麻雀牌赌博中一至九的数目隐语，悉为与牌事相关名目：一为项张，二为子张，三为吃张，四为出牌，五为对煞，六为成功，七为清一式，八为砌牌，九为抓牌。由此可见一斑。

"用典"，即"暗用"，是借用典故来表达意思的一种修辞方式，亦见于隐语行话的构造。以《江湖切要》所收明清时隐语为例，其"鸟兽虫鱼类"载："虱；受子；[增] 扪谈；又：游裈；又：半风君。"其以"虱"为"扪谈"，显然是取用宋人陈善所著笔记《扪虱新话》为典故。又"星相类"有："九流三教，通称江湖友。初出江湖曰卯喜，[增] 隆中；应聘谓才出茅庐也。其中，"隆中"，即湖北襄阳县西的隆中山，三国时诸葛亮曾筑庐居于此。隆中山上有抱膝石，隆起如墩，可坐十数人，相传刘备三顾茅庐请诸葛亮出山共谋国事即在这里。详见《三国志·蜀书·诸葛亮传》"亮躬耕隆亩"注引《汉晋春秋》和《嘉庆一统志·襄阳府》。显然，所谓"隆中"与"出茅庐"即出典如上述。又如"亲戚类"载："赘婿：合才；八吉才；今改为独占鳌头。"清洪亮吉

《北江诗话》卷三载:"俗语为状元独占鳌头语,非尽无稽。胪传毕,赞礼官引东班状元、西班榜眼二人,前趋至殿陛下,迎殿试榜抵陛,则状元稍前进,立阶石上。正中镌升龙及巨鳌,盖禁跸出入所由,即古时所谓鼇首矣。俗语本此。"云云。非但"俗语本此",江湖隐语以赘婿为"独占鳌头"依然出于此典。

再如"亲戚类":"大舅,才上。小舅,才下。总称舅曰曹国。"显然,"曹国"即出自传说中八仙之一的"曹国舅"。又如《行院声嗽·鸟兽》:"驴,果老。"其"果老"亦即八仙之一的"张果老"。传说中张果老以倒骑毛驴周游四方闻名,如《四游记·东游记》第二十回称:"张果老常乘一白驴,每倒骑之。"以"果老"代"驴",乃出是典。

民族工商业诸行和江湖三教九流,多不识字或有粗通文字者,亦不乏有读书人、士人从商或落魄江湖,而各行又自有"写字先生""账房"之类"识文断字"人物从业。因而,诸行运用文字游戏式的"析字"之类修辞手段创制隐语行话,亦属自然。"析字",即利用字的形、音、义进行分合而化形、谐音、衍义的一种修辞方式。如《红楼梦》中的"子系中山狼,得志便猖狂",(子、系为孙)是增损、离合字形的化形析字法;"丰年好大雪,珍珠如土金如铁",(雪即薛)是借用同音或近音字暗指本字的谐音析字法;"霁月难逢,彩云易散"(晴雯),是利用牵连、演化诸手段暗含他字或组合新字的衍义析字法。《后汉书·五行志》有汉献帝初京都童谣云:"千里草,何青青;十日卜,不得生。"范晔按云:"千里草为董,十日卜为卓。"是一首以析字构成的隐语谣。而有时"析字"与"藏词"法界限并不十分严格,如《世说新语》所载曹娥碑上"黄绢幼妇外甥齑臼"中隐含着"绝妙好辟（辞）"，既可谓析字，亦可称藏词。以各种析字方式构造隐语行话，历来有之。如以天为一大，末为一木，琴瑟为双王，二为空工，五为缺丑，六为断大，七为皂底，八为分头，九为末丸，主人为点王，等等。更有在此法基础上"隐中又隐"的，如旧时当铺当行隐语数码的一为由，取该字上面露出的一个头为"一"；取"中"字上下各露一个头，为"二"；取"人"字外露三个头，为"三"；取"工"字露出四个头，为"四"，等等。又如旧时挑脚夫、轿夫的隐语数码：一为挖，取字中有"乙"而谐音为"一"；二为竺，取字中含"二"；三为春，取字中藏"三"；四为罗，取字中含"四"；五为悟，字中含"五"；六为交，字中含"六"……九为旭，字中含"九"；十为田，字中含"十"；等等，可谓析字兼藏词。

从上述可见，诸行隐语行话构造，运用的汉语言文化修辞手段颇为丰富，也是其任意性中又有一定潜在规律可循的显证。这些也说明，修辞既是言语现象，而其往往依赖于进行交际活动的社会的人，人在社会文化背景中进行社会活动，创制和运用各种修辞手段，亦必然赋于其相应的文化色彩。隐语行话之修辞，则无疑地使之融于下层文化之中，给予浓烈的民俗语言文化色彩。

又如"谐音"，是利用语音相同或近似来加强表达效果的修辞手段；"押韵"，可使相关语句产生回环的和谐感。这两种方式，在韵文中往往交相运用。民间隐语行话，不止有替代词的形式，亦存在一些韵文形式，如天帝会的"口白"、民间秘密社会团体的接头暗语，用此方式，则可获得便于记诵的显著功利效果。如"宿店口白"：

主人问：洪门八字开，无钱勿进来。客答：三八二十一，无钱亦食得。问曰：三八二十三，无钱脱衣衫。客答：三八二十四，食饱去看戏。

又如"相逢试探口白"：

问曰：对面不相逢，恐畏半天风。答曰：三八二十一，合来共一宗。问曰：对面不相识，今日初相逢。答曰：不问自然知，各人有道理。

即或其"茶阵"，亦往往伴有各种谣诀式"口白"隐语，如"七星会旗阵"，茶色七杯，另有烟袋一枝置桌上，若要饭，则将烟袋后面一杯（余六杯在另一面）倒回壶中重新勘过，并念诵"口白"："一枝大旗七粒星，四九三七正分明。洪字写来无加减，义气兄弟莫绝情。"皆朗朗上口，便于记诵，是其功能。

现在，我们来考察隐语行话运用于语言艺术的情况。

民间隐语行话以民俗语言为其最基本的属性，流行于各种特定的言语集团之中。尽管使用隐语行话的各种集团或群体，大都立有各种戒规不允许其外泄，或以民间不成文的习惯法作为约束，然而，却难免由于当行中人的各种自觉与不自觉的流露、说漏等机缘使之自然流入口语之中。如东北方言中至今仍沿用并活跃于口语之中的"顶硬""打食儿""踩盘子""绑票""花舌子"之类，即直接源自二十世纪初东北"胡子"（又谓"响马"，即匪帮）的黑话。在东北胡子黑话中，"顶硬"是称新入伙者（匪语称作"挂注"）经实际考验是勇敢有本事的合格者，在方言中则用以喻指有能力、顶事。"打食儿"，黑话本指寻找抢劫对象，方言则转义为物色某种对象或找食物充饥。"踩盘子"一语早见于明清江湖行话,如《六院汇选江湖方语》:"采盘子,乃打劫者。"又如《江湖切要·店铺类》:"打劫店:采盘子。"东北胡子则以事先探风、勘察作案环境为"踩盘子"("探风"亦为其黑话),而方言即用指预先勘察了解有关情况,做某种事情的准备。"绑票",匪语指以绑架人质敲榨钱财,绑票后所派出的给家属送信人为"花舌子";限期到了不"赎票"即会"伤票"或"撕票"(伤害乃至杀死人质)。方言中采用"绑票"直取其原意,而"花舌子"则用指花言巧语、能说会道。若被绑票的家属肯破财出钱赎人,是为"出血",这一黑话词进入方言亦指出钱财。

民族共同语是建立在一种基础方言之上而广采多种方言而形成的,这就使之源源不断地从各种方言和外来语中汲取营养,以得到补充、丰富和发展,适应其现实生活表达、交流思想感情、传达信息的需要。这样,则势必为某些民间隐语行话进入民族共同语提供了一条重要的(但不是唯一的)基本渠道,提供了必然的机缘。同时,隐语行话作为一种社会方言,一如地域方言那样,随时为民族共同语输送必要的语汇,以加强言语修辞,丰富修辞材料,亦自在情理之中。这不仅在理论上讲得通,有其必然机制,而且也已经为语言事实所验证。例如"绑票",《现代汉语词典》释云:"匪徒把人劫走,强迫被绑者的家属出钱去赎。"又《辞海》(增补本)云:"盗匪掳人勒索钱财,谓之绑票。绑票的盗匪叫绑匪,被绑的人叫肉票。"又如"出血",《现代汉语词典》释云:"出钱。〔例1〕你投那么多,从哪里出血呀?〔例2〕我放你活命,你也得出点血才行。"再如"花舌子",《现代汉语词典》亦有释文:"花言巧语的人。〔例1〕把那花舌子站长撤掉,派一个正派人去!〔例2〕听他胡扯，大地主都是花舌子，带他走得了。"凡此，悉知均已进入民族共同语之列。其他又如"抬轿子"，据民初出版的《全国各界切口大词典·赌博类·麻雀赌之切口》称："抬轿，合串同赌也。亦代人打牌之称。"然而，略早一些出版的《上海俗语大辞典》释云："赌博时，数人串合，局骗他人资财者，曰抬轿子，受骗者曰坐轿子。"可知"抬轿子"一词，甚至于作为赌博的当行隐语行话出现之初即为通语所采入并流行于世了。至当代，"抬轿子"则被用以泛喻人际关系中相互吹捧、利用的恶习或具体人事现象①。然而，却尚未见《现代汉语词典》《辞海》（增补本）收为词条，却已有若干语文辞书收入②。

这些隐语行话被自然选入民族共同语，丰富了通语语汇，使之更为生动、准确地表情达意、交流信息，是其显著的修辞功效。然而，选用民间隐语行话增强语言艺术的力量，远非现代或当代才有，早在宋元以来，中国汉语隐语行话形成之初即已出现了，这可从以往的文学艺术语言中觅得许多轨迹。

清采蘅子《虫鸣漫录》载："六合壬子，约伴至金陵乡试，泊舟野岸，有贼抉板探足入，共曳入舱，贼惧求释。士令其将贼中隐言备述，而笔记之，彼习以为戏。"事实上，社会诸行不唯存在"贼中隐言"，亦不仅可以之"为戏"，尚往往化为文学艺术语言。

明朱有燉《诚斋乐府·乔断鬼》中有一段以"表背匠市语"插入的对白，是直接引用方式，而化入艺术语言则是又一种艺术

---

① 详见拙文《"抬轿子"小考》，刊《社会科学辑刊》一九八六年第六期。

② 详见拙著《中国民间秘密语》一书第二章，上海三联书店一九九〇年版。

形式。近人孙锦标《通俗常言疏证·序》称"元人词曲俗语尤多"，恰恰言中元明戏曲的显著语言特色。其中，亦包括了隐语行话的运用。一如朱居易《元剧俗语方言例释·自序》所称："元剧在当时之所以能普及大众者，主要原因之一，就是它充分利用了人民大众的口语方言；但使其曲生动者，则为其丰富多彩的俗语。其中有谚语，有市语，有隐语，有趣语，有双关语，有谐音语，有歇后语，有外来语，一语之妙，全剧生色，不特加强了该剧的艺术性，同时还增添了该曲的音节美。"事实正是这样。这些，不止适用于戏曲，亦是明清小说、民歌时调一类通俗文学运用隐语行话入文学语言的基本特色。试看如下诸例：

《烟花梦》第二折《感皇恩》曲："受不过撅了骂，赤紧紧盖老穷。"《水浒传》第二十四回："好叫大官人得知了笑一声，他的盖老，便是街上卖炊饼的武大郎。""盖老"，即"丈夫"的隐语。《绮谈市语·亲属门》："夫：厥良；盖老。"《六院汇选江湖方语》："盖子，是丈夫也。"《行院声嗽·人物》："夫：灵盖。"《江湖切要·亲戚类》："夫：官星；官通；盖老。"凡此可知，不止"盖老"是"丈夫"的隐称，《烟花梦》剧中的"撅了"，即宋人隐语所谓"厥良"，也是丈夫。一句戏文，短短十二字，要两处说及"丈夫"，一用"撅了"，一用"盖老"，形异而义同，是其修辞之妙也。

元本《风月紫云》剧四折《三煞》曲："今后去了这驼汉的小鬼头，看怎结末那吃勤儿的老业魔。"《玉壶春》剧二折《梁州》第七曲："着那俊才郎倒戈甲抱头缩颈，俏勤儿卸袍盔纳款投降。"《诚斋乐府·小桃红》一折："想这花门柳户，做子弟勤儿的，好是难省呵！"王仲元《普天乐》曲："如无钞使，休凭浪子，强做勤儿。"《宣和遗事》亨集："忽遇着俊倬勤儿，也敢教沿门吃化。"《熊龙峰四种小说·张生彩鸾灯传》："如何他风情惯熟？这舜美是谑浪勤儿。"所谓"勤儿"，即风流浪子、好色之徒。明《行院声嗽·人物》："子弟：勤儿。"又《南词叙录》："勤儿，言其勤于悦色，不惮烦也。"

《三战吕布》一折："凡为元帅，须要机谋，批吭捣虚，为头说谎，调皮无赛。"《度柳翠》楔子："你这和尚，风张风势，说谎调皮，没些儿至诚的。"《渔樵记》三折："说了这一日，都是你这老蒙麻嘴，没空生有，说谎吊皮，片口张舌，呜出来的。"《海上花列传》第五回："耐去调皮末哉！倪不过实概样式，要好勿会好，要邱也勿会邱。"《官场现形记》第五回："他倒回软调脾，说出来的话，软的同棉花一样，却是字眼里头都含着刺。"这里，"吊皮""调脾"与"调皮"同，均指狡猾善说。《六院汇选江湖方语》："调皮，会说话者。"

《僧尼共犯》剧第一折《那吒令》曲："顶老儿一样光，刀麻儿一般大，胡厮混一迷里虚花。"这里，"顶老"和"刀麻"都是宋元以来的江湖隐语。

《金陵六院市语》："小娃子为顶老。""小娃子"乃雏妓。《行院声嗽·人物》："妓女：窠子；鼎老。"又明徐渭《南词叙录》："顶老，伎之诨名。"戏曲小说中多见用例，如商衎《一枝花·叹秀英》套："生把俺殃及做顶老，为妓路刬地波波。"《琵琶记》第十七出："倒不如做虔婆顶老，也得些鸭汁吃饱。"又《水浒传》第二十九回："一个年纪小的妇人，正是蒋门神初来孟州新娶的妾。原是西瓦子里唱说诸般宫调的顶老。"

"刀麻"，即"刀马"。宋汪云程《蹴鞠谱·圆社锦语》："刀马：脚。"戏曲中常见，又如《僧尼共犯》第四折净白："又好又好！再看你那刀麻儿如何扎作？"邓玉宾《村里迓鼓·仕女圆社》套："俊庞儿压尽满园春，刀麻儿踢倒寰中俏。"由此例亦知，宋元以来不仅男人可结蹴鞠社团，仕女亦有结"圆社"者，当属中国女子足球史上最早的专门民间团体。

《二刻拍案惊奇》第四回："一日，那大些的有跳槽之意，两个雏儿晓得他是云南人，戏他道：'闻得你云南人只要嫖老的。'"又《海上花列传》第四回："耐也勿要瞒我，耐是有心来哚要跳槽哉，阿是？""跳槽"即妓院隐语，指嫖客另寻新欢。《切口大词典·娼妓类》："跳槽：谓弃甲妓而别挑乙妓也。犹马之弃其向来就食之槽，而跳就他马之槽也。"今仍流行，取另就义。

向滈《摊破丑奴儿》词："自笑好痴迷，只为俺，忒瞅雏儿。"《曲江池》剧第一折："妹子也，他还是个子弟？是个雏儿？""雏儿"，妓院隐语，指未经涉世而幼稚的少年。《行院声嗽·人物》："少年：雏。"又早见于宋代，如《绮谈市语·举动门》："老：桑榆；耄；苍。少：雏；笋；娃。"小说中亦常用，如《西游记》第三十二回："那魔是几年之魔？怪是几年之怪？还是个把势？还是个雏儿？"又《儿女英雄传》第四回："把那个文诌诌的雏儿诳上了道儿，咱们可不往南奔二十八棵红柳树，往北奔黑风岗。"

《董西厢》卷一："那鹘鸰渌老儿难道不清雅？见人不住偷睛抹。"又："小颗颗的一点朱唇，溜刅刅的一双渌老。"《西厢记》剧第一本第二折："胡伶渌老不寻常，偷睛望，眼挫里抹张郎。"又作"六老"或"六子"，如邓玉宾《村里迓鼓·仕女圆社》："六老儿睃趁的早，脚步儿赶趁的巧。"同书又作"睫老"；"乜斜着瞜老。"凡此，悉为一时隐语。宋《绮谈市语·身体门》："眼：秋波；六老。"明《金陵六院市语》："自身而言……瞜老者，眼也。"又《行院声嗽·身体》："眼：六老；六子。"《广韵》："瞜，目童子也。"清焦循《剧说》引《知新录》释《西厢记》疑义称："渌老，谓眼也。亦作睩老。老是衬字，如身为躯老，手为爪老。"而"爪老"亦系隐语，如《金陵六院市语》："自身而言……爪老者，手也。"又《行院声嗽·身体》："手：爪老。"据《广韵》可知，隐语亦有所本。又从诸例及焦循《剧说》所释可见，剧本曲词多用妓院隐语是因旧时娼优一家、语俗共通之故。

《存孝打虎》剧第一折："某因带酒打伤国舅段文楚，圣人大怒，贬某在沙陀歇马三年。"《丽春堂》剧第三折："近闻京师有四丞相，因打李圭，如今贬在济南府歇马。"《东坡梦》剧第一折："谁想安石将小官《满庭芳》奏与圣人，贬小官黄州歇马。"《射柳捶丸》剧第一折："小官举一人，小字延寿。此人骁勇，胆略过人。先帝手中，待罪在云中歇马。"又《紫泥宣》剧第一折："贬我在这沙陀地面，歇马闲居。""歇马"，于明代则是妓院隐语，如《六院汇选江湖方语》载："歇马，是住了。"在戏曲中，则用指遭贬谪而居。一如《朝野类要》卷五"居住"所记："被责者凡云送甚州居住，则轻于安置也。"其"居住"则为"歇马"，而于妓院，则指"停下"，如《六院汇选江湖方语》："马后，是叫缓些；马前，是叫快些；歇马，是住了。"由其前后语义可以推知。

《娇红记》剧下《双雁儿》曲："把似你招赘了呵！何人敢杂嗽。"《曲江池》剧第二折旦白："你你休杂嗽他，秀才是读书人，知道今古。"《庆朔堂》剧第三折："受了些娘杂嗽，学稳重妖娆体态，不施呈宛转歌喉。"杂嗽"，妓院隐语谓"骂"。《金陵六院市语》："杂嗽者，骂也。"《行院声嗽·人事》："说话：衍嗽。……歹言语：西嗽。骂：杂嗽。"明田汝成《委巷丛谈》："有以双声而包一字，易为隐语以欺人者，如以好为现萨，以丑为怀五，以马为杂嗽。"其中"马"字显系"骂"字之误。又今人朱居易《元剧俗语方言例释》与陆澹安《戏曲词语汇释》均释"杂嗽"为"闲言冷语"，于所举例证皆不通，显为望文生义之误。

凡此可见，宋元以来戏曲小说等通俗文学，皆以市井口语为本。间采隐语行话，亦为市井语俗所致，是其一时风尚。其中颇多明清妓院当行隐语行话，其语又与民间秘密社会隐语不同，主要在于不存在严格的封闭性。混迹于北里、烟花中人，五行八作，上至达官绅士，下至三教九流，久熟则谙知其隐语行话，非正式场合，时或有流露掺杂于通语之中，当属自然。宋元戏曲、明清小说，主要以市民阶层为观众或读者，当然多用通俗的民俗语言，间采一些隐语行话，尤可增添生活气息和情趣。究其实，可使其艺术语言更接近于生活，加强表情达意的艺术感染力量。因此，不仅可使宋元以来通俗文学语言得以充实、丰富和生动，又为隐语行话被选入民族共同语、增强其表现力提供了一条重要渠道。

四、隐语行话与通语、雅言论析

"通语"，作为中国的一个语言学术语，与国际语言学界的流行术语"universal language"（通用语言）有着本质区别，并非后者汉语译名的缩略语。"universal language"是"指一种语言系统，特别是为便于国际间的交际而人工创造出来的一种语言系统，如世界语、国际辅助语和新创语"（见 R. R. K. 哈特曼、F. C. 斯托克著《语言与语言学词典》）；而"通语"，则是中国传统语文学的训诂学术语，首创于西汉扬雄所著《方言》。他将二十多年所搜集的方言词语辑录一处，释以"通语"，并注出流行地域。如《方言》第一："娥、嬿，好也。秦曰娥，宋魏之间谓之嬿，秦晋之间凡好而轻者谓之娥。……好，其通语也。"又如："悼、悽、悴、愁，伤也。自关而东汝颍陈楚之间通语也。"在《方言》中，"通语"兼指非地区性的普通词语，和几个地区普遍使用的词语，与书中用指普遍流行的词语的"凡语"这个术语概念相近而略有分别。而中国古代用指标准语、普通话或共同语的术语，还有"雅言"，见于《论语·述而》："子所雅言，诗、书、执礼，皆雅言也。"早于《方言》，而扬雄却未沿用又别用"通语""凡语"。"雅言"与"方言"相对称，其"雅"则含有规范、雅正之义。

一般说，"通语""雅言"，当指大范围广泛流行的词语，均与"方言"相对。诸行隐语行话既然出自中下层社会人们之口，则或出自方言，亦可出自通语、雅言。出自作为民族共同语的基础方言的流行地区，其音、形、义则无疑与通语、雅言相近或联系较紧。通语、雅言，也是相对而言的，并非孤立存在，则无绝对标志。即或出自通语、雅言的隐语行话，在其口耳相传的流行过程中，亦因使用人或采集者的方言影响而难免发生变异；如《江湖通用切口摘要》，即"从吴下俗音"而记录，其"八大快"中的"虎"与"火"、"蛇"与"茶"，显然是由于方言读音相近或相同而犯忌讳。然而由于记录乃以文字为信息载体，汉字中有音无字者众多，主要体现于方言之中。而有限的汉字大都以记录通语、雅言为本，付诸文字，则又因汉字一般以集音形义为一体，各因素互相联系、互相制约，所以尽管是循方音记录，亦大多与通语、雅言相通或相同。

《海上花列传》等以苏州方言所写成的小说，尽管令外方言区人读来半通不懂，但通语痕迹依稀可见。例如在讨论"隐语行话与修辞"这一问题时我们于该书第五回所提出的"调皮"，尚比《官场现形记》第五回的"调脬"更为流行，接近通语所用隐语字形；又如第四回中"耐是有心来哚要跳槽哉"的"跳槽"，亦然。一如吴组缃《红叶集·活的语言》中所说的："我读过《九尾龟》《海上花》等苏语的作品，和山东土语的《金瓶梅》，和蒲松龄先生的变文之类的作品，想来他们的运用土语也曾经选择，并且受了文字的限制，未必能够纯粹，更未必与其口语符合一致。"方言文学尚且如此，隐语行话又何尝不是！

任何一种语言的社会变体，都是以其"母语"亦即该社会的民族共同语和地域方言为本位的，均是其"母语"语言文化的衍生物。民间隐语行话，也是这样一种特殊的语言社会变体，即社会方言。

据所见中国以汉字记载的各种民间秘密语性质的隐语行话，已有一千多年的历史了。因而可以说，今天我们所掌握并据以作为考察研究的隐语行话材料，均与汉字融为了一体。汉字是人类所创制并使用的最古老的文字符号之一，至今已有大约六千年左右的历史，而至今所见隐语行话文献，仅仅才一千多年。文字不仅是语言文化的载体和传播媒介，也是一种具有巨大潜在影响能量和规制作用的文化现象。几千年来，它为人类保存了丰富的文化，积累了无以数记的知识财富，凝聚、积淀着人类的智慧。同时，文字给予人类在思维、心理、行为等方式上的影响也是潜移默化、非常重要的。最显著也最为寻常的是，人们在思考问题、尤其以文字付诸纸端时，乃至口头言谈之中，自觉不自觉地大都与文字所能记录和表现的能量、水平相适应。即或方言区的某些难以付诸文字的字眼儿，人们亦往往设法创造出一些方言字或拈出通语近音、近义字来表达。这些，均属文字潜在作用的体现。而且，这种现象在掌握文字这一书写工具的人身上最为普遍和显著。平素人们互相开玩笑时或说："你说的那个字，会写么?"所谓"那个字"，无论实际上是否有其字，都是就所说的事物而言的，只不过是说的过程中（或同时）已本能地自然而然地联想到是否已有相应的文字符号，或该用哪个字表示最为贴切、准确。历来俗体字、别字、白字的流传，亦同文字的这种潜在作用力不无关系。

隐语行话同通语、雅言的内在联系机制，很重要的方面，即反映在用字（汉语的字与词往往合一）的音、形、义的取向上，这是它脱胎于"母语"并在语言习惯上与之相应一致的根本特征。现出土所见最早并可识别的汉字是殷商时代的甲骨文及稍后的金文，大都是象形字。以后汉字由象形逐渐演化为象征，再由表形、表意发展为形象，使今所见之合体字大都成为形声字，并且一字一音。凡此，直接左右着隐语行话用字的音、形、义取向。

先说语音方面。

语音是有声语言的物质外壳。隐语行话是一种以有声语言为材料构成的社会变体的符号集。即或是一些无声的、依靠视觉识别和交流信息的非言语的隐语行话，也是以有声语言作为思维工具进行构建、组合而成的。因而，语音是任何一种秘密语最基本的构成要素之一。

以明清代江湖流行的隐语行话为例：饱曰盈腹，在曰是，看曰扳识、斜手、班色，做曰钻，骗人曰将康，吃曰班（又曰赏），分曰披，渴曰咬七，要曰同工，相打曰闹匾，叫曰显啁，坐曰打墩子，说合曰抹铁，挑曰孤担、天平，吃饭曰扰煤、赏煤，吃酒曰扰山、领山、班山，醉曰山透，等等。作为其符号能指成分的"盈腹""是""扳识""斜手""班色""赏""披""咬七""同工""闹匾"之类，其语音悉与通语、雅言或方言读音相同；即或外国人闻知，虽一般不解其义，亦知其乃属汉语无疑。究其原因，是并未改变汉语语音的基本属性。

然而，语言的变化，语音又不失为最基本的要素。方言间的差别，最显著的是语音不同。各种利用语音变化构造的民间秘密语，实可谓五花八门，不胜枚举，仅反切语的秘密语即有数种之多。明田汝成《委巷丛谈》所举，"杭人以二字反切一字以成声者，如以秀为鲫溜，以团为突奕，以精为鲫跳，以孔为窟窿，以盘为勃兰"之类，是我们今所见较早的利用反切构造的隐语行话实例。据今人赵元任、陈志良等人的调查所见，北京、上海、广州、杭州等地以反切构造的隐语行话在定则、取音、用韵等方面，均有差别，皆系各地方言差异而分别。这也是隐语行话语音皆以其"母语"语音为本的例证。

又如"五音循环语"式的秘密语，其所用的五个循环衬音，也不外是一般语音的特定组合。如赵元任《反切语八种》中提到当时北京所流行的以"红、黄、蓝、白、黑"五种颜色读音为循环衬音的秘密语，其取音规则即为如此。而反切式秘密语的取音从材料到方法，亦均以通语方式为基本定则，另因方言而异。是乃"万变不离其宗"耳。

再说字形方面。

文字是记录和传达语言的书写符号。现所流行的汉字虽然以形声字为主体，是一种音形义结合的表意文字体系，但是因为一字一个形体，视形未必知音，知音亦未必知形，知其音、形又未必识明其义。同表音文字相比较而言，未免是其不便利的一个侧面。汉字同音字又多，同形同义、近义或同形异义的不胜枚举。在记录方言时，一方面是造出一些专用字来表示，一方面则是大量以同音或音近的字形来记音，历来由此造成的用字混乱给言语交际带来的障碍苦不堪言，传统语文学的训诂学要拿出相当大的精力花在这方面。王力教授所著《同源字典》，其中相当一些字例即属于这种情况。从汉代扬雄的《方言》到近人章炳麟的《新方言》的历代专门劳作，都说明了这种事实。

作为民族语言文化的传承现象，亦毫不例外地影响和作用于民间秘密语的字形取向之中。隐语行话以口耳相传为基本交流形式，如同地域方言一样，并兼受地域方言的直接干扰作用，其用字字形取向更为混乱。

例如明清代江湖隐语中以看为"扳识""班色"，所取字形明显各异，而其读音、取义却极为相近和相同。考虑到各地方言语音差异而付诸文字又倍受通语、雅言潜在规模力量的作用这一重要语言文化的社会因素，"扳识"与"班色"当为同义（即"看"）、音近、异形，是因方言影响的传承过程中的语音变异所致的变形现象。

又如以分为"披"，是《新刻江湖切要》所用字形，而《江湖通用切口摘要》则是"分曰匹""分银洋曰匹琴"。至民初所编《切口大词典》，用字则作"劈"。三字音近、义同而形异，实乃所取字形不同之故。其中作"匹"，是当时吴方言读音；而民初又记作"劈"者，编者亦为吴语区的上海人。"披""匹"及"劈"，在现代汉语中皆可读同音，足见历来隐语行话用字之混乱，是随手记之，不加详究，乃至讹传不止，为今研究、考察民间秘密语的音、形、义及其流变带来颇多困难。

现在来说字义。

任何语言书写符号，字义是根本，是其价值所在。传达、交流语言信息，核心在于表情达意。没有意义的语言在世界上不存在，没有意义的文字符号亦只能是一堆废物。上述音、形上的混乱，极易造成隐语行话语义上的混乱。《江湖通用切口摘要》编者所谓"切口即隐语也，名曰春点，字无意义，姑从吴下俗音而译之"；其"字无意义"之说显就隐语行话符号能指成分构造的任意性而言，却未必允恰，或有妄断之嫌。

　　"盖老"（丈夫）、"底老"（妻子）、"海老"（酒）、"孤老"（官吏）等之"老"作为衬字，固无一实词性语义。四平市语以"忆多娇""耳边风""散秋香""思乡马""误佳期""柳摇金""肖梨花""朵朵云"之类作为"一""二""三""四""五""六""小""大"的隐语，悉取其俗语首字谐音而成，亦属"义意全无，徒以惑乱观听耳"。然而，这并非隐语行话用字的全部取向。由于汉语文字符号是表意为主体的体系，尚有相当一些隐语用字是以该字字义为本位的，也就是说，该隐语符号于构拟其能指成分之初，即注意取用了某些音、形符号的意义。

　　以上述的"披、匹、劈"为例，"披""匹"显然与"分"义无直接关系，而只有"劈"含有"分开"的意义。如唐白居易《自蜀江至洞庭湖有感而作》诗中所用："长波逐若泻，连山凿如劈。"然而，此亦非其当用本字。据考证，捭、擘、擗、闢、辟、掰为同源。如：《广雅·释诂》："捭，开也。"《礼记·礼运》："燔黍捭豚"疏："捭析豚肉，加于烧石上而熟之。"《经典释文》："或作擗，又作擘，卜麦反。"《说文解字》："擘，扴也。"《玉篇》："擘，裂也。"《礼记·内则》："涂皆乾擘之。"张衡《西京赋》："擘肌分理。"《楚辞·九歌·湘夫人》："擗蕙櫋兮既张"注："擗，析也。"《说文解字》："闢，开也。"《广雅·释诂》："闢，开也。"《小尔雅·广诂》："闢，开也。"《易·系辞上》："闢户谓之乾"虞注："闢，开也。"《诗经·大雅·召旻》："日辟国百里"传："辟，开也。"《仪礼·士昏礼》："即位辟门"注："辟，开也。"《礼记·丧服·小记》："无事不辟庙门"疏："辟，开也。"《谷梁传·庄公三十一年》："为燕辟地"注："辟，开也。"等等（详见王力《同源字典》）。据此，就读音和意义考其字形隐语"分"的本字当取"擘"或"撇"较为贴切。尽管说这些江湖隐语者，多不识字，却因音、形、义三位一体，是汉字符号据以记录语言的基本原则，既使之付诸文字，即应用其本字为是。这样，是由于隐语行话脱胎于母语、以母语为本这一文化事实所决定了的。

再如明清时关于男女交媾的隐语，《新刻江湖切要》作"拿蚌"，《江湖通用切口摘要》作"拿攀"，以"女阴曰攀"，后者显系以吴方言语音译记之讹误。"蚌""攀"在共同语中属同声母近音字，而吴方言读"蚌"作［baŋ¹³］（据闵家骥等编《简明吴方言词典》），是可为证。《尔雅·释鱼》："蚌含浆"注："蚌即蜃也。"清郝懿行《尔雅义疏》："《说文》：蚌，蜃属。按《月令》注：大蛤曰蜃。《晋语》注：小曰蛤，大曰蜃。是蜃为蛤属，许（慎）以释蚌，亦通名尔。"蚌为一种软体动物，双壳相扣合，壳内有珍珠层，或可产珠。明清江湖隐语，以事物形状类比，将女性外生殖器喻为蚌，是其具体构造方法。至今，东北乡村俚语仍有谓女阴为蛤蜊（方言读作 gě·la）之说，同属一理。据上述，"蚌"当为本字，而"攀"则属方音讹误。

综上可见，隐语行话在所用通语、雅言乃至方言用字（词）的音、形、义取向上，几乎完全保持着其母语的语言习惯，并以此作为相互内在联系的基本机制。

以析字法构造隐语行话，往往是综合调动、运用字音、字形、字义的一种方法，那就是化形、谐音、衍义。例如称"假"为"西贝"，乃是先以"贾"谐音"假"，而后化形，从中衍义。这是隐语行话用字（词）在音、形、义取向上的一个常见模式，完全体现了母语习惯。

民间隐语行话的构词取义的逻辑关系，是与通语、雅言构词取义逻辑关系基本对应的一个平行系统，悉以民族语言文化为基础。这一点，在历来隐语行话的亲属称谓构词取义上，体现得比较典型。在《中国民间秘密语》这部书中，我以《新刻江湖切要·亲戚类》为例，提出如下四点看法。

第一，反映了以父系家族为核心的性别秩序。明清江湖隐语以父为"日宫"、母为"月宫"，构建为一套完整的亲族秩序系统。而以"日""月"代男女，则是中国的一个古老文化传统。如《礼·昏义》："故天子之与后，犹日之与月。"《史记·魏其武安侯传·论》："魏其之举以吴楚，武安之贵在日月之际。""日""月"之喻又当起于"乾""坤"之譬。《易大传·乾·象辞》云："大哉乾元，万物资始，乃统天。"意谓天德之善系万物之赖以发生。《易大传·坤·象辞》云："至哉坤元，万物资生，乃顺承天。"意谓顺承了天，则地德之善乃使万物生长。这样一来，乾为天，坤为地；天为根，地为基；亦即乾"统天"、坤"顺承天"，乾统而坤顺也。是为传统文化的一种基本哲学思想，一个基本逻辑思想。

《易大传·系辞下》云："乾，阳物也。坤，阴物也。阴阳合德，而刚柔有体。以体天地之撰，以通神明之德。其称名也，杂而不越。"就是说，日月、男女、风雨、动静、尊卑、贵贱、吉凶等的对立合德，是阴阳交感所致。如此传统的逻辑观念，成为民族文化的一条基线。性别之分，在亲缘关系中纵横交错，却始终在这一基线上延伸变化。以此为主纲的阴阳、乾坤等，则不能平等、平行，阳统女承，男尊女卑；只有夫贵，方有妻荣。隐语所谓夫为"盖老"、妻为"底老",也不外"阳统女承"的延伸衍义,即天为盖,地为底也。

第二,长幼有序。在传统亲族体系的座标图上,就纵向而言,隐语以祖父为"重日",乃取日之日亦即父之父之意;以祖母为"重月",是取月之月亦即母之母也。同理,以孙为"重欠",乃取欠之欠亦即子之子之意(隐语以子为"欠")。外戚亦然。如以外甥为"斗欠",则缘其为"斗上官"(姐夫)或"斗下官"(妹夫)之子。在同辈之间,则以上、左为尊长,以下、右为晚幼,也是传统秩序观念的直接表现。即或夫妻之间,不唯以乾坤、上下、天地、盖底分别,尚有左右之分,即男左女右。明清隐语亲族称谓体系之中,往往又以上下、左右作为长幼秩序的分别。例如:兄为"上部",嫂则为"上部才";弟为"下部",弟媳即为"下部才";伯父为"左日、日上部",伯母则为"左月、月上部";叔父为"右日、日下部",婶母即为"右月、月下部"。同样含有"上部"这一语素,而前置"月"为"伯母",后置"才"则为"嫂"。皆依辈分、长幼及性别而错落有致,又均以男性为根本,恰是以男性血缘关系为本的传统世俗观念的体现。

第三,主从分明。上与下、左与右、乾与坤、日与月等,在平行层次(同辈)的隐语亲族称谓中,主从分明也是一个重要特点。这种关系除在男女性别之间有其一贯性体现外,亦直接作用于亲属的亲疏关系,尤以内亲外戚的分别最为显著。如以赘婿为"合才","才"者,妻也;"合"者,和也;是取与妻家在一起之义。又如以"才日"或"外日"谓丈人,以"才月"或"外月"谓丈母,悉标示其为外戚,不属"夫主"一方直系亲属。

　　第四，亲疏、嫡庶分明。这是由主从分明派生而出的又一显要特点。明清江湖隐语称谓中，多以奖、莫、迟、晚、半、偏等语素标示出亲族关系的亲疏、嫡庶之别。例如：以继父为"奖日""莫顾"，以继母为"奖月""莫月"，是在于非亲生父母，本为他人父母。以继兄为"奖上"或"上莫闻"，以继弟为"奖下"或"下莫闻"，则是谓乃他人之兄弟。又以后妻为"迟才"或"接莽"（取"续发"之义），以妾为"偏才"或"半才"，乃至连未嫁之女亦称之"半儿"，均显见其亲疏、嫡庶分别。

　　凡此，隐语行话的亲属称谓构词取义，悉以通语、雅言构词取义的传统文化中的逻辑观念为本，形成了双双平行的共同体系。然而，囿于隐语行话仅是语言的社会变体，其在言语交际中仅为微观上的部分替代，故语汇相对贫乏，则不足以表现全部通语、雅言，仅仅大致对应、平行而已。

五、隐语行话类型概说

民间秘密语几乎是世界各民族所共有的一种特殊语言文化现象。因其语种、流行地域、时代，以及所通行言语集团或群体的分别，则形制各异，千姿百态，堪谓丰富多彩。在我们仅仅略知其一二时，即有新奇神秘之感。这是以往人们极少多维视野地进行梳理考察所造成的一种假象。一当彻底揭去其隐秘的面纱，置入眼界的则是人们所熟知的社会生活画卷，令人别开眼界。

汉语不仅是世界上历史最古老的语言之一，其语言之丰富也是举世瞩目的。汉语不仅地域方言众多，其社会方言也是很丰富的。在这历史悠久、蕴藏深厚的语言文化土壤中孕育、滋生而出的隐语行话，虽有文献实例可据的历史不过一千多年，却亦堪称形态各异、品类繁多。

对各种隐语行话进行梳理分类处理，是有助于科学、客观、全面地认识、透析这一特殊语言文化现象所必须的一项基础工作。

面对手头所掌握的古今数以万计的民间隐语行话材料，几经考察研究，觉得大体可适用内容分类、发生学分类和形态学分类这三种常见的科学分类方法。其中，对于帮助读者全面认识隐语行话，可大体反映其概况的，当属形态学分类法。然而，结合汉语言文化隐语行话的实际，这三种分类法又互相关联、互相补益，各有所长。兹一一分述如下。

首先讨论内容分类法。

这种方法，是根据隐语行话所指成分反映出的诸社会现象的差别，加以梳理，分门别类。这种分类方法大都兼重具体隐语行话的流行集团或群体，采用类义形式，是一种以应用为本的科学分类方法。所以，这种分类方法多见于编辑隐语行话专集或专门辞书。例如宋代的《绮谈市语》，明清以来的《行院声嗽》《江湖切要》《全国各界切口大词典》等。其中，尤以《切口大词典》收录最富并且分类最细，多达十八大类，近四百子类。虽分类粗糙，归属亦不尽合理，却以细致切用见长。

其次，讨论发生学分类法。

民间秘密语的发生学分类，主要有源流分类与构造分类两种方法。

所谓源流分类法，是根据其源起、形成的直接动因作为分类依据的一种科学分类方法。中国汉民族语言文化的源流分类，大抵有三种类型。这就是：由禁忌、避讳而产生的避凶就吉、避俗（秽）就雅的各种隐语行话；由回避人知而产生的各种隐语行话；由隐约其辞的语言游戏而形成的各种隐语行话。这三种类型是汉语隐语行话产生、形成的基本源起形态（我在《中国民间秘密语漫说》一文及《中国民间秘密语》书中已有详说，于此不另赘述）。

所谓构造分类法，是以隐语行话符号能指成分的结构方式为分类依据的一种科学分类方法。仅就一般常见的语词替代式隐语行话的构造方式而论，即有数十种之多。如语音学构造方式的，即有反切法、饰音循环法、同音切、八音摄、谐音法等多种；以语法学、修辞学构造方式的，又有析字、镶嵌、藏词、倒序、比喻、摹绘、用典、婉曲、借代、歇后等等。这些构造方式，与源流分类法所说的三种类型相比，均属语言学构造法。因而，这种分类法，实际上亦即语言学分类法；而源类分类法的三种类型，则是社会学或民俗学的分类方法。

发生学分类的这两种分类法，作为社会学或曰民俗学分类的源流分类法，对于认知隐语行话的成因、起源流变，显然是十分重要的；而以语言学各种构造方式为本位的分类方法，则是考察、归纳隐语行话符号能指成分结构规律、构成机制所必须的手段及结果。二者相辅相成，合而成为发生学分类的总体基本科学方法，并以其在科学研究过程中的重要地位，受到人们的充分注意。

现在要接着讨论的第三种隐语行话分类法，是形态学分类法。

隐语行话的形态学分类法，是以其具体形态差别特征为依据的科学分类方法。这种科学分类方法有助于使人总观和识别丰富繁杂的各种隐语行话形态，及其差别特征，应用价值较高。为了导引读者总体了解汉语言文化隐语行话的千姿百态，进一步揭开罩在其上面千百年来的神秘面纱，本篇即着重讨论其形态分类的方法以及基本形态概况。

一般说，汉语隐语行话按照形态分类，主要有言语的（包括语词替代式与谣诀式的两种）、非言语的和文字的，三大基本形态。

在此三大基本形态中，言语的形态是大量的，是中国民间秘密语的最常见、最基本的主体形态。这种形态在构成及运用上，都是以言语交际为本位的。这种形态，又可细分为三种形式，即语词替代的、语句的和谣诀式的。一般情况下，这三种形式往往掺杂合用，又以语词替代式单独于言语中替代相应通语成分运用者居多。

下面，即以形态分类法为视点，对中国汉语言文化的各种隐语行话类型，摘要作一分别论列。一是语词替代式的，二是语句式的，三是谣诀式的，四是非言语方式的，五为文字符号的，凡五种类型。

1. 语词替代式的隐语行话

所谓语词替代式的隐语行话，是以特定的语词替代通语中的相应语词（即隐语符号的所指成分），而用作隐语符号的能指成分掺杂于话语之中，以隐约其本义，回避人知，从而为本集团或群体中人传达特定信息。这是汉语隐语行话中最常见、最基本，而且应用亦最广泛的类型，其具体形态又最为丰富繁杂。

反切秘密语 这是以语音学构造方法的隐语行话中最常见的一种。所谓"切口"这一别称，即是就这种形态的隐语行话的构造方式特点而言。尽管《江湖切要》《江湖通用切口摘要》《切口大词典》等以"切"或"切口"为名称，却并非都是以此方式构造的秘密语。民间隐语行话之所以有此别名，主要是因为这种方式起源较早而流行又广之故。

关于"反切"之起，历来众说不一。其中最流行的说法，是认为三国时魏人、《尔雅音义》的著者孙炎（字叔然）所首创。

北齐颜之推的《颜氏家训·音辞篇》及唐陆德明《经典释文·序录》，及张守节《史记正义·论音例》等，均持是说。所谓"反切"，本是一种传统语文学的注音方法，上字取声，下字取韵及调，以二字拼合一字。在非拼音文字的汉语文化中，其简便易学，故一时颇为流行。反切秘密语，即依这种原理构造而成。如以"练"为所要表达信息的字，即隐语符号的所指成分，那么其由反切法所构成的能指成分即为"郎甸"。

在实际运用中，为使之更加隐秘，防止说漏，反切秘密语又有顺说与倒说、硬口儿与软口儿、三字反、四字反、五字反等多种分别。

"顺说"，是按一般正常切法去说；"倒说"，则是先说其下字切音，后说出上字切音。"顺说"易于掌握，"倒说"则需熟练之后才能运用自如。"顺说"的慢说或快说，均直接对声调发生影响；而"倒说"则无论快慢，切语上字均读轻声。在上海，倒说的反切秘密语叫作"花儿反"。

"硬口儿"与"软口儿"，是就反切秘密语的虚字处理方式来说的。无论实词、虚字以及声调如何，悉化作上、下字组合结构，这是"硬口儿"。如果照用轻声虚词本字而不将其化为反切语的说法，即所谓"软口儿"。

"三字反"的反切秘密语在各地都有流行，一般是就"三字硬反"而言。如上海旧时流行的"三字反"，将"中"说成"糟曹仲"或"捉蜀仲"，这是"硬反"；如说成"糟齐仲"，即为"软反"。如果其第一附加韵及第二附加韵均收"阿"韵，将"中"说成"斋柴仲"，是"喇叭反"。若其第一附加韵及第二附加韵均收"恩"韵，如将"中"说成"镇神仲"，又别称作"仑敦反"或"魈鼻头反"。

"四字反"至"七字反",是多字反,比较少见。其基本定则为:(1)首字发声与切字发声相同,末字收韵亦须同切字收韵一样;(2)第二字的附加声须与末字附加声相同;(3)末字之前诸字的附加韵均可自由应用。现仍以"中"为例,其"四字反"为"槽齐柴仲",其"五字反"为"斋神曹柴仲",其"六字反"是"镇曹齐柴才仲",其"七字反"是"灾齐曹神坐柴仲"。益为繁琐、玄虚,很少流行。

各地方言繁杂,语音、声调、用韵皆因方音而异。因而,以语音切合为构造方式的反切秘密语亦因流布地域不同而形成多种具体样式,名目亦各有分别。旧时广州流行的反切秘密语即有三种,一为"燕子公",是一般形式的反切语;一为"燕子齷",是于各字后面附加×及本字韵母的合音,声调是平上去三声读平声,入声读上入;一为"燕子仔",类似"燕子齷",所不同的是声调,其平上去三声读去声,入声读中入。此外,常州有"字语"、昆山有"切口语",苏州、浦东、余杭、武康等地有"洞庭切",苏州又有"威分",东莞有"盲佬语",福州有"瘦语"或称"仓前瘦",都是因地域方言读音各异而派生出的反切式秘密语的地方变体。这个语言事实也说明,非但语言有其地域变体(即地域方言),作为语言社会变体的民间秘密语(社会方言)亦存在地域变体现象。同样,地域方言与社会方言之间,亦是你中有我、我中有你,相互错综联系,谁也不能孤立存在。

据陈志良《上海的反切语》文中介绍,上海旧时社会上不同群体应用反切秘密语极为普遍。如流氓间用"硬反""花儿反""切口";唱滩簧的以使用"花儿反"隐语为主,故此行亦别称

"浪花儿"；道士以"折字反"为主，间用"硬反"；茶担、乐人等以"硬反"为主，间用"折字反"；裁缝以"硬反"为主；小学生亦以反切秘密语作为语言游戏，流行一时。可知反切秘密语旧时流行颇广。据最近的调查，反切秘密语于各地仍有流传。这是一种在汉民族语言文化史上流行既久又非常广泛的隐语行话类型。

同音切　这也是运用语音变化手段创制的民间秘密语，主要流行于江浙地区。其构造原理是在本字前分别附加同一音节，并与本字音节组合在一起，作为衬字读音。所附加的衬字读音，一般是取本字声母加韵母"奥"（ao）组合而成。例如："高古骚诗淘台捞历"，即"古诗台历"的隐语说法。这种类型的秘密语与"燕子语"相似，但在语音变化所取衬字韵母方面迥然各异。

五音循环语　在赵元任的《反切语八种》一文中，提及了这种类型的秘密语："最简单的就是定几个字音，每一种字后加一个，以乱人的听闻。比方北平有一种秘密语就是凡字都加红、黄、蓝、白、黑循环的说。如：咱红们黄不蓝要白跟黑他红'玩儿'黄，就是：咱们不要跟他玩儿。"这就是"五音循环"式的秘密语。这种秘密语比反切语简单，又与"同音切"相近，不过取用的衬字置本字之后，又不与本字音节发生关系，是另外所选用的任意字，故亦比"同音切"还简便一些。二十世纪五十年代沈阳的中小学生之中所流行的"单音循环"式秘密语游戏，亦属此类，只不过是任取一个衬字一贯到底，更易说漏。因而，只能作为语言游戏，而无其它作用。

八音摄　又名"哨语"，流行于福州地区。明代抗倭名将戚继光驻闽时，为便于外地兵士学习当地方言曾编了一部通俗易学的韵书，名为《戚参军八音字义便览》。是书"例言"除胪列编撰体例之外，还附有"嗽语"与"嗽语切"两项。据以今福州方言考证，"嗽"与"哨"音同，"嗽语"音协"哨语"，实为"隐语"或"暗号"的意思。依此推断，所谓"嗽语"即"八音摄"，与今仍流传之别称"哨语"亦相符合。是书将福州方言音系韵母分为三十六类，悉以所定三十六个字母标示（略），又将声母分为十五个，声调分为八类，亦用字标示，因名《八音字义便览》。是书所用以注音的"反切法"，实为明清曾流行一时的"标射韵法"，极便于外地人学习当地方言俗语，亦便于本地人识字，故流行较广，于后世亦颇有影响。

大约一百年后，清代康熙时进士林文英（碧山），根据此间语音的发展变化，将《八音字义便览》略作改易而编成《珠玉同声》一书。至乾隆十四年（1749），福州人晋安则将二书汇刻为一部，署《戚林八音》，上截刻《八音字义便览》，下截刻《珠玉同声》，成为多年来当地群众学习文字、掌握拼切法的重要工具书。在《戚林八音》之后，先后又出现了《汇音妙悟》《拍掌知音》《击掌知音》《十五音》等同类通俗用书，足见其影响之大。

今所见流行于民国时期福州一带的"八音摄"（即"哨语"），是类如"反切语"而又略有区别的一种以改变语音为构造方式的民间秘密语。其区别在于，当将本字化为二音节时，第一音节（即上字）与本字相同，而第二个音节只保留韵母，换以固定的声母 k；若第二个音节声母本就是 k 的话，即将其改为 r。

究其实，今所见之"八音摄"，即当初《八音字义便览·例言》中所说的"嗽语"遗制。由此亦可断知，作为一代名将的戚继光当时于军中推行《八音字义便览》，其直接的功利性目的在于为当时军中所用秘密语（即"嗽语"）提供定则。从此意义上说，《八音字义便览》是明代"戚家军"的标准密码本。

那么，又或有疑问，戚继光出身于将家，又为一代著名将领、军事家，本为山东蓬莱人，何以编出福州方言音系的《八音字义便览》？著名学者罗常培即持此疑问。他认为，据《连江县志》载，嘉靖四十一年（1562），戚继光抗倭至福州郊县连江时，曾召见"博及群书，而喜谈兵"的明季著名音韵学家陈第共谋驱虏大计，陈曾为之献策。戚继光升任总兵职后，即荐举陈第擢任车前营游击将军。陈第，字季立，号一斋（一号温麻山农），即连江当地人，万历间秀才，以诸生从军。他精于音韵训诂，认为"时有古今，地有南北，字有更革，音有转移"，所论证古今音异对后世音学深有影响。又著有《毛诗古音考》《读诗拙言》等书，事迹载《明史稿》《明人小传》《小学考》等史志多种。凭陈氏这般条件，撰《八音字义便览》要比戚继光优越许多。因而罗氏提出："《八音字义便览》如果不是后人依托，或者是受了他不少的影响。"① 我认为，综合上述，《八音字义便览》极可能是陈第或有关学者受戚继光所委而撰，先为军中隐语所用，随即普及流行为军民共用成为通俗用书。然而，尚无直接史料佐证，仅为推断而已。但是，却可从民国时当地流行的"八音摄"切法隐语及其亦名"哨语"，亦可证之一二，并窥其本来形制。

总之，"八音摄"创制、起源较早，又于当地民间广泛流行，已为显证。

可可话　是一种曾于昆明学生中流行一时的隐语形式。其构造定则类似于"八音摄"而有区别。"八音摄"在切音时保持第

---

① 参见罗常培《厦门音系》，科学出版社一九五六年版。

一音节（即上字）不变，"可可话"却是保持第二音节（即下字）不变。其第一音节取本字韵母拼以声母 k，如恰逢原声母即为 k，则一律重读原音节一次或改 k 为 g。显然，所谓"可可话"，即以其声母发音为名。

麻雀语　容肇祖《反切的秘密语》① 一文曾提到这种隐语行话形式，是"一种用单字代表单字的秘密语，名为麻雀话，如说话时，一切的字皆改为'箫韵'的声音，如'食饭'读为'xiaofiao'；'读书'读为'diaoxiao'等等。一知道了一个字，就可以完全悟出来。故此绝少人应用"（案：引文中汉语拼音系据原文所用注音字母改标的）。其定则是取本字声母与"箫"韵拼合而成。

这种"麻雀语"于二十世纪六十年代末、七十年代初，仍在黑龙江农场的北方下乡知识青年和上海中学生中流行一时。但是，已在原来的基础上加以改造，是将本字置于"箫"韵代字之后作为衬字反复使用。

所谓用"箫"韵，并非大家都懂得向以"绝学"相称的音韵之学，而是学者总结、归纳其用韵规律的认识。实际上，早期乃至六、七十年代流行的"麻雀语"，并非韵书上所规定的严格"箫"韵，不过都是"宽式"用法而已。这与文人墨客之应制赋诗用韵选字，是大不一样的。

上面所述的"同音切""五音循环语""八音摄""可可话""麻雀语"等类，实际上均属"反切式"秘密语的变体，派生于"反切"方法。与这些类型不同的，则是"谐音"法。

谐音秘密语以谐音方式构造隐语行话比较常见，但不如"反

---

① 见《歌谣周刊》第五二号，一九二四年。

切语"那样自成系统，而是往往与其他方式合用，用以创制个别隐语名目。如明代"四平市语"以"一"为"忆多娇"、"二"为"耳边风"、"三"为"散秋香"之类，即以"忆"谐"一"、以"耳"谐"二"、以"散"谐"三"，余二字皆无实际意义。又如《金瓶梅》第三十二回的"调子曰儿"的"望江南、巴山虎、汗东山、斜纹布"，亦然。

至于以"析字""镶嵌""藏词""倒序""比喻""摹绘""用典""婉曲""借代""歇后"等方式构造的隐语行话，亦非自为系统。本卷第三章《隐语行话与修辞漫议》已多有述及，此则从略。

2. 语句式的隐语行话

语句式的隐语行话，大都以一个短语作为其符号单位，表示出特定的所指意义。这种类型的隐语行话，大都属于民间秘密社会各种组织的特定语俗，用于识别身份、简述情况。例如旧时东北"胡子"见面时的一些"黑话"：

蘑菇，溜那路？什么价？（什么人？到哪去？）

想啥来啥，想吃奶就来了妈妈，想娘家的人，小孩他舅舅就来啦。（找同行来了）

紧三天，慢三天，怎么不见天王山？（我走了九天，也没找到哇）

野鸡闷头钻，哪能上天王山？（因为你不是正牌的）

地上有的是米，唔呀有根底。（老子是正牌的，老牌的。）

拜见过啊幺啦？（你从小拜谁为师？）

他房上没有瓦，非否非，否非否。（不封正堂不能说，

徒不言师讳）

哂哒？哂哒？（谁引点你到这里来？）

一座玲珑塔，面向青带，背靠沙。（是个道人）

么哈？么哈？（以前独干吗？）

正晌午时说话，谁也没有家。（许大马棒山上）

天王盖地虎。（你好大的胆！敢来气你祖宗）

宝塔镇河妖。（要是那样，叫我从山上摔死，掉河里淹死。）

好叭哒！（内行，是把老手。）

天下大大啦。（不吹牛，闯过大队头）

这种语句式隐语行话，外观上是些符合汉语语法的一般语句，运用于话语之中，但其语义、交际对象、语言环境都是特定的，不是任意的。究其实，是一种话语体秘密语。

话语体的民间秘密语，又往往将某些替代式隐语符号混杂于"明语"中使用，使之构成一个完整的特定语义集合。例如东北"胡子""挂注"时"拜香"盟誓所说的一套惯用套语："我今来入伙，就和弟兄们一条心，如不一条心，宁愿天打五雷轰，叫大当家的插了我。我今入了伙，就和兄弟们一条心。不走露风声，不转，不出卖朋友。如违犯了，千刀万剐，叫大当家的插了我！"显然，其"插了""大当家的""转"等，都是行中黑话。这些黑话语词掺杂于语句之中，与其他"明语"合而结构特定的语义集合。

清代三合会、哥老会、天地会等民间秘密团体的"口白"一般有谣诀体与语句式话语体两种形式，而二式又往往合用。例如哥老会的《拜码头交结》：

　　我兄弟来得卤莽，望你哥哥高抬一膀，恕过兄弟的左右。我闻你哥哥有仁义，有能有志，在此拈旗挂帅，招聚天下英雄豪杰，栽下桃李树，结下万年红，特来与你哥随班护卫。初到贵市宝码头，理当先用草字单片，到你哥哥龙虎宝张（案：当为"帐"字），请安投到，禀安挂号。兄弟交结不过，理义不周，子评不熟，钳子不快，衣帽不正，过门不请，长腿不到，短腿不齐，跑腿不称；所有金堂银堂，卫是门堂，上四排哥子，下四排兄弟，上下满园哥弟，兄弟请安不到，拜会不周；金伏称哥子金阶银阶，金副银副，与我兄弟出个满堂上副。

　　回条：好说好说。

　　不知你哥哥到此来，未曾收拾少安排，未曾接驾你见怪，副奈仁兄莫计怪。仁义胜过刘皇叔，威风其过瓦岗寨。交结甚过及时雨，讲经上过批法台。好比千年开花、万年结果老贤才，满园桃花共树开。早知道你哥哥驾到，三当三十里铺毡，四十里结你；五里排茶亭，十里摆香案，派三十六大满，七十二小满，摆队迎接你哥哥，才是我兄弟的道理。

　　回条：好说好说。

　　不知你哥哥旱路来，水路来？

　　回条：兄弟旱路也来，水路也来。

　　旱路多少湾？水路多少滩？

　　回条：雾气腾腾不见湾，大水茫茫不见滩。

　　请问有何为证？

　　回条：有凭为证。

　　拿凭来看！

回条：大哥赐我一凭文，劳劳稳记在心中，普通天下一般同。

（余略）

凡此，可见语句式隐语行话之一斑。

3. 谣诀式的隐语行话

谣诀式的隐语行话，即以完整的歌谣、诀语作为符号单位，于其中隐含特定的语义。这种秘密语字面语义显然，仅为"能指"而已，其隐含的特定意义才是"所指"。近代中国秘密社会组织天帝会中颇多这种谣诀式秘密语，如：拜码头交结，梁山高大典交结，始祖洪盛殷交结，赞酒，送宝，出山访友交结，四十八句总诗交结，送行交结，三把半香，出门交结，店主回，洗面交结，陪堂传令，五碑高升，山岗令，大小通令，赞刀斩牲，祭旗，洋烟开火，祭红旗，传令开山，相会合同，相会皮盼，红旗安位，镇山令，接客安位，封赠大爷，封赠当家，封赠老五，封赠老六，封赠老九，封赠满爷，封赠少侄，禀见盟证大爷，等等，达数十种之多，各有所用，因而名目繁杂。

按照天帝会的戒律，举凡日常交往、外出活动、娱乐、各种仪式，无不各有谣诀式秘密语。例如为新入伙者举行仪式，即专有《送宝谣诀》（"送宝"即颁发会员证明，其身份证隐语谓"宝"）：

东边一朵祥云起，西边一朵紫云开。祥云起，紫云开，乃是龙山开大会。大哥传令把堂座，特命送弟解宝来。此宝不是非凡宝，众家兄弟众家宝。用不了，吃不了，甚过当年秦叔宝。要学羊角哀左伯桃。义好义气高，桃园与古交。请宝入库，金银满库；发富发贵，禄位高升，高升禄位。

又如"四十八句总诗交结"：

手提算盘重几斤，推算木阳城内几十宗。高溪庙内三层佛，招军旗下五堆烟。旗杆之上红光现，桃李乾坤一统归。三关六将保九佛，内有洪家兄弟扶圣君。燕盘广积仙人板，白石香炉有缘因。溪汰洪花，白云连天。赐少林寺。又有万云龙。七星八卦不非轻，四九三台五本同。披发当头座，头戴方巾一点红。身披袈裟铁罗汉，双龙宝剑在其身。始祖本是洪殷盛，祖母金丹有名声。高溪庙内观音佛，外有关公显威灵。花亭之中逢手段，五祖命命座当中。复转仁义礼智信，重新月日立乾坤。号江洪内，附塔印信。彪魑魈魑魈。韩龙韩虎李昌国，头门披守万云龙。七盏明灯分左右，五阴六阳定分明。江花绵棍量天尺，戥称算盘立青天。梅花镜子金交椅，太平毯子一色新。铜铁桥上兄弟过，抬头一望木阳城。松柏堂前分大小，桃李树上共一宗。千年仇恨虽要报，扭转乾坤归一统。福德寺内把愿许，公义堂上起英雄。兵饷根原真悟事，原来一百另八层。若问木阳城内根原事，四十八句逢对清，可算一位好英雄。

请问那里去？

回条：木阳城内去。

可有公文牌票？

回条：有。

有在那里？

回条：左手为票，右手为牌，合掌为印，心为凭，口为号令。

有何为证？

回条：有诗为证。

何诗？答对！

回条：五祖赐我天下同，文凭藏在我心中。位台若问根原事，三八廿一共一宗。

显然，上述"四十八句总诗交接"这段"口白"的前半部分韵语及所谓"有诗为证"之"诗"，都是行中谣诀式秘密语，其余对话则属语句式秘密语。

谣诀式秘密语多整齐押韵，便于记诵，虽是通俗平白语言，却非内部人不能解其中隐含意义。又因略错或遗漏字句，则往往败露，故可保守秘密和识别身份。

4. 非言语方式的隐语行话

同一般以语言为材料的言语形式相对应的又一大类隐语行话，是非言语方式的民间秘密语。这种隐语行话一般有三种类型，一是身势情态的，一是特殊标志的，一是特殊音响的。非言语的民间秘密语是建立在言语交际基础之上，运用特定的非言语手段隐含、传达特定语义信息的一种特殊类型。在民间秘密社会中，一举一动往往都与一言一语一样，极为敏感，因为其非言语的隐语行话颇为流行，又往往伴和着言语的隐语行话一同传达、交流各种内部信息。

下面，即摘要论列部分非言语方式的民间秘密语类型。

符徵　清代民间反清秘密组织三合会、哥老会、天帝会多有

"符徵"，作为识别标志或传达简要的内部特定语义。如三合会
"符徵"：

> 遇有紧要事件，以白扇徐摇三四次，即为招其旁近会员
> 之证。其逾越头上，轻摇其扇三次者，即为招其会员与于战
> 争之证。

> 会员与外人争斗时，在场之他会员以手掌向外人，以又
> 一手之指甲向会员，即为止其勿再争斗之意。

> 两人殴打时，会员以手之两掌向外，连呼勿争斗者，即
> 示以殴彼，彼乃会外人之意。如曲右手拇指，将两掌向内，连
> 呼勿争斗者，即示以勿争，彼乃会内人之意，谓之阴阳法。

> 争斗时，以右手之拇指及第一第二指伸出，余二指曲握
> 于掌伸臂向前，复以左手照式作势，置于右手之肘，即为求
> 救之意，谓之三角法。

> 将右手之拇指握于余四指之外，以置头上，为求助之又
> 一法。以右手掌向外伸出，以左手之拇指与前指屈曲之，余
> 指贴掌，置于胸前，为求助之又一法。如左右手作同势，易
> 其位置，即为止争斗之符徵。

> 若欲于饮茶时试之，则以右手之拇指置茶碗缘，第二指
> 置茶碗底，执茶碗以献；左手之拇指与第二指屈曲，余三指
> 伸出，置于右手之肘，若其人为会员者，必以同法受之。

> 凡供献饮食物三种时，必取其居中之一物，谓之忠臣。

> 伸右手，令拇指与第一第二指伸直，左手亦然，惟以伸
> 直之三指按胸前，此即所以表天。如伸右手，令拇指与第一
> 第二指伸直，他二指屈曲，而以左手之拇指与第一第二指伸

直，按胸上，即所以表地。若伸右手，令拇指与小指伸直，余三指屈曲，左手亦然，以置胸上，即所以表人。此表人者，谓之龙头凤尾。三法连演，即所以表明为三合会员。

葡国人及马来人之为会员者，别设便利之法，以绢制手帕卷于颈，于胸前作结下垂，此即表明为福建义兴公所之会员。

三合会起事以后，有保护家族之法。凡会员之家，门上必贴方形之红巾，外面作洪字，里面书英字。室内四隅，必竖立三尺六寸长之绿竹。若是者，即为会员家之符徵。（据平山周《中国秘密社会史》）

凡此可知，"符徵"主要由标志物和手势语构成。

茶阵　亦名"茶碗阵"，是清代"天帝会"以及后来的"青帮""红帮"等民间秘密组织内部用以表达心迹、斗法及联络用的一种非言语的秘密语形式，同时又辅以相应的谣诀或秘密语。

所谓"茶阵"，就是关于饮茶时壶、碗以及一些辅助物的各种摆置图式，和取用顺序、饮法的若干规矩，适时念诵相应谣诀，也是其规矩的一种。仅据有关史料所载民间流传多年的三合会、哥老会、天地会行中"茶阵"名目，即有数十种，估计可达百多种。其名目繁多，摆法、破法各异，如：单鞭阵、顺逆阵、双龙争玉阵、忠义党阵、争斗阵、品字阵、关公守荆州阵、刘秀过关阵、四隅阵、四忠臣阵、赵云加盟阵、英雄八栅阵、关公护送二嫂阵、贫困箪篚阵、复明阵、孔明上台令诸将阵、反清阵、赵云救阿斗阵、患难相扶阵、五虎将军阵、六子守三关阵、古人阵、七神女降下阵、苏秦相六国阵、下字阵、七星剑阵、太阴阵、四平八稳阵、仁义阵、五梅花阵、七星阵、桃园阵、六顺阵、一龙阵、双龙阵、龙宫阵、生克阵、梅花阵、宝剑阵、梁山阵、绝清茶、深州失散茶、桃园结义、日月相掩、四大忠贤茶、梅花郎、五祖茶、天日茶、五虎下西村、陆郎镇守三关、会仙姬、带嫂入城、七星会旗、七例分散壶、夜观星象、清转明、八仙回山、龙泉宝剑、合兵灭清、绝清剑、五将会四贤、插草结义、忠义团员、欺贫重富茶、明主出身、等等。"破阵"之法悉因"茶阵"名目而异，如"天日茶"阵，右茶壶一只，壶左茶六杯，分两行摆齐（如图一）。若要饮时，先将下面两杯移作"天"字形（如图二），再以"地本"拈来饮之，并诵谣诀云："一天生水水朝东，地二生火烧青龙。清池无水清龙绝，洪家兄弟保明龙。"

据吴公雄著《绘图青红帮演义》（民初出版）一书叙述，"青红帮"中亦有"茶碗阵"，如第二十九回"蔡标制定子招牌，孙琪排演茶碗阵势"："孙琪见蔡标编定带子挂牌法，他也拟排茶碗阵势，以便兄弟相遇不必问询，看了置放茶碗的式样就可知道意思。"又附图近五十幅，所见阵式，名目乃至谣诀（仅部分有谣诀），基本与三合会、哥老会、天帝会"茶阵"形制、定则一致。孰先孰后，有待考证，由此亦可窥知"青红帮"与"天帝会"于清代时相互关系。

图一　　　　　　　　　图二

　　路阵　亦可谓"路符",是清代天地会的一种以图画符号并或辅以谣诀构成的非言语形式的秘密语。例如:出门行路,若见路上画有一图(如图三),则需进入三步,并念诵谣诀:"姑嫂相逢在路中,乃是玉莲郭秀英。"若见路上画有一条蛇(如图四),即可以脚挞去蛇头,并念诵谣诀:"天高地厚防相访,太子皆因未出头。今日义兄来劫驾,恃强欺弱有天收。"若出门遇见路中有人排列五块石头(如图五),即需以脚挞开,并念诵谣诀:"打开浥(清)朝兵将绝,为因奸臣所害民。洪英来报冤仇日,诛浥(清)灭满复大明。"一般文献不见关于"路阵"用法的更详细记载。然而,显然是该团体中的一种路防,附近又可能设有埋伏,而以此来识别过路人身份。

　　除上述之外,非言语形式的隐语行话还有一些,多因时代、具体社团而有区别,形式各异。同时,非言语形式的隐语行话亦不限于民间秘密社会组织之中,三教九流之中,如某些商业集团或群体亦有流行。其中,比较常见的,即以"指语"(属手势语的一种)来表示数目隐码,如"捏七",即以食、拇、中三指指尖捏拢表示"七";"叉八",即以叉开食、拇二指,余三指向掌心合拢来表示"八";"勾九",即为用食指向内弯若勾状而余指向掌心合拢来表示"九"。

图三　　　　　　图四　　　　　　图五

非言语形式的隐语行话以适应视觉或听觉习惯及相应接收条件为前提，具有不易被外人察知、破译的优点，同言语形式的相比，各有短长，相得益彰，往往被有机地协调、组合为一体综合运用。

5. 文字符号式的隐语行话

所谓"文字符号"式的，即以文字符号形式构造隐语行话；然而，大都又属"类文字符号"。

江永女书　这是一种以改变汉字形体、笔画及书写方法的民间秘密文字，旧时流行于湖南江永县及其邻近地区的部分偏僻乡村妇女。经考察，"江永女书"大多采取借用汉字而改变形体以及汉字固有的象形、会意、形声和变音等特点构造而成，如图六。

妇女们以此交友、叙事、交流女工技艺及传抄唱本歌辞，在夫权颇重的当地很是方便。至今，会用"江永女书"者已寥寥无几，濒临失传，引起了一些专家、学者的浓厚兴趣，正在发掘、研究之中。

图六

花押 又谓"花书",是旧时用于文书、契约上署名作为信用的一种类文字符号。其特点是不易模仿、伪造,而后来不识字者以画"十"字代之,仅象征性例行公事而已,已失去这种功利特征。据宋人叶梦得《石林燕语》卷四载:"唐人初未有押字,但草书其名,以为私记,故号花书,韦陟五云体是也。"可知"花押"源于草书签名。又如清梁绍壬《两般秋雨盫随笔·花押》载:"安禄山押山字,以手指三撮,见曾慥《类说》。王荆公押石字,性急潦草,人以为类反字,见《石林燕语》。韦陟五云体,亦是花押。陈仲醇云:钟离权花押,作一剑形。见《香祖笔记》。是神仙亦有花押也。""花押"只求其形似难仿而不求其真,已失其作为文字的本来面目,仅"类文字"而已。以"花押"入印章,谓"花押印"。据现所见实物,"花押印"起自宋代,至元代大盛。其形制保持了"花押"风格,又兼印章特点。元代的花押印多为长方形,有的并且上刻真书、下刻花押;亦有以蒙文代押,或上为蒙文、下为花押,是一时"元押"之习。

典当书体 典当业内中颇多诡秘隐情,为保守行业秘密、维护其利益之便,既有专门隐语行话,亦有其专门书体。徐珂《清稗类钞·农商类·典质业》:"典质业者,以物质钱之所也。最大者曰典,次曰质,又次曰押。典、质之性质略相等,赎期较长,取息较少。押则相反,所收大抵有盗贼之赃物也。"南朝时寺庙经营的典当,一般被认为是后来所谓"质库""质肆""解库""长生库""当铺"的滥觞;而"典当书体"始于何时、创自何人,已无从考知。就今所见其形体而论,当源于汉字草书;或说"脱胎于草书之《十七帖》,而兼参白字土语。所以求其便捷,其变化太甚者,几与速记之符号相仿"(《中国典当业》),云云。

"典当书体"形似草书而又专为一体，非行中人多难辨识。《红楼梦》第五十七回叙说史湘云与林黛玉面对岫烟的当票，都不知"这是什么账单子"，盖因上面除印刷的字外，大都以"典当书体"记着物品名称、数量、质量、银钱数额，难怪闺秀们莫名其妙了。这种书体之所以是一种"类文字符号"，主要在于其看上去貌若草书却是变了形体，已非正常草书汉字。如将"袄"写作"夭"，将"棉"写作"帛"，"衫"写作"彡"之类，颇多变化，又自有规律，成为一个隐秘的封闭式符号系统。据了解，"典当书体"常用字符有三四百个，总计也不过一千余个。

综上所见，中国民间隐语行话品类非常丰富，而这里所记又仅为一二常见基本类型罢了。

从各种民间秘密语的形制、定则及其应用、传承的事实来看，无论语言形式、类文字符号形式，还是非言语形式的隐语行话，悉以所脱胎而出的母语语言文化为本，绝无超脱世外孑然孤立的产生与存在。其产生、形成乃至构造，都有与应用对象、范围相对应的功利特征，同其所赖以存在的语言和社会文化实际血肉相关、鱼水相联。因而，隐语行话不仅仅是一种语言的社会变体，其本身也是一种独特的中、下层文化形态，是民族传统文化的一个有机组成方面，从而为我们考察、透析社会文化历史提供了一个独特的视点，一些别有价值的语言文化材料。

中卷　从隐语行话考察、透析社会

在汉语言文化中，关于社会职事类别的泛称多种，如"三十六行""七十二行""三百六十行""三教九流"等。如徐珂《清稗类钞·农商类·三十六行》云："三十六行者，种种职业也。就其分工而约计之，曰三十六行；倍之，则为七十二行；十之，则为三百六十；皆就成数而言，俗为一一指定分配者，罔也。至三百六十行之称，则见于宋（案：误，当为明）田汝成《游览志余》，谓杭州三百六十行，各有市语也。"所谓"三教九流"，本就儒、佛、道三教和儒、道、阴阳、法、名、墨、纵横、杂、农九家而言，后世则用来泛称各色人物或各种行当。此外，又称以各种手段和技艺游走四方谋生者为"江湖中人"，是"闯荡江湖"的。凡此，不一而足，各种民间职事乃至民间秘密社会亦悉囊括其中了，是为诸行百业。

语言事实告诉我们，自唐宋以来，作为一种民间语言习俗，几乎诸行百业皆流行有隐语行话。这些隐语行话作为一种民俗语言形态，直接融汇、凝聚着诸行百业人们的行为惯制与各种心态，其总体上则以"口碑"形式记录了中下层社会文化，并折射着社会生活的历史风貌。可以说，一部隐语行话史，是全部民族社会历史的特别组成部分，是考察、透析社会历史风貌的一个特殊"窗口"，一个别有洞天的视角。

一、工商消费诸行切口

以大小城镇为基地的中国民族手工业、商业，所生产、经营的内容，悉以城乡居民日常饮食起居的生活消费为基本方向。这一特点，是旧中国民族工商业受小农经济自给自足观念制约所形成的一种宏观上的封闭模式。然而，竞争与谋生、求利欲，自"人之初"即已出现。在西方资产阶级思潮未能大张旗鼓地涌进这一古国之前，诸行百业纵横交错的竞争也早就客观存在了。要生存，就要奋斗，就要竞争。工商消费诸行内部及外部的竞争，使从业者结合成为无数个大小集团或群体。从某种意义上说，诸行百业的隐语行话，则是这种人际之间和集团、群体之间竞争过程的历史产物，是维护本集团或群体利益的竞争工具之一。

　　迄今为止，任何一种体现了人类智慧的技艺，都是一种谋生的手段。掌握谋生手段并维护与之相应的权利、利益，是人的一种本能。旧时一些工匠以父系血缘观念为宗，技艺不传外人，传媳不传女，正是这种本能的反映。在传统工艺、新工艺技巧乃至从商的"买卖经"的封闭式单向传承中，隐语行话有其相应的功能；在应对消费者、用户上，隐语行话也体现了特有的作用；尤其是在同行之间乃至相关行业之间的竞争活动里，隐语行话更是直接用作调解、协调内部人际关系及集团或群体之间关系等各种公共关系的特殊工具。这是隐语行话在工商消费行业的社会活动中所体现出的三种基本功能。

考察、透析工商消费诸行百业的隐语行话，不仅可以使人自然体察出其功利效应所在，更主要的是可以窥之历史上该行业的发展水平、基本活动内容、情况、人际关系、从业者心态，以及社会风貌。

一些手工匠人的隐语行话

造酱工匠　酱是以豆麦米面等发酵制造出的一种传统调味品。《论语·乡党》中云："不得其酱不食。"可见造酱、食酱之习古已有之。汉族一般以家庭自制豆酱为主，后来则出现专为宫廷或作坊等造酱的手工匠人。至明代，已出现"酱园"一类作坊，雇佣专业匠人从业，同时还生产各种与酱相关的调味品和小菜。如北京"六必居酱园"，即开张于明代嘉靖年间，迄今已有四百多年的历史，是国内唯一名、址未变而盛名不衰的一家最老酱园。造酱工匠的隐语行话流传至今的已经鲜见，而所见则多与当行用料、工具为内容，如黄豆谓"粒子"，麦子为"杜枪"，麦粉为"飞尘"，盐为"白沙子"，盐汤为"盐头"，酱缸为"仰天"，酱缸盖为"仰天罩"，酱袋为"过酱"，豆饼为"黄渡"，麦饼为"白渡"，酱渣滓为"红泥"，磨麦子为"犕牙"（案："犕"音 ge，方言，意为用力抱），等等。

从中，不仅可知制酱的传统工艺是以豆、麦磨碎置于缸中发酵并以布袋滤去渣滓（如以"酱袋"为"过酱"即是），还有以榨油所剩的豆饼制酱以代精料者，业主若不向消费者声明而照索精料价格，则属欺人之道，而称“豆饼”为“黄渡”，外人又何知就里实情？这样推测，是以“豆饼”并非“酱坯”（北方俗称“酱块子”）之异称为前提的。同时，“搿”为方言字，又知此“搿牙”或为一方造酱工匠的行话。

烧窑匠　中国陶瓷行业源远流长，工艺技巧世界瞩目。龙山文化又称“黑陶文化”，仰韶文化又称“彩陶文化”，以及“印纹陶文化”等，悉以当时生产陶瓷的工艺水平为主要标志。其中，烧窑工艺则属陶瓷生产的核心工艺之一，因而烧窑工匠为历代业主所注重。烧窑工匠以其一技之长为谋生手段，所掌握的传统技艺乃至不断摸索出的新技巧对其家庭生计乃至同人、本业的盛衰、荣败，均至关紧要，胜过生命。因而，则形成许多有关当行技艺的隐语行话来，是其参予竞争和谋生求利的遗证。例如：谓烧碗钵之窑为“土炉墩”，陶土原料为“戊己”，烧火者为“拨焰”，模型为“框榔”，加油水为“上滑子”，制造人为“指邱”，画花草景物图案为“描”，盖为“遮满”，底为“座子”，景瓶为“大件”，碗为“滩气”，盘为“摆风”，钵为“子缸”，茶壶为“叉嘴”，杯为“含口”，小杯子为“九子”，等等。悉为所要经过烧制加工的器物，因用料配方、工艺要求不同而烧制工艺亦将有区别，火候、时间等操作上都有各种相应的技术要求。

至于如下手工匠人的隐语行话，亦大体如上述情形。

竹匠　中国南方盛产竹子，制竹为器远在新石器时代即已出现。浙江吴兴钱山漾文化遗址出土的文物中，即发现有竹篓、谷箩等数百件竹器实物。至春秋时期，又出现了“竹简”。而竹编、刻竹等制竹技术，更是在海内外久负盛名的传统民间工艺。因而，以制竹为事的工匠自然而生，并形成一种专门行业，不足为怪。因而，竹器与人们日常生活已结下了不解之缘，制竹行业亦颇多分工，如旧时北京即专有打竹帘子一行。今所见旧时制竹匠的一般隐语行话如：谓竹匠为"捉青龙"，毛竹为"青龙"，刀为"青锋"，锯为"百脚"，钻为"刻孔"，刨子为"削光"，匀篾刀为"蝴蝶"，晒谷廉为"放翻"，筵（案：音 biān，竹器）为"铜罗"，格筛为"万人眼"，笼筛为"千人眼"，斗篮为"怡上"，畚斗为"龙头"，箩为"坐头"，饭罩为"满天"，扫帚为"光堂"，慢慢做为"定盘"，快做为"杀关"，看看为"潮潮"，男主人为"内家"，女主人为"杀横"，年老女主人为"破蓑衣"，吃饭为"扒山"，吃茶为"慢山"，饮酒为"盘山"，工钱为"穿头"，等等。

汉字中单是以"竹"为部首表示竹制器物名称的字，即有数百个之多。上述所举当行隐语行话中寥寥几种，仅为一般制竹作坊或流动揽工匠人常见的几种名目而已。同时，从"定盘""杀关""杀横""穿头"等名目，亦已略窥旧时制竹作坊中竹匠与业主之间的关系及心态。

藤器匠　藤器匠与制竹匠是邻近行业。中国南方一些省份盛产白藤、紫藤等多种藤类，以藤制器古已有之，如古代兵家所用盾中即有"藤牌"一种。明韩雍于成化（1465—1487）初镇压瑶族起事时曾造有藤鼓，置于肇庆府鼓楼。清阮元《揅经室续集》卷五有《藤鼓》诗："断藤复断截，造鼓示创惩；中空冒以革，围量丈五绳。"可见藤器之发达。而藤器之大量应用，却是在于日常生活器物。这从今所见藤器匠切口中即可看出，如：谓椅子为"靠背"，榻为"托身"，字篓为"万罗"，衣架为"高跷"，橱为"四方"，藤几为"高搁"，藤箧为"手提"，藤箱为"盒子"，藤制灯架为"金人"，藤桌为"靠手"，藤制童车为"推轮子"，等等。

　　紫藤制器，敦厚庄重；白藤制器，雅洁大方。市上藤器，以白藤所制为习见，自成一行，业中又专有行话。如：匀细的广藤谓之"湖细奎"，略粗者为"奎湖面"，又略粗者为"奎中面"，渔船所用粗藤绞索为"奎粗"，枪杆藤为"蛇口"，木藤为"新港木"，匀细的木藤为"木细面"，略粗者为"木湖面"，又略粗者为"木中面"，用制船缆的粗木藤为"木粗"，木藤原件为"水四栋"，略粗者为"水三栋"，细藤丝为"元片"，四开的藤丝为"广片"，半开的藤丝为"广薄"，藤肉为"白骨"，等等。

　　贯彩业　所谓"贯彩业"，是旧时专事制造加工举办红白喜事所用器物的专行。婚、丧是人生重大礼仪，中国向来以此为重，无论贫富人家，多尽力而为，不惜奢费，促使贯彩行业兴隆颇久。当行所事内容，于其行中切口名目即可窥得一斑，如：谓花轿为"花流星"，魂轿为"幽流星"，香亭为"出角"，棺材罩为"材幔"，开路神为"长大人"，旗子为"招风"，伞为"盖日"，灯为"不夜"，红色纱灯为"葛笼"，玻璃灯为"耀光"，采为"不素"，灯架为"高照"，孝衣为"白披"，新嫁娘戴的花为"满头"，新嫁娘穿的礼服为"绣披"，茶担为"扇担"，白布帐为"孝幔"，材杠为"独龙"，等等。凡此，从中又不难窥见旧时礼仪大略情景，可与相关习俗惯制相互印证。

　　制扇业　明王三聘《古今事物考》卷七有三条关于扇子的考据，一是："扇：《古今注》曰：舜广开视听，求贤人自辅，作五明扇。《黄帝内传》亦有'五明'，是扇以五明而起也。陆机《扇赋》曰：昔武王玄览，造扇于前，然则今以招凉者，用武王所作云。古传有武王扇喝之事，一曰夏禹也。"二是："羽扇：《拾遗记》曰：周昭王时，修涂国献丹鹊，一雌一雄，孟夏取鹊翅以为扇，一名条融，一名宵影，此疑羽扇之始也。裴启《语林》曰：诸葛亮持白羽扇，指麾三军。"三是"轮扇：《西京杂记》曰：长安巧工丁缓作七轮扇，以七轮相连，一人运之，满堂寒颤。宋禁中洎宗室贵戚亦多为此物者，盖起自丁缓云。"云云。古来有关用扇礼俗颇多，如晋崔豹《古今注》载："雉尾扇起于殷世高宗，时有雊雉之祥，服章多用翟羽。周制以为王后夫人之车服，舆车有翣，即缉雉羽为扇翣，以障翳风尘也。汉朝乘舆服之，后以赐梁孝王。魏晋以来无常，诸王皆得用之。"又引《宋朝会要》云："汉世之长柄扇即团扇，汉武帝时，王侯不得用雉扇，公以下用团扇。"就形制来说，有长、扁、方、圆、异形多种；又有团、纨、羽、蒲葵、绢、罗、纱、绫、木、纸等。扇面可题诗作画，而扇骨又有玉、牙、竹、木、骨、漆等雕制。既是招风散热日用品，又是精美的工艺品，也是用于不同身份、不同交际、场合的礼仪饰物。

用扇习俗酿就了民族手工业中的制扇行业。据《清稗类钞·工艺类》载："光绪初，江都于啸轩目光精炯过人，方寸之中，能刻万字，至阔扇骨，可刻三十行。其法，初时须先书之，然后奏刀，已而但须每字作点，后仅须以墨界其上，以防欹侧。界毕，即镌刻，成字甚速，不烦细视而点画无不分明，其最小之字，以大十余倍显微镜照之，犹不能见。于尝入泮，于雕镌金石外，并工书画也。临湘有周义者，工刻竹木。所刻黄杨木扇骨，其雕镂枝叶，妙若天成。扇骨一副，镌赀银八圆。"凡此，可见制扇之工巧，以及中国用扇习俗之讲究。仅就清末民初制扇行业切口名目所见，仍颇有许多种类。如：总称折扇为"聚头"，团扇总称为"月子"，大号葵扇为"蜜牛心"，小号葵扇为"蜜鸡心"，细质葵扇为"桃叶"，乌纸扇为"玄寸"，白纸扇为"清水"，扇面精美的白纸扇为"重礨"，和尚用的扇子为"僧寸"，扇骨为"开撑"，扇上有金色花纹者为"洒光子"，行销日本的名扇为"尖寸"，等等。至今，国内制扇行业仍有许多厂家，分布在江南城乡者居多。

秤戥业　作为中国传统衡器的"秤"，起源较早，《史记·夏本纪》中"禹，声为律，身为度，称以出"之"称"，即今"秤"之本字。最原始的衡器是用一根棍子一端系挂石头，一端系挂什物，再于平衡后的中点系以提纽，谓之"衡"，是今杆秤的雏形。《墨经·经说下》已有关于天平力学原理的阐述。在敦煌石窟北魏壁画中，即有人提杆秤称盘（秤盘）中禽物的图画。《汉书·律历志》称："五权之制，以义立之，以物钧之，其余小大之差，以轻重为宜。圜而环之，令之肉倍好看。"其所谓"权"，即用以定量的秤锤，俗谓"秤砣"。至唐季，又出现了一种用以称量金银珠宝等贵重物品或药物的精密小秤，即"戥秤"，或谓"厘戥"，乃就其以两为最大称量，可称量至分、厘差别而言，俗则谓之"戥子"或"等子"。由此可见，中国制秤戥工艺发达较早，从清末民初的当行切口中仍可见其一般传统工艺。如：谓校准秤戥轻重为"较龙头"，以银丝或铜丝钉于秤杆作标志为"钉星子"，用石与水磨制秤杆为"滑条子"，秤杆雏形为"光条子"，在秤戥杆上打洞为"凿星子"，秤戥绳纽为"提头"，秤锤为"月儿"，戥锤为"星子"，秤杆毛坯为"方干"，戥杆毛坯为"细牙"，秤总称"青龙"，戥总称"白蛇"，十五两三钱秤为"双钩"，十五两四钱秤为"水码"，十六两秤为"天平"，等等。至今，虽适应多种需要创制了台秤、地秤多种，又应用了小巧精致的电子秤，然而传统的秤戥仍是市商及药店主要衡具，衡器行业仍以此为传统产品。

一些商业消费行当的隐语行话

鱼行　中国版图海岸线颇长，而且内陆江河湖泊水面面积之广亦举世可数，是渔业和水产养殖业发达较早的国家。渔业资源丰富，则直接导致了鱼市的繁荣。南北各地，都市集镇，各种鱼市数不胜数，乃至形成多种名目的行市、店滩、摊点，如海鱼行、咸货行、鲜鱼行、海味行等等。出于维护经营、交易、贩运等活动中的商业利益与竞争，各种鱼行多有不同的隐语行话。以海鱼行为例，当行切口谓米鱼为"望上"，鲨鱼为"柔鳞"，海鲀为"小亥"，鲕鱼为"比目"，鳖为"领家的"，蚶蛤为"恰子"，鲇鱼为"润身"，鲍鱼为"圆玉"，鲋鱼为"笠蓬"，鲜乌贼为"冰墨"，雄鲳鳊为"长鳞"，雌鲳鳊为"婆子"，正月中的小黄鱼为"报春"，八月中的小黄鱼为"桂花"，大黄鱼为"大鲜"，小黄鱼为"小鳞"，海鳗为"大滑头"，奉蚶为"对合"，油头蚶为"乌壳"，鲜鲞鱼为"冰勒"，蛏子为"恰子"，海瓜子为"扁口"，蛤蜊为"白壳"，牡蛎为"石玉明"，龙虾为"茅蓬"，鲜东洋鱼为"大青"，鲜青川鱼为"小青"，青蟹为"半月"，带鱼为"银带"，等等；又有当行数目隐码，一为"了"，二为"足"，三为"南"，四为"宽"，五为"如"，六为"满"，七为"青"，八为"法"，九为"丁"，十为"料"，十一为"料抢"，十二为"料足"，以此类推，又以百为"足"，等等。

鲜鱼行又有一套当行切口，如：谓鱼（总称）为"穿浪子"，鳗鱼为"滑头"，鲳鱼为"白刃"，鲂鱼为"缩头"，鲶鱼为"吹沙"，黄鲴为"金钻子"，鲉鱼（俗谓蚌）为"拿攀"，鲥鱼为"银鳞"，鲤鱼为"化龙"，鲭鱼为"塘棣"，银鱼为"无骨"，鲫鱼为"篦子"，鳅鱼为"钻泥"，鳊鱼为"手照"，鲢鱼为"泮头"，鮰鱼为"央筋"，鲈鱼为"铁锁"，鲞鱼为"红尾"，鲭鱼为"为枕"，鲇鱼为"乱戳"，虾为"跳虫"，小虾为"白饭"，小鱼为"赖八"，最小的蛤蚌为"春子"，螺蛳为"沿岸"，田螺为"泥卵子"，白眼鳙为"银针"，等等。其当行数目隐码与海鱼行大略一样，又略有差别。如谓六为"龙"、九为"底"、十为"色"，而海鱼行分别为"满""丁""料"。若以此类推组合二位数以上的数目隐码，则益增相应差别。

咸货行切口，又与上述不同。如：谓黄鱼鲞为"松瓜""洋瓜"，勒鲞之上品为"惠安""蛳螺"，勒鲞之中品为"醉钓"，勒鲞之下品为"醉溜"。带鱼为"银面"，支鱼干为"膳凿"，鲫鱼干为"菊花"，青鱼干为"旗青"，鲢鱼鲞为"糙米"，鲳鱼为"手照"，咸乌贼为"紫目照"，大乌贼为"提条晡"，小乌贼为"明晡"，蟳鱼为"长髯"，黄泥螺为"泥涎"，咸虾瓜为"青另"，黄鱼干（又谓白鲞）为"石浦""水头"，黄鱼干之上品为"硫磺"，青川鲞为"绿刀"，小虾干（又谓淮皮）为"秋淮"，鱼鲝为"龙头"，淡鱼鲝为"岛干"，虾油为"黄浆"，乌贼卵为"墨鱼蛋"，新腌制的小黄鱼为"抱盐"，小黄鱼鲞为"建小水"，芦蕻干为"卜条"，天津盐蟹为"津元"，当地盐蟹为"土尖"，盐蛴蟹为"玉蟹"，蟹浆为"越肉"，鳗鱼干为"玉带"，海蜇为"岫云"，海蛰皮（又谓罗皮）为"云衣"，烤虾为"白虫"，等等。

至于海味行业切口，则又是一些名目。如：谓淡菜为"毛石子"，大虾仁为"金钩"，稍小虾仁为"惠尾"，小虾仁为"开洋"，温州虾仁为"瓯开"，苏州虾仁为"苏开"，最小的虾仁为"淘米"，石花草为"牛毛"，麒麟菜为"西珊瑚"，海粉为"蛙粪"，海沿为"桂花"，海带为"裙带"，刺参总称为"毛虫"或"番虫"，串红旗参为"连红毛"，散红旗参为"散红毛"，肉参为"玉锁"，鳖裙为"凉帽"，鳊唇肚为"片帆"，鲟鱼骨为"玉斑"，鱼翅为"玉吉"，鱼翅之下品为"乌羊"，干贝为"瑶柱"，紫菜为"招菜"，鱿鱼为"招风"，等等。

从上述四种鱼行（含海味业）的当行切口可见，虽均属同行的具体分支，而所用切口却亦各异，差别颇大；虽略有相同者，如海鱼行与鲜鱼行的数目隐码，却大部分不同，是可谓"隔行如隔山"也。从诸行所见切口名目，悉以所经营货物品类为主体，是赖以贸易谋利之本。由此不难看出各行分工特点，如海鱼行以海产食用鱼类为主；鲜鱼行不仅贩卖海鲜货，还有江河湖泊的淡水鱼鲜；咸货行，又多是海货的干、咸制品；而海味业，则主要是贩卖那些虾、蟹、海菜、参、贝等各种干鲜海味，悉各有分工特点。虽然互有联系，却都显见分工明确。如此分工，则主要在于各类水产食物货源不一，规格、运输及保管储存方式亦有不同要求，而购销旺季又不一样，有种种因素，各有各的生意经。

菜行　据宋周密《武林旧事》卷六《诸市》记载，当时繁华都市杭州有"菜市"在"新门东青门霸子头"（宋刻本作"新门外"）；《市食·菜蔬》又有许多名目，如姜油多、蘸花茄儿、辣瓜儿、倭菜、藕鲊、冬瓜鲊、笋鲊、茭白鲊、皮酱、糟琼枝、莼菜笋、糟黄芽、糟瓜齑、淡盐齑、鲊菜、醋姜、脂麻辣菜、拌生菜、诸般糟淹、盐荠等诸品种。凡此，是一代都市菜行大貌，亦知这种专市于都市中早即形成。菜行作为与市井人们日常生活消费直接相关的一个专行，行中自有行话流行，也是其行中语俗，如：谓山药为"薯蓣"，芋艿为"蹲鸱"，萝卜为"大根子"，红色胡萝卜为"赤根子"，黄色胡萝卜为"黄根子"，生姜为"龙爪"，葱为"无事草"，雪里蕻为"百仙"，白菜为"松春"，挞苦菜为"青饽子"，黄芽菜为"金心子"，菠菜为"红根子"，米苋为"绿衣郎"，苋菜茎为"枪杆"，野苋菜为"酱瓣草"，莴苣（俗称香胡参）为"繁蒌"，茄子为"落苏"，茭白为"雕胡"，豇豆为"翠带"，刀豆为"长扁子"，韭菜为"非非子"，丝瓜为"杜道人"，蚕豆为"黑花子"，黄瓜为"刺虫"，葫芦为"神仙种"，南瓜为"黄卵生"，大蒜为"倒开牡丹"，辣茄为"蜻蜓"，香椿芽为"先桡"，毛豆为"青虫"，扁豆为"羊眼"，等等。

上述不只可见一时食俗，又由"酱瓣草"（野苋菜）可推知，清时已有人工栽种培育的苋菜品种，用于菜食，方有家、野分别。

水果行 北方俗谓"果日行"，卖处称"香货床子"（水果摊床）等，是集中贩卖各种水果的专市。一般水果行经营的水果品类悉见于当行切口，如：谓佛水为"兜罗"，香柑（俗称香炮）为"枸橼"，橙子为"鹄毂"，橄榄为"青果"，柿子为"七绝""蛇卵"，葡萄为"紫珠"，芡实为"雁喙"，菱角为"水栗"，甘蔗为"石蜜"，杨梅为"日精"，枇杷为"蜡兄"，荔枝为"虬珠"，樱桃为"鸟衔残"，桂圆为"龙眼"，莲蓬为"荷菂"，石榴为"多子"，海棠果为"艳秋"，山楂为"红宝珠"，桃子为"劈邪子"，梨子为"酸心"，李子为"颜子"，杏子为"小桃"，苹果为"林檎",梅子为"干蘗",等等。而水果行又细分一些具体专行,如山果行即专有切口,谓客人为"邪子",成交为"顺邪子",过磅秤为"问问",暗加秤为"吃星子",行佣为"齿",钱票为"告子";又分别以"集、道、听、西、来、滚、限、分、宿、色",作为当行一至十的数目隐码,等等。

　　豆腐店　"豆腐"是中国传统风味食品,各地做法、吃法各异。旧时北京即有卖豆腐脑、老豆腐、麻辣豆腐、酱豆腐、炸豆腐、臭豆腐的多种,均为远近闻名的风味小吃。大部分豆腐店都是前店后厂,自做自卖。久成一行,自有行话。如:谓豆腐为"白字田",豆腐皮为"净白衣",大油豆腐为"块方",小油豆腐为"小方",油条为"寸子",豆腐干为"香方",臭豆腐干为"臭方",石磨为"车心子",黄豆为"小圆",豆滓为"白屑",切豆腐刀为"虎头牌",豆腐板为"承盘",榨床为"压架",炉灶为"作热",锅为"仰天",豆包(过滤用)为"车儿",缸为"阔口",水为"三点头",火为"二点头",浸豆为"过龙",等等。

　　花业　宋吴自牧《梦粱录》卷十三《诸色杂货》载:"四时有扑带花朵,亦有卖成窠时花,插瓶把花、柏桂、罗汉叶,春扑带朵桃花、四香、瑞香、木香等花,夏扑金灯花、茉莉、葵花、榴花、栀子花,秋则扑茉莉、兰花、木樨、秋茶花,冬则扑木春花、梅花、瑞香、兰花、水仙花、腊梅花,更有罗帛脱蜡象生四小枝花朵,沿街市吟叫扑卖。"养花、赏花,以花点缀和装饰生活,是由来已久的传统。社会需要促使花业成一专行,遍布各地,所经营的花木品类当然地进入行话。如:谓梅花为"占头",纯绿梅花为"绿衣仙",黄梅为"真蜡",水仙花为"女史",白兰花为"玉干",石榴花为"安石",木笔花为"辛夷",木兰花为"女郎"，玉蕊花为"满地"，杏花为"小桃"，李花为"韩终"，梨花为"送春"，芭蕉为"甘露"，鸡冠花为"后庭"，菊花为"治墙"，银桂花为"无瑕玉"，木芙蓉为"拒霜"，金钱花为"拳半两""子午"，紫薇花为"满堂红"，剪秋纱为"锦窠"，剪春罗为"金剪痕"，玉簪花为"白萼"，凤仙花为"倒影"，桃花为"销恨"，千叶桃花为"助娇"，深色山茶花为"都胜"，浅色山茶花为"玉茗"，海棠花为"贴梗"，重叶海棠花为"花命妇"，蔷薇花为"牛棘"，野蔷薇为"野客"，月季花为"胜春"，牡丹花为"无双艳"，芍药花为"将离"，罂粟花为"秋谷"，莲花为"水芝"，素馨花为"那悉名"，茉莉花为"缦华"，合欢花为"有情树"，萱草为"疗愁"，蒼葡花为"六出"（俗称栀子），葵花为"一丈红"，酴醾花为"白蔓君"，杜鹃花为"红踯躅""山石榴"，绣球花为"雪团圞"，虞美人为"满院春"，郁李花为"喜梅"，紫荆花为"逐狗锋"，瑞香花为"独见"，西河柳为"观音柳"，凌霄花为"冲天"，石菖蒲为"虎须"，百合花为"天香"，决明花为"望江南"，美人蕉为"红蕉"，等等。行话名目，远比《梦粱录》所记杭州四时用花丰富得多。旧时沈阳小东门纸行胡同的花行曾繁荣达近一个世纪。

纸扎店　北方又称"彩铺"，一如寿衣庄，都是缘自丧葬习俗的一种民间消费行业。纸扎店所扎"纸活儿"，悉模仿人生时服饰器用诸物，用以为死者焚化作为冥物，"在阴间享用"。其当行切口，悉以诸色"纸活儿"为本。如：谓纸茶杯为"攀客"，纸筯为"双杠子"，纸帽子为"盖顶"，纸屋为"顶天"，鞋子为"立地"，雨具为"避津子"，纸扎替身为"老表"，手炉为"漏盖"，冥镪为"骗弗醒"，手提包为"包子"，纸烟具为"全副銮驾"，茶壶为"多攀"，纸手巾为"方子"，纸面盆为"迎面"，纸马褂为"对洒"，纸短衣为"短甲"，纸长衣为"长甲"，纸钟为"摆子"，纸灯为"借光"，纸帐子为"四围"，纸床为"横身架"，纸桌为"四脚"，纸椅子为"曲背"，纸篮子为"提子"，纸船为"水上飘"，纸橱为"长门"，纸箱为"匣子"，纸车为"飞轮"，纸轿为"四方"，纸制轿夫为"扁脸汉"，铁丝为"硬条"，纸绳为"漂条"，芦柴为"撑骨"，马粪纸为"骨皮"，各种纸头为"漂子"，等等。除末几种为扎"纸活儿"所用基本原料外，其余诸般"纸活儿"，举凡衣食住行，真是应有尽有，可见为亡灵设想得极为细致周到，皆为人求生欲之本能及丧家常情所致。

禽鸟业 贩卖禽鸟以供市民玩赏娱乐或食用，自为一行。斗鸡、斗鹌鹑等，是古即有之的民间娱乐。玩禽鸟以消闲，曾使禽鸟业历代皆有专行专市。旧时北京宣武门外迤西和天桥水心亭附近有鸟市；白塔寺后门元宝胡同、护国寺小杨家胡同、隆福寺后门钱粮胡同、土地庙下斜街等又有多处鸽子市。旧时沈阳的小河沿（今动物园）及北行附近，都曾有鸽子行、鸟市。禽鸟行业切口，亦以所经营的诸色禽鸟为本，如：谓翠鸟为"淘河"，吐绶鸟为"避株"，鹳雀为"黑尻"，鹭鸶为"独立"，灰鹤为"毕方"，鹰为"重睛"，鹧鸪为"苦姑"，野鸡为"独夜"，仓庚为"错落"，桐花凤为"乘风"，野鸭为"石橄"，翡翠鸟为"独春"，猫头鹰为"倒悬"，芙蓉鸟为"善芳"，斑鸠为"怠意"，布谷鸟为"催耕"，白鹦鹉为"秦吉了"，鹦鹉为"绿衣郎"，鸳鸯为"永伴"，啄木鸟为"挈钩"，苍鹰为"青骹"，喜鹊为"乌衣"，青鹊为"青耕"，山鸡为"舞影"，等等。可见所经营禽鸟品类之多，是知一时风气之盛。

爆竹业 早在南朝梁人宗懔（一说北朝周人或晋人）所著《荆楚岁时记》中即载有燃放爆竹以辟邪恶之俗："正月一日，是三元之日也，《春秋》谓之端月。鸡鸣而起，先于庭前爆竹，以辟山臊恶鬼。俗人以为爆竹起于庭燎，家国不应滥于王者。"古时燃竹爆裂作响，谓之"爆竹"，唐季谓"爆竿"。宋以后出现以纸卷火药燃放，又谓"爆仗"，形制多种。由于喜庆日燃爆竹久而成习，历来多建有专门作坊或商铺，制造工艺亦日趋发展。据徐珂《清稗类钞·工艺类》载："光绪时，湖南某邑有逆旅主人袁某，有女，年十八九，慧甚，能制搓爆竹机。其法，先用二版中横铁丝十余枚，取滑藤及糯粥煮纸为糜。以油傅铁丝上，取如糜者乘热倾二板间，急搓之，凡十数次，搓纸卷铁丝上如软竹，置石灰中养之，一炊许，坚如铁石矣。复有二板，上板密排多刃，下板密排多槽，槽与刃相受相距，皆以寸，取所搓者数百枚，拔去铁丝，置此切之，皆寸断为短筒。又有二板，下板有多孔，深八九分，圆径与短筒等，孔底铺黄泥如细粉者一层，厚二分许，取短筒一一植于孔中，上板有多针，与孔数相应，长八寸许，较搓时铁丝粗，剡下方上，短筒既植立，取针板压之，针从铁丝旧痕而入，但使稍大，能容火药，筒底黄泥受压，皆入筒二分许挤紧矣。取去针板，倾火药其上，寸许厚，另取平板压之至二三次，震动筒板亦二三次。药尽入筒，取铁锤遍锤筒顶，取胶水涂之，欲其弥缝无隙也。俟干，取针板刺之，尽其剡，不尽其方，取药线插新刺孔中，而爆竹成矣。日成爆竹二万，售钱千，为之一年，有赢息矣。且凡孔凡针，皆女亲执锤凿为之，不假他人手也。"爆竹一行，亦有些行话切口，如谓一种极细小爆竹为

"满地红",一般小爆竹为"百子",大爆竹为"宁升",稍次者为"高升",再次者为"边升",大花炮（俗谓花筒）为"银花",甩炮为"金钱";尤以花炮名目较多,如"金盘取月""九龙治水""钻天鼠""赶月""追星"等等。

理发匠　旧时男人亦蓄长发,尤讲究蓄胡须,式样颇有讲究,则自然形成满足人们美发、美须消费需要的理发一行,则理发匠一行亦有行话。如:谓此行事情为"扫清",剃发为"邱山",修面为"光盘子",修眉为"排八字",修胡须为"沙赖子",梳头为"通丝头",打辫子为"抽条子",扒耳朵为"扳井",敲背为"洒点子",提痧筋为"扯断藕",耳朵为"井",鼻头为"烟卤",生活清爽为"净",快为"千些",慢为"漂些",吃饭为"见山",吃肉为"老天",吃酒筵为"对火",主客为"老交",剃头担子为"平子",剃刀为"青子",剃刀布为"起锋",面盆为"月亮",手巾为"来子",肥皂为"发滑",开水为"湿津",凳子为"摆身子",靠凳为"高梁子",水为"津子",火为"三光",炭为"乌金子",水瓢为"津吊",篦子为"土扒",大木梳为"通勤",掠干为"光丝",扒耳朵家什为"小青家伙",围颈毛巾为"遮短毛",扁担为"天平称",火筷子为"三光千子",辫绳为"茄线",磨刀石为"起快",镜子为"过相",假发为"冒头丝",等等。这是清季至民初时一般当行切口。当时理发行业的基本行事、器具等,悉见之于行话切口。

在历代社会,诸行内部,大都因亲缘、地缘关系或谋生求利的需要而自然结合成不同层次的各种集团或群体,于是亦使当行流行的隐语行话进一步因行内切口言语集团的区别而有所不同,乃至出现作为语言社会变体又发生地域变体现象。因地缘关系,可使同行划分成不同的地方集团或群体；加之方言的关系，又可形成当行切口的地方言语集团。

仍以理发行业为例。据最近的一篇《山西理发社群行话的研究报告》① 所见，山西理发行业的隐语行话，即与上述很不一致。据调查，山西理发行业至二十世纪五十年代初，多是本省东南地区长子县的人。据了解，长子县素以理发这一民间传统技艺著称，已有几百年的历史，该县的理发师遍及省内外。仅一九五三年统计，太原城区的国营理发店有一千七百人，绝大多数是长子县人。旧时理发匠的社会地位低，虽靠手艺吃饭，亦常常受官府、黑势力欺压。为保护自身，以求生存，则产生了一种回避外人的行话，比如同行间说及顾客发型、头型、付现钞还是记账等，以行话作为部分替代或补充，则方便许多。山西理发业行话的普及、发展，是由行话在当行的作用决定的。旧时的理发行业可以说是一个乡帮结合体，带有相当大的排外性。这与行话的封闭性是一致的。在那里，行话是正规从师学艺的标志和入门必修课。若不会说行话，手艺再好，同行也不承认，视之为"柳生手"（半路学艺的），所以还要拜师补学行话。由于行话在山西理发行业中的这种重要作用（案：其他行业亦同理），行话自然得到不断丰富和发展。至二十世纪四十年代末，山西理发业行话已发展到顶峰。到五十年代初，理发业社会地位大大提高，行话的重要作用已逐渐削弱。然而，仍作为一种语言习惯流行、使用着，但范围大大缩小，人数亦少了。对新一代学徒来说，行话已非入门必修课，同时长子县以外的各处理发业学徒亦多不是该县

① 侯精一《山西理发社群行话的研究报告》，《中国语文》一九八八年第二期。

之人了。这样由于从业人员的自然更替，使得行话只在中年以上的老师傅中不同程度保存着。尤其是"文革"动乱中，理发业行话曾被视为封建残余习惯受到冲击，这也是使之加速失传的一个重要社会因素。

山西境内各地行话用词基本相同，但在语音上，由于说话人基本上用的是各自的乡音，所以差别明显。这是隐语行话地方变体的显著特点。所谓"用词基本相同"，当指词形（用字）的一致。从研究报告可见，山西理发业行话自成系统，举凡当行行事、身体、亲属、人物、姓氏、饮食、服装、居住、性质、状态、计数等，多有专用隐称。这些隐称又多与上述一般常见有所不同，如称理发为"磨茬儿"，剃光头为"扯茬儿"，推光头为"磨谷"，长发为"岳谷"，平头、寸头为"汪谷"，分头为"偏圪亮"，背头为"后圪亮"，刮耳朵为"赶木耳"，刮脸为"赶碟子"，刮眼球为"量（苗）眉轮儿"，掏耳朵为"搬底儿"，捏肩为"加码"，洗头为"涮茬儿"，火烫为"冰苗儿"，电烫为"扇苗儿"，吹风机为"咯咯儿"，推子为"磨子"，剪子为"夹子"，剃头刀为"清儿"，刮胡刷为"水鱼儿"，掸头发茬的长毛刷为"刷鱼儿"，鏧刀布为"鏧条"，挑担理发为"架鏧儿的"，脸盆、碗为"盏"，毛巾、围单为"条儿"，干毛巾为"毛条"，湿毛巾为"水条儿"，镜子为"隔山照"，梳子为"通枝"，头发为"苗儿""草儿"，脸为"盘子"，胡子为"圪针儿"，眼睛、眼镜为"眉轮儿"，眉毛、眼睫毛为"眉轮儿苗儿"，耳朵为"木耳"，男阴为"把儿"，女阴为"捏的"，徒弟为"三身"，师傅为"抹笆"，人为"份儿"，技术差为"岳点清"，掌柜的为"总份儿"，做饭的为"量啃的"，要饭的为"倒啃的"，警察为"嚎天的"，兵为"滴水"，妓女为"晒捏的"，小偷儿为"望金份儿"，水为"龙棍儿"，茶叶为"水上飘"，肉总称"挫割"，卖为"晒"，吃为"加"，快为"喘干"，慢为"掩"，冷、湿为"疲"，疼为"辣"，热、烫为"叫"，大为"海式"，小为"简个"。其一至十个的数目隐码为：溜甘、岳甘、汪甘、则甘、总甘、省甘、显甘、张甘、矮甘、泡甘，等等（以上详见侯文）。

上述，尽管大都与一般当行隐语迥异，却仍不乏相通乃至相同之例。如"海式"（大），明清江湖切口即以大为"海"；"盘子"（脸），与一般切口完全一致；"清儿"（剃刀），一般又写作"青子"；"搬底儿"（掏耳朵），一般作"扳井"；"通枝"（梳子），一般梳发为"通丝头"，等等。凡此，或音义皆同，可同音异字，或个别语素相同，均说明山西理发行业的隐语行话绝非孤立存在，与各地同业行话是相通的，是理发业行话的一支。这一点，则是由同行相通所决定的。

二、民间游艺诸行切口

民间游艺竞技民俗，是民族民间文化基本形态的主要大类之一。民间游艺竞技民俗所包括的内容很多，诸如民间音乐、民间舞蹈、民间戏曲、曲艺、杂技、民间工艺美术、游戏、竞技等等，同时作为下层文化，还包括赌博、某些宗教活动等。这些又属于狭义文化的民间活动，有些直接属于语言艺术，如民间戏曲、曲艺艺术是为口头语言的艺术。然而，诸类民间游艺竞技，一当其作为一种社会职事（谋生手段及活动）存在，往往就会形成该集团或群体的特定语俗——隐语行话。例如见于宋人汪云程所编《蹴鞠谱》中的《圆社锦语》，即是当时球社的行话集。在当时，虽然大多数人行此尚属业余娱乐性质，却也有相当一些人即以此竞技表演谋生。据宋人周密《武林旧事》卷六的《诸色伎艺人》记载，当时杭州比较著名的"蹴球"艺人有黄如意、范老儿、小孙、张明、蔡润等人。表演蹴鞠之戏既成为一些艺人谋生手段，又出现了行业社团"圆社"，其形成当行行话亦属自然。

这些游艺竞技行话不仅直接记录了诸技艺的当时规制、技法、行内外人际关系等等，亦必然映照出一时社会风貌。于此，我们即选取一些在清末民初社会作为民间职事形式的民间游艺竞技行当的隐语行话，作为考察、透析这一历史时期社会生活的材料，以便从这一特定的视角认知那个时代的中国民间文化乃至社会风貌。

梨园行话

中国古典戏曲是在综合了歌舞、说唱、俳优等民间"百戏"的艺术形式基础上，至宋金时期才形成了比较完整的艺术体系。一如徐珂《清稗类钞·戏剧类·今剧之始》所述："六朝以还，歌舞日盛，然与今剧颇为不类。自唐有梨园之设，开元朝分太常、俗乐，以左右教坊典之，乃为今剧之鼻祖。伶人祀先，明皇是称，固其宜也。惟唐人以绝句入歌，朝有佳作，夕被管弦，昌龄画壁旗亭，'黄河远上'一曲，遂成千古。其事简易，去今调远甚。盖院本始于金、元，唱者在内，演者在外，与旧本之演旧戏者相仿。今开幕之跳加官，即其遗意。金、元以后，曲调大兴，按谱填词，引声合节，乃为昆曲之所自出。今剧由昆曲而变，则即谓始自金、元可也。"所言未必尽切，却亦说及大略。

当今一般认为，中国传统戏曲乃源自于巫，出于巫执导演的祭典巫乐、巫舞逐渐转化而来，是有其道理的。以"梨园"代指戏曲一行，起于唐代。据任半塘《唐戏弄》第八章"杂考"之四"梨园考"认为："唐梨园位于长安北面，芳林门外之禁苑内，乃专门训练男乐工之所。因俗乐为人所好，入人较深，故梨园乐工之名，较显于太常乐工。太常雅乐所以娱神，太常俗乐所以适应典礼仪式。从玄宗起，只嗜好俗乐中之法曲，赏羯鼓，而厌琴瑟，其影响颇大！于是当时凡为人所爱好之乐工，宜皆出身于梨园，而'梨园弟子'四字，遂初步成为乐工弟子之代词。……自盛唐起，宫中散乐即全在教坊，未尝入梨园。换言之，终唐之世，串演戏剧一事，实与'梨园'二字无涉。后世人一面不承认唐代有戏，一面却含含糊糊、传说唐代梨园是我国戏剧创造之所，因讹承讹，乃有最后一步，将'梨园'一辞，用以表示优伶，表示戏班或戏业，已觉乖舛；学者更因种种关系，每自限于唐戏认识之外，反从而责备唐代'梨园弟子'于戏剧太无贡献，岂不枉之甚欤!"云云。

梨园既早为一种职事行业，而形成当行行话亦早。明田汝成《西湖游览志余·委巷丛谈》中称："又有讳本语而巧为俏语者，如诉人嘲我曰溜牙，有谋未成曰扫兴，冷谈曰秋意，无言默坐曰出神，言涉败兴曰杀风景，言胡说曰扯淡，或转曰牵冷，则出自宋时梨园市语之遗，未之改也。"所言甚是。一如今人钱南扬《汉上宦文存·市语汇钞》就田氏此说而认为："所举颇有与《金陵六院市语》相同者，盖倡优之语原自相通。田氏以为'出自宋时梨园市语之遗'，亦有此可能。"然而，所谓"言涉败兴曰杀风景"，却早见于唐人《李义山杂纂》，辑有数事，如松下喝道、看花泪下、苔上铺席、砍却垂柳、花下晒棍、游春重载、石笋系马、月下把火等。由此又可见知，"杀风景"一语唐季即已流行，然若据此认为是当时梨园行话，并无显证，而作为一时俗语，倒是毋庸置疑的事。

随着戏曲的发展兴盛，行内分工日趋细致，名目渐渐复杂、专门，这些则显见于清末民初梨园行话。并且，从中亦不难窥之一时制度、习俗、信仰、心态、人际关系等项。

戏园　又谓"剧场"，亦名之"舞台"。中国之有戏园一类固定的表演戏曲场所，起于唐代，当时兼容百戏、戏曲、杂技于一处，至宋代方有营业性剧场，即勾栏。据徐珂《清稗类钞·戏剧类》载："京师戏园，惟太平园、四宜园最久，名亦佳，查家楼、月明楼其次也。雍正时，以方壶斋、蓬莱轩、升平轩为最著。查家楼者，人简称之曰查楼，在肉市，为明巨室查氏所建，戏楼巷口有小木坊，书茶楼二字。"又载："上海戏园，向仅公共租界有之，其戏台客座，一仍京、津之旧式，光绪初年已盛，如丹桂、金桂、攀桂、同桂，皆以桂名，称为巨擘，他若三雅园、满庭芳、咏霓、留春亦著。客之招妓同观者，入夜尤多，红笺纷出，翠袖姗来，幺弦脆管中，杂以鬓影衣香，左顾右盼，真觉会心不远。戏馆之应客者曰案目，将日夜所演之剧，分别开列，刊印红笺，先期挨送，谓之戏单。妓女请客观戏，必排连两几，增设西洋玻璃高脚盘，名花美果，交映生辉。惟专尚京班，徽腔次之，而西昆雅调，真如引商刻羽，曲高和寡矣。庚子以后，间有改良新剧焉。"

戏园行话，可窥其一般情景。如：谓执掌戏园出入事人为"前台"，守门望风者为"望青"，顾客为"汤水"，散场为"放汤"，客多为"汤滚"，客少为"冷汤"，招售戏票为"案目"，客坐为"池子"，不买票白看戏为"借光"，账房为"独断"，包银为"锏子"，戏票为"头衬"，赚钱为"派话响"，蚀本为"捐木头"，唱戏人为"角儿"，名伶新至白唱三日为"打泡"，名伶离园前再白唱三日为"贴前头"，戏单为"青子"，戏码头招贴为"海报"，写戏码人为"开明"，等等。

演员一般行话　旧时戏曲艺人多出身贫贱，当行社会地位亦颇低贱，为维护切身及业中利益，编制许多行话流行。如：谓演员为"老班"，自幼即入戏班习艺为"坐科"，专收幼年演员传授技艺为"科班",外行人习艺之所为"票房",戏班外的演员为"票友",后台管事人为"治事",票友入班成正式从业,为"下海",演员工资为"包银",骗取包银为"打瓜筋",拿手戏为"撒手锏",外行人入班拜师为"挂刀",剽窃别人之戏为"攒锅",奸刁狡猾为"耍阴",戏班中发生要事时由管事人召集众人开会为"坐公堂",出言不逊为"前顾眼",包戏分任配角为"分包",因烦人话多而制止之为"吗儿",无戏不能演为"贯串",能兼演文武生旦之戏为"不档",佩服为"服迨",出场尽力为"卯上",自命不凡而难人不备为"拿翘",戏中冲突抵触之处为"碰",表演出错为"砸",演出失败为"唱砸了",观众经常满座为"叫座",何时上台唱戏为"何时漏",表演精彩出色为"漏",观众叫好为"彩头",表演褒媟为"粉",能叫座为"挂座",不善学人而取貌遗神为"打卦",连为"代",伞为"开花子"(忌"伞"与"散"音同),做梦为"打黄粱子",老虎为"扒山子",音哑为"倒嗓",声音响亮为"亮嗓",练声为"吊嗓子",开锣之前台上曾出音响为"碰响子",鼓乐坐处为"九龙口",开锣前若有人误入鼓乐坐处为"落龙口",等等;又以只、蛋、阳、梨、模、龙、踢、扒、秋,作为当行一至九的数目隐码。

乐工　乐工是为演员伴奏的人员。《清稗类钞·戏剧类》称:"唱戏之事,宜先研求板眼腔调,……至艺成以后,尤有种种困难,配搭不得人,不可;胡琴、鼓板不得人,尤不可。胡琴、鼓板不得人,则唱者自唱,拉者自拉,南辕北辙,背道而驰矣。故欲拉与唱能粘合在一处,不使有丝毫扞格之虞,必平素常在一处讨论,知其行腔使调用何种方法,因其势而利导之,调门之忽高忽下,嗓音之在家与不在家,全恃胡琴衬托得宜。即或唱者偶有微疵，不经意而脱略，拉者能随机应变，补苴罅漏，如天衣无缝，不着痕迹，斯为妙手也。"是见戏曲中乐工作用之大，虽称"后场"或"后台"，却与"前台"时刻相关，唱砸与否，亦非无干系。故又载："琴师、鼓员等曰后场，亦曰场面。场面之位次，以鼓为首，一面者曰单皮鼓，两面者曰荸荠鼓，名其技曰鼓板，都中谓之鼓老，犹尊之之意也。伶人负重名，则自置场面。同业宴会，必邀其鼓老或琴师与俱，尊以首座，其他云锣、锁呐、大铙等不与焉。"藉此，乐工行话不仅有一般排他性质，并兼回避前台演员之用。

其当行行话如：乐工总称"场面"，谓檀板为"郎郎"，板鼓为"钳老"，大鼓为"堂钳老"，大锣为"滑水"，小锣为"响尖"，钱为"水叉"，二胡为"扯铃"，京胡为"址手"，梆子胡琴为"胡胡"，月琴为"鱻蚕"，三弦为"鼎登"，小云锣为"云光"，梆子为"并手"，笙为"撇嘴"，箫为"腰心"，琵琶为"变令"，锁呐为"尖奎"，画角为"湾斗"，下场锣鼓为"元场"，武剧打出时锣鼓为"出手"，亮相锣鼓为"四记头"，叫板锣鼓为"五记头"，乱鼓为"丝鞭"，等等。此外，根据具体剧目剧情，又有发点、紧急风、四将、走边、八叉、九锤半、软丝鞭、扭丝、阴锣、五锤锣、收锤、冷锤、单锤、乱锤、闪锤、长锤、凤点头、帽儿头、扫头、长丝头、踩头、抽头、扫头、冲头等锣鼓打法名目，大都为各种曲牌、锣鼓乐套路。

这么多名目，不用说有意为难，即或稍有走神即与前台失调，必砸。

戏曲表演行话中国传统戏曲种类、流派颇多，表演技法、形式及风格亦丰富多彩。其中除行业术语性质行话而外，又颇有各种隐语性质的行话与表演艺术直接相关。试看举例：唱白押错韵脚为"出辙"，念白带有土音为"切口"，咬字不准为"飘字"，声嘶力竭为"拉矢"，外行唱戏不合规矩为"羊气"，行腔使调音异难听为"贫腔"，表演中陡使好腔博得满堂喝彩为"帅腔"，偶忘原词而混入别戏之词为"放水"，音出弦外为"黄腔"，超过既定调门为"冒调"，为缩短时间而截短戏词为"马前"，有意于场上拖延时间为"马后"，重复上句腔调为"三条腿"，表演者暗示胡琴鼓板起奏为"叫头"，重复下一句腔调为"一顺边"，剽窃别戏之词为"攒桶子"，忘词而代以闲字为"吃螺蛳"，开口落音不合鼓板习惯为"走板"，念错字为"倒字"，不当出场而误出为"冒场"，配角先上场敷衍观众为"吊场"，扮院公为"过道"，青衣旦为"平明"，武行中人为"打英雄"，小旦为"贴母"，净角为"争工"，丑角为"破田"，末角为"丁八"，扮演神仙为"带彩"，军棍为"超棍"，宝剑为"护身"，腰刀为"腰片子"，八角铜锤为"花球子"，铜锤为"球子"，马鞭为"代步"，斧头为"阔棺"，龙头拐杖为"龙头撑身"，大刀为"大背"，小刀为"小背"，旗为"招风"，绣花伞为"慢天"，等等，连角色、道具亦多有隐称。

杂技、曲艺艺人行话

　　杂技、曲艺，是有别于戏曲的民间传统游艺竞技活动，并早就出现了以此为谋生手段之人。早在汉代，百戏、俳优即盛行一时，并传入宫廷，为帝王所爱。宋吴自牧《梦粱录》卷二十有《百戏伎艺》载："百戏踢弄家，每于明堂郊祀年分，丽正门宣赦时，用此等人，立金鸡竿，承应上竿抢金鸡。兼之百戏，能打筋斗、踢拳、踏跷、上索、打交棍、脱索、索上担水、索上走装神鬼、舞判官、砍刀蛮牌、过刀门、过圈子等。……遇朝家大会，点唤供筵，俱有大稿。又有村落百戏之人，拖儿带女，就街坊桥巷，呈百戏使艺，求觅铺席宅舍钱酒之资。且杂手艺，即使艺也，如踢瓶、弄碗、踢磬、踢缸、踢钟、弄花钱、花鼓锤、踢笔墨、壁上睡、虚空挂香炉、弄花球儿、拶筑球、弄斗、打硬、教虫蚁、弄熊、藏人、烧火、藏剑、吃针、射弩端、亲背、攒壶瓶等，绵包儿、撮米酒、撮故生等艺。"至清代、民初，民间杂技、曲艺益盛，以此于江湖游走谋生者颇众，多聚集于城镇热闹场所，遇庙会、集市或庆典、节日更是当行人谋利最重要时机。如当时北京天桥、大栅栏等处，耍猴儿的、拉洋片的、唱话匣子的、数来宝的、摔跤的、跑旱船的、唱曲的、说相声的、说评书的、唱莲花落的、唱大鼓的、拉硬弓的、耍中幡的、耍坛子的、练杠子的、踢毽子的、练把式的、唱小戏的、耍耗子的等等，各种游艺竞技可谓应有尽有，热闹非凡。清光绪苏州桃花仙馆石印唐再丰《鹅幻汇编》卷十二所辑《江湖通用切口摘要》，所辑凡巾、皮、李、瓜四行切口，其中两行即属游艺竞技行当，即"李子"（戏法）和"瓜子"（打拳头、跑解马），行中之人统谓之"相夫"。

变戏法 《清稗类钞·戏剧类》载："文武戏法，多京、津人为之。家有堂会（即喜寿庆贺等事），可招之来演试，其技巧耍花罐、头顶大缸、飞盆飞碗、灯下火彩、幼童技艺、化学奇术等。光、宣间，上海亦有之，而技手仍京、津人。"是"变戏法"即"文戏法"耳。而"戏法"亦即"玩把戏"："江湖卖技之人，如弄猴、舞刀及搬演一切者，谓之曰顽把戏，本元时语也。演时，恒以锣一、大鼓一，更迭或同时奏之。"是知"戏法"为杂技、魔术之旧称。

《江湖通用切口摘要》称："做戏法在茶馆内搭台曰海李子，挂布招牌专传授人戏法曰放小卖，做戏法鸣锣聚众、吞剑吃蛋曰对包李子，做戏法有妇女顶缸走索者曰烘当李子，做戏法用长布围地中间另有小布篷者曰扇戏篷。"而围绕各种"变法"又多有本行切口，分述如下。

在茶馆内搭台变戏法的"海李子"切口　如：变较大器物者为"大件"，变细微器物者为"小件"，台后布篷为"遮法"，其台为"高搁""搁机"，变戏法的包袱为"蔽人眼"，看客坐处为"游墩"，喝彩声为"千响"，笑为"巧倩"，哭为"拭照"，向客座中索线为"探线子"，要为"同工"，坐为"打墩"，走为"蛋赳"，奉承为"除公"，善逢迎为"买火种"，等等。

以长布围地、中间另有布篷变戏法的"揙戏篷"切口　如：谓布围为"软塘"，空地为"场头"，择空地于四角插竹竿围布成场为"搭场头"，快为"马前"，慢为"马后"，敲鼓打锣以招徕看客为"闹响"，看客稀少为"宛宛"，做戏法为"钻"，观看为"赏"，等等。

吞剑吃蛋变戏法的切口　如：谓以鸣锣招众而能吞剑吃蛋变戏法者为"对包李子"，吞剑为"吃青锋"，吃蛋为"吃球子"，从鼻孔变化出火为"火烧中堂"，把人团弄为一团为"苦子"，将人入瓮为"投口"，分解人肢体为"解尸"，口中吐火为"喷焰"，等等。

男女共变戏法的切口　如：谓由女艺人一同变戏法为"烘当李子"，变戏法的女艺人为"烘当"，女艺人貌美者为"坚烘当"，女艺人貌丑者为"古烘当"，骂人为"柳江浪"，笑为"完凯"，哭为"流球",看为"扳扳",逃走为"滚滚",停变戏法为"了场头",生意好为"烘赞曲",生意不好为"冷赞曲",等等。

运用符箓魔力变戏法的切口　如:谓运用符箓魔力搬运器物为"错大",请仙为"钻黑鬼",画符为"错虎头",隔壁为"隔枪",对面为"对枪",高为"崔峻",低为"浅",小为"尖",大为"太式",符箓为"大字",烧符为"火奏",五鬼为"五阴差",等等。这种变戏法是否凭借"意念"等特异功能作为力的技巧,还是以一般魔术艺术手段进行变化表演而声称"符箓"作用来惑众,有待调查研究。然而,大部分变戏法都是以假乱真,即俗语所谓"戏法灵不灵,全仗毯子蒙"。

挂布招牌教变戏法的切口　如:谓挂布招牌现场表演教示观众变戏法者为"放小卖",布招牌为"卖漂子",在布上描绘变戏法情况为"描漂子",传授演示戏法为"献",变戏法道具为"扳耀",把变戏法道具卖给观众为"嫁耀货",讲事为"咬黄",买入为"蒲扳",骗人为"将子",等等。

从上述行话,足见旧时诸式变戏法的大略行事、内容。

卖拳头　旧时专有以练武术谋生一行,俗谓"练把式的",行中隐语如:谓枪为"花条儿",刀为"片子儿",大刀为"扫风",刺刀为"鲍片子",剑为"护身",棍为"齐眉",钢叉为"叉儿",小锤为"流星",镖为"尖子",教练武艺为"说法",等等。"卖拳头"则属"练把式的"一种,以演练拳脚武艺谋生。旧时曾在北京成达中学教武术的白光汉,曾在体育学院任武术教习的马筱泉,都曾搭场练拳脚。当行隐语如:谓卖拳头者为"边爪子",演练处为"碾地处",好场地为"碾地",搭场子为"打圈子",好为"坚",不好为"古",借为"昔",讨为"探",讨铜钱为"探巴子"，有为"献"，无为"白"，手指为"五奴"，拳头为"五内"，一人与二人对打拳术为"毫品"，以刀枪相对为"好亢"，以柔术相搏斗为"盖"，二人以拳术对打为"合"，以尖刀戳入腹中向观众讨赏钱为"见玉"，观看为"板识"，识得为"观亮"，吃为"赏"，饮酒为"扰山"，吃饭为"扰汉"，坐为"打墩子"，拜为"剪拂"，跪为"丢千"，有生意为"得措"，没生意为"念捌"，拜揖为"丢圈子"，卖东西为"挑思息"，去为"凉"，来为"热"，多为"满太式"，少为"希"，等等。

跑马卖解　即马戏表演。《三国志·甄皇后传》注云："后年八岁，外有立骑马戏者，家人皆上阁视之，后独不行。"宋孟元老《东京梦华录》卷七"驾登宝津楼诸军呈百战"载："先一人空手出马，谓之'引马'。次一人磨旗出马，谓之'开道旗'。次有马上抱红绣之球，系以红绵索掷下于地上，数骑追逐射之；左曰'仰手射'，右曰'合手射'，谓之'拖绣球'。又以柳枝插于地，数骑以划子箭，或弓或弩射之，谓之褋柳枝。又以十余小旗，遍装轮上而背之出马，谓之'旋风旗'。又有执旗挺立鞍上，谓之'立马'。或以身下马，以手攀鞍而复上，谓之骗马。或用手握定镫袴，以身从后鞦来往，谓'跳马'。忽以身离鞍，屈右脚挂马鬃，左脚在镫，左手把鬃，谓之'献鞍'，又曰'弃鬃背坐'。或以两手握镫袴，以肩着鞍桥，双脚直上，谓之'倒立'。忽掷脚着地，倒拖顺马而走，复跳上马，谓之'拖马'。或留左脚着镫，右脚出镫，离鞍横身，在鞍一边，右手捉鞍，左手把鬃存身，直一脚顺马而走，谓之'飞仙膊马'。又存身拳曲在鞍一边，谓之'镫里藏身'。或右臂挟鞍，足着地顺马而走，谓之赶马。或出一镫坠身着鞦，以手向下绰地，谓之'绰尘'。或放令马先走，以身追及握马尾而上，谓之'豹子马'。或横身鞍上，或轮弄利刃，或重物大刀双刀百端讫，有黄衣老兵，谓之'黄院子'。数辈执小绣龙旗前导，宫监马骑百余，谓之'妙法院'，女童皆妙龄翘楚。结束如男子，短顶头巾，各着杂色锦绣燃金丝番段窄袍，红绿吊敦束带，莫非玉羁金勒，宝镫花鞯，艳色耀日，香风袭人，驰骤至楼前，团转数遭，轻簃鼓声。马上亦有呈骁艺者，中贵人许畋押队，招呼成列。鼓声一齐，掷身下马，一手执弓箭，揽缰子，就地如男子仪。拜舞山呼讫，复听鼓声，骗马而上。大抵禁庭如男子装者，便随男子礼起居。复驰骤团旋分合阵子讫，分两阵，两两出阵，左右使马直背射弓，使番枪或草棒，交马野战。呈骁骑讫，引退。"云云，这是关子宋代杭州一次马戏表演的全场过程的完整描述。至今，仍属一项较大型的传统杂技节目。旧时以此行为生计者，自有当行切口，如：谓马为"高头子"，缰绳为"牵头"，马鞍子为"元宝"，骑马奔驰为"放"，挑为"孤担"，身卧马鞍为"摊红"，演员倒挂马腹为"卷荒"，卖艺之处为"场地"，好场子为"坚场"，抖钱为"打滚"，赢为"上手"，输为"伤子"，吃饭为"赏爨"，饮酒为"领山"，茶为"水爨"，有为"占"，无为"蒙"，等等。

妇女顶缸走索　"顶缸"，是杂耍中"顶技"的一种。据《清稗类钞·戏剧类》载："光绪庚子春正月，京师杂耍馆有王某献技，运酒坛如气球，其名为坛子王。"亦属此类，是古代"百戏"之一。"百戏"亦有"走索"一道，如东汉张衡《西京赋》："跳丸剑之挥霍，走索上而相逢。"薛综注云："索上，长绳系绳两头于梁，举其中央，两人各从一头，交相度，所谓舞绳者也。"今谓之"走钢丝"，是传统杂技节目。宋代杭州百戏中即有"索上担水""索上走装神鬼"等节目，当时民间艺人李赛强、一块金、李真贵、闲生强等人，即以"顶橦踏索"闻名一时。"顶缸走索"是将两项技艺合而表演，而女艺人表演更为叫座。旧时此行切口如：谓顶缸走索的女艺人为"烘档码子"，戏缸为"滚仗口"，走绳索为"大线"，以手脚表演各式动作为"炼筋"，观众多为"烘拢"，以色引人为"假王龙"，收场为"卷场"，向众人作揖为"甩圈子"，乞求观众给钱为"赏些"，等等。是知旧时女人从艺谋生尤为艰辛。

猴戏　即俗所谓"耍猴儿"。为"百戏"之一，起源甚早，于晋南北朝时已盛行。晋傅玄有《猿猴赋》，描述了猴戏，《通典》卷一四六亦载："梁有猕猴幢伎，今有缘竿伎，又有猕猴缘竿伎。"唐代猴戏，亦为跑马、爬竿、翻筋斗。据徐珂《清稗类钞》载："凤阳韩七能弄猴。凡弄猴者，仅畜一二。七所畜多至十余，凡猨狙玃父之属，大小毕具，且不施羁勒。每演剧，生旦净丑，鸣钲者，击鼓者，奔走往来者，皆猴也，无一不备，而无一逃者。他弄猴者多异之，叩其术，不得。久之，乃知韩故瘾君子也，每得猴辄锁致榻前，陈芙蓉膏一盉，灯一具，高卧吸之。猴既不能脱，躁跃久之，则亦登榻弄烟具。韩即喷以烟，猴初惊却，久而安之，则亦效人偃卧，就灯嘘之，韩即教以烧吸之法。不匝月，瘾成，则解其锁链，猝举棒击之，猴负痛奔逃。顷之，瘾发，则又自屋角下窥。更诱之下，予以烟，虽更挞之，终不走矣，乃率以教演，帖如也。"是以毒品诱训之法，将人患祸及动物。《北京民间风俗百图》有《耍猴图》，题辞云："其兽人形，遍体生毛。其性甚灵，自能戴鬼脸，穿衣服，爬竿，翻筋斗，跑羊等戏。其人拉至沿街，鸣锣为号，以此为（生）也。"其当行切口如：谓猴为"老儿"，狗为"叭子"，羊为"双角"，假面具为"脸幌"，鞭子为"提引"，搭场表演之处为"盘子"，猴子表演用的木架为"平天架"，等等。

打连厢　又谓"霸王鞭"或"金钱棍"，是流行各地的一种民间曲艺。清翟灏《通俗编》引毛奇龄《西河词话》云："金作清乐，仿辽时大乐之制，有所谓连厢词者，带唱带演，以司唱一人，琵琶一人，筝一人，笛一人，列坐唱词，而复以男名末泥，女名旦儿者，随唱词作举止。……北人至今谓之连厢，曰打连厢、唱连厢，又曰连厢搬演，大抵连四厢舞人而演其曲，故云然。"清代《北京民间风俗百图》的《打连湘图》题辞云："其人乃戏班优（伶）扮成女子，手拿竹板、彩扇，用竹竿一枝，挖小孔，安铜钱数个，名为霸王鞭，在手中飞舞，或竹板上独立，口唱歌词，名曰打连湘。"旧有间壁戏亦谓"打连厢"，是演员在布帐中演唱，形制、情景一如其当行切口：谓打连厢为"帐子篷"，竹板为"响郎"，帐子为"青罗"，笑为"今交子"，骂为"郎千发"，哭为"撒汗"，敲竹板为"匾郎"，唱为"嗥喉"，听客大盛为"大响"，讨钱为"呕风"，立为"侍平"，坐为"湾身"，走为"量"，相打为"闹匾"，叫为"显冈"，主人为"山主"，不知事者为"暗人"，歹人为"不将"，好人为"将人"，乡村无赖为"出水虾蟆"，等等。

傀儡戏　即"木偶戏"。相传源于汉代"百戏"，三国时马钧曾制木偶可表演各种技艺。据唐封演《封氏见闻记》载，唐大历年间（766—779），有人"刻木为尉迟鄂公、突厥斗将之戏，机关动作，不异于生"。唐杜佑《通典》卷一四六亦载："歌舞戏有大面、拨头、踏摇娘、窟礧子等戏……窟礧子亦曰魁礧子，作偶

人以戏，善歌舞。本丧乐也，汉末始用之嘉会。北齐后主高纬尤
所好。高丽之国亦有之。今闾市盛焉。"又《清稗类钞·戏剧类·
傀儡戏》云："傀儡，木偶戏也，本作窟礌子，亦云魁礌子，作
偶人以戏嬉舞歌……今有大小二种，木偶大者长三四尺，小者长
尺余，被以文绣，口目能翕张，手足能舞蹈。盖其身有机椻，演
时木偶出台，人隐于幕中而牵之使动也。唱曲道白，皆人为之，
佐之以乐器。"

《江湖通用切口摘要》载："傀儡牵丝木人戏（俗名地吼戏）
曰银子篷，傀儡用小台高挂、人居台下在布帐内曰高架子。"当
行切口如：谓弄傀儡者为"高架手"，吹丝竹乐器者为"捏眼"，
唱戏人为"温文"，敲锣鼓者为"肘响"，布帐为"篷子"，假音
为"鬼叫子"，小锣为"嘹子"，做戏为"班"，看客为"板识"，
戏资为"琴头"，讨钱为"挂琴"，有钱者为"热子"，无钱者为
"流通"，讨钱时稍微屈腿为"丢千"，分钱为"披"，等等。

说书 又谓"评书""评话""评辞"等，源自唐宋"说话"
"讲史"等。在江浙一带，"说书"分两种，小书指弹词，大书指
只说不唱的评书。清范祖述《杭俗遗风》称："大书，一人独说，
不用家伙，惟醒木一块，纸扇一把。"这就是今所谓"说书"。其
情景从当行切口中即可略知，如：谓说书人为"背叶子"，说书台
为"评台"，说书人坐位为"安身"，说书桌为"挡身"，茶为"润
喉"，茶杯为"亲口"，扇子为"家伙"，拍木为"惊醒木"，说书
卖力为"劲儿"，说出漏洞为"打巧"，茶壶为"跷嘴"，等等。

滩簧 这是流行于苏州、上海、杭州、宁波等地的一种民间
曲艺行当，尤以苏州滩簧的历史为较久，大约形成于清乾隆年间
（1736—1795）。各地滩簧的曲目、音乐，多采自宣卷及本地民

歌。苏州滩簧亦吸收了一些昆曲剧目和音乐，后改称苏剧。其他各地，亦改为沪剧（上海）、锡剧（常州、无锡）、甬剧（宁波）等。唱滩簧艺人的当行切口如：谓坐唱为"清拆"，化装演唱为"彩拆"，女演员为"地牌"，演出场地为"滩子"，拉胡琴为"帮腔"，敲云锣为"帮脚"，打鼓为"正腔"，上门演唱为"跑差使"，应邀去演唱为"出堂差"，开场之前先调弄以丝竹之乐为"闹响子"，等等。

弹词 一种产生于元末或明代（说法不一）的民间曲艺形式，也叫"南词"。苏州弹词及扬州、四明、长沙、桂林等各地弹词曲调、唱腔不一，均以本地方言说唱。表演者一般一至三人，有说有唱；以三弦、琵琶、月琴为主要伴奏乐器，自弹自唱。其艺人当行切口如：谓弹词艺人为"柳叶生"，主角为"上档"，配角为"下档"，三弦为"柳条"，琵琶为"捉白虱"，表演女子者为"做小喉"，唱开篇为"唱篇子"，唱因果（俗称莲花文书）为"莲花册子"，以滑稽博得观众烘堂为"松"，等等。

小热昏 今称"小锣书"，是流行于江浙一带的一种民间说唱艺术，起源于清末民初。当时曾拜卖梨膏糖的说唱艺人陈长生（筱得利）为师的杜宝林，运用各地方言和多种曲调，以"说朝报"形式说唱时事新闻、笑话故事，以小锣或三巧板伴奏，自编自演；讽喻时弊、醒世诙谐，别具一格，形成单独曲艺曲种，初名"醒世谈笑"，后改称"小热昏"，流行颇广。其当行切口如：谓说唱不收费而只向人兜售糖块者为"放甜头"，唱而收费者为"叫苦子"，说唱时敲的毛竹片（三巧板）为"仙乐板"，演出场地为"围子"，人多为"烘炀"，人稀为"碧波"，生意好为"穿头"，生意不好为"停脚"，箱子为"百宝"，手中所耍木偶为

"聚仙"，等等。

西洋镜　又称"拉洋片"，是一种民间杂耍艺术形式。艺人先将各种画片置一专制箱中，一边拉放画片让观者从凸镜中观看，一边唱诵画片内容。北京谓之"看西湖景"，如清《北京民间风俗百图》的《看西湖景图》题辞云："天下之景，无胜于西湖，所以取此为名。然造此物者种种不一，有大有小，（有）用锣鼓敲唱者，有指画中景致而说者。遇庙集者，即多分挣也。"此当为"西洋镜"之本来起源。其当行切口如：谓卖大西洋镜者为"金门子"，卖小西洋镜者为"割劁子"，以云锣、铜鼓招徕观众为"聚人法"，铜钹为"猇响子"，小云锣为"黑响子"，大铜锣为"大黑响"，锣锤为"松子"，观众坐凳为"架"，男观众为"老郎"，女观众为"老良"，儿童观众为"憨东"，看西洋镜为"立打靶"，天为"一大"，太阳为"常圆明"，月亮为"阴宗"，星星为"光芒"，风为"丢子"，云为"天表"，雷为"震公"，雨为"津"，落雨为"摆津"，起雾为"披迷"，露为"甘霖"，霜为"露销"，雪为"飞六"，落雪为"摆飞"，天晴为"空青"，火为"丙丁"，画片为"描景"，外国画片为"描欧景"，等等。五十年代初，沈阳小河沿一带仍有卖西洋镜者。

三、民间秘密社会组织的切口

民间秘密社会是个无论其内涵与外延都很复杂的概念。

就中国民间秘密社会史的实际来讲，大体有若干情况。一是以政治目的为宗旨要义的政治性秘密团体，如历代人民起义之前的秘密组织；一是宗教性质或迷信性质的民间社团，往往因信仰关系或潜藏政治背景，或直接与当时社会政治制度相违逆，不得已而秘密结合、暗中活动；一是为历代政权所明令禁止和取缔的，以滋扰治安危害人民生命财产从中渔利的黑社会团伙组织。在近代，这几种民间秘密社会组织，就性质而言，往往以一种为主又兼及其他。如历史上许多农民起义，即往往以宗教或迷信为号召，以此联络群众，而为夺取政权的政治目的服务。一些以宗教或迷信为宗旨的秘密组织，又往往为怀有政治目的者或当政者所利用来从事政治活动。"胜者为王败者贼"，有的民间秘密团体举事未成，则其中裹杂的流氓无赖则借其招牌、沿其旧制而使之演变、发展成为黑社会的流氓组织。

无论"绿林英雄"，还是匪帮盗贼的黑社会团体，由于为历来政治制度所不能容许，尽管其往往还要公开亮出旗号，但在

"秘密社会组织"这一社会性质上，均与以政治为宗旨的民间秘密社会组织相同。"民间"，是相对"官方"而言；"秘密"，是相对"公开"而言。

举凡民间秘密社会组织，大都具有各种内容的戒规纪律，以维持其组织的存在、约束其成员言行。至近代，隐语行话尤其成为民间秘密社会组织用以协调内部关系、保守秘密、识别身份及维护本团体利益的重要工具之一，成为其特定语俗。

当然，非秘密社会组织未必没有使用隐语行话的如各种工商、游艺竞技等三教九流职事集团或群体由于实际需要，亦有这种语俗，那是又一种情况。职事集团或群体，是自然形成的松散型均、半封闭式的社会公开组织，为社会政治制度所允许存在，因而其隐语行话属于社会公开组织集团或群体的秘密语，也属于半封闭式。

中国民间秘密社会组织以明末至民初为盛，此间也是民间秘密语空前发达时期。这样，近代秘密社会组织不仅理所当然地运用起这种语言的社会变体形式为特别传递信息工具，其本身亦促进、发展和丰富了中国民间秘密语。现在，这些秘密语又成为人们考察、认识中国近代秘密社会的珍贵材料。

本篇，拟以清代天帝会等于近代影响较大的政治性质的民间秘密社会组织的隐语行话为本，大概考察、认识其组织的源流、制度、行事、信仰、主张、内部人际关系、心态等内容。至于黑社会组织的隐语行话考察，另有专篇进行。

"天地会"，别名"三点会""三合会"，内部，则自称"洪门"，各有所典。作为清代以"反清复明"为宗旨的民间秘密组织，乃取明太祖洪武年号之"洪"字而称"洪门"；又取"洪"字偏旁的三点水而谓"三点会";"或又嫌其偏而不全,非吉祥之兆,又取共同和合及三合水之义,改名曰'三合'。"① 又如天地会的川、滇、黔等内地支系有谓"汉留"者,则是取汉族遗留之民意思。

天地会各地支系颇多,如哥老会、小刀会、红钱会、金钱会、匕首会、双刀会、双龙会、千人会、九龙会、白布会、百子会、八旗会、乌带党、平洋党、祖宗教、钵子会、清水会、告化会、剑仔会、青红帮等。因其以"拜天为父,拜地为母"为信义,故总称为"天地会"。

据孙中山先生《建国方略·有志竟成》中说:"洪门者,创设于明朝遗老,起于康熙时代。盖康熙以前,明朝之忠臣烈士多欲力图恢复,誓不臣清,舍生赴义,屡起屡蹶,与虏拼命,然卒不救明朝之亡。适至康熙之世,清朝已盛,而明朝之忠烈亦死亡殆尽。二三遗老见大势已去,无可挽回,乃欲以民族主义之根苗,流传后代,故以'反清复明'为宗旨,结成团体,以待后有起者可藉为资助也。此殆洪门创设之本意也。然其事必当极为秘密,乃可防政府之察觉也。夫政府之爪牙为官吏,而官吏之耳目为士绅,故凡所谓士大夫之类,皆当忌而须严为杜绝者,然后其根株乃能保存,而潜滋暗长于异族专制政府之下。以此条件而立会,将以何道而后可?必也以合群众心理之事迹,而传民族国家之思想。故洪门之拜会,即以演戏为之,盖此最易动群众之视听也。其传布思想,则以不平之心、复仇之事导之,此最易发常人之感情也。其口号暗语,则以鄙俚粗俗之言以表之,此最易使士大夫闻而生厌,远而避之者也。其固结团体,则以博爱施之,使

---

① 戴魏光《洪门史》,和平出版社一九四七年版。

彼此手足相顾，患难相扶，此最合夫江湖旅客、无家游子之需要也。而终乃传以民族主义，以期达其反清复明之目的焉。"可知，孙中山先生对天地会等"洪门"帮会的民族主义精神评价颇高，亦深悟其革命历程之艰辛。

然而，"在满洲专制之下，保存民族主义，是不拿文字来传，拿口头来传的。所以我们今天要把会党源源本本讲起来，很为困难，因为他们只有口头传下来的片断故事。就是当时有文字传下来的，到了乾隆时候，也被销毁了。"（《民族主义》第三讲）因而，天地会等"极秘密的行动，又况在江湖上流传，历史的演变和内部的实情，总不免被忽视或湮没了。"①亦正因如此，民国以来有关"洪门"历史的著述，多互相有所出入。至今，在当代一般青年印像中的"帮会"，倒是民初上海滩上的"青红帮"流氓形象占了较大位置，对清代帮会及其后来在辛亥革命中的进步作用却了解较少。事实上，史籍中的有关记述也的确不多，史料亦实在贫乏，恰如孙中山先生所感叹的那样。

在民俗语言学理论构架中，民间秘密语是这门科学用以考察、认识社会的重要民俗语言材料——口碑文献——之一。这样，就为我们科学地了解清代"洪门"历史及其会中情况，打开了一个新的历史窗口，提供了一个新的科学视点。

尽管文献、史籍中所保存下来的"洪门"各种隐语行话有限，却总算未将这扇特别历史"窗口"堵死，仍留给后人借以略窥大概。

于此，即以笔者所见有关文献为限，选用天地会（三合会）

---

① 萧一山《近代秘密社会史料》卷首"天地会起源考"，岳麓书社一九八六年版。

及其分支帮会的哥老会、清帮常用隐语行话，作为考察清代"洪门"历史的材料，以略窥其一斑。

先说天地会（三合会）。

天地会又称"三合会""三点会"等，是"洪门"的正宗。日人平山周《中国秘密社会史》认为："三合会之成立，在康熙十三年，相传其原起义目的，以少林寺僧人被官焚杀，志在复仇，或有疑为未必然者。然观其尊信一种神秘仪式，易知为僧道创始之者无疑。至其叛乱之事，则以乾隆五十二年台湾林爽文为倡始。"这种看法，可见于多家著述，时间亦与孙中山先生所说相合，清末人徐珂（光绪间举人）所辑《清稗类钞·会党类》所述与平山周氏相类。平山周书早于徐珂书先出，后者或缀用前者，如上引一段，即仅有个别字之差。不过，就所断三合会形成年代而论，则为一般所共认。萧一山《近代秘密社会史料》又引雍正朝《东华录》中清世宗的一段话作为辅证："从前康熙年间，各处奸徒窃发，动辄以朱三太子为名，如一念和尚、朱一贵，指不胜屈。近日尚有山东人张玉，假称朱姓，托于明之后裔，以此希冀蛊惑愚民，见被拿获究问。从来异姓先后继统，前朝之宗姓，臣服于后代者甚多。否则隐匿姓名，伏处草野，从未有如本朝奸民假称朱姓摇惑人心若此之众者。"此外，亦有看法认为，因天有三十六宫而以三十六代天字，地有七十二魔而以其数代地字，以二数之和一百零八代会字，因称三合会。又传说天地会创始时秘密集合地点在三合河，则有"三河河水万年流""三河合水流不尽"之类会中联语，因称三合会。"三合会"，亦即"天地会"。

天地会（三合会）中隐语行话语汇，按内容大抵可粗分如下几类：

天文

八面子：风。　　　　摆清、挂丁：雨。

鹅毛子：雪。　　　　蛾眉子：月。

身体

青丝：头发。　　　　扇面子：脸。

招子：眼睛。　　　　帅拂子：头。

口条子：舌。　　　　顺风子：耳。

气桶子：鼻。　　　　樱桃子：嘴。

才条子：牙。　　　　鸡爪子、爪龙：手。

定盘子：心。　　　　踢土子：脚。

金刚子：腿。　　　　罗汉子：腹。

服饰

蝴蝶：马褂。　　　　簑衣蝴蝶：皮马褂。

大篷：长衫。　　　　叉儿：裤子。

簑衣大篷：皮袍。　　土筒：套裤。

穿心子：马甲。　　　八狗子：棉袄。

顶宫子、万笠、云盖：帽子。　踢头子：鞋。

明朝服装：袈裟。　　菱角：套裤。

铁板靴子。　　　　　新鞋：兵兰。

新帽：万位。　　　　雨帽：顶公。

饮食

三河：水。　　　　　沙：米。

洪顺：油。　　　　　粉子：饭。

裕子：酒。　　　　　家和兴：烧酒。

江片子：肉。　　　　滑：生油。

洪沙：谷米。　　　　　　　进兴：生盐。

川浪：大鱼。　　　　　　　金瓜：烧肉。

昆轮：鸭蛋。　　　　　　　湾腰子：虾。

白爪：猪肉。　　　　　　　大菜：牛肉。

丫环：咸鱼。　　　　　　　金六：烧鹅。

金八：烧鸭。　　　　　　　青苗：青菜。

黄莲子、青莲、青莲心：茶。

器物

宝莲子：灯。　　　　　　　牛亮：牛烛。

太公：灯火。　　　　　　　桂枝：脚香。

连米：酒杯。　　　　　　　连蕊：茶杯。

双铜：筷子。　　　　　　　莲花：饭碗。

莲篷：大碟。　　　　　　　古树：蜡烛。

本仗：茶壶。　　　　　　　五色丝罗：手巾。

跳：菜刀。　　　　　　　　载：酒壶。

洪顺天：白蜡。　　　　　　清风：纸扇子。

弯月：扇子。　　　　　　　炮台城灯笼：蚊帐。

洪头：洋伞。　　　　　　　撑脚、独脚：伞。

居室、建筑物

甲子：家。　　　　　　　　马桶：祖先公馆。

伞窑：饭店。　　　　　　　哑吧窑：庙宇。

威武窑：衙门。　　　　　　罗汉窑：浴室。

格：屋。

日常行事

打沙：吃饭。　　　　　　　打浪：吃粥。

哈：饮酒。

哈青莲：饮茶。

困槽子：当衣物。

开光：洗脸。

开剪子：说话。

游线：旅游。

兵器、武备

洪天：炮。

大片子：大刀。

黑狗、洋装：大炮。

小片子：小刀。

狗粪、红粉：火药。

云中雪：刀。

顺子：短刀。

长龙：抬炮。

菅枪：乌枪。

灰挑：军器。

茗叶：粮草。

挑子：茅杆。

招衣：号衣。

神鞭：连荚棍。

小喷筒：手枪。

铅码：枪炮子。

橘板、绉纱：剑。

交通

线：道路。

平、飘、底子：船。

四脚子、兜肚子：马。

搭平：乘船。

滚盘子：车。

勒子：轿子。

动物

摆尾子：鱼。

凤凰子：鸡。

扁嘴子：鸭。

溜子：龙。

扒山子：虎。

跟头：猴子。

姓氏

横河里：姓王。

跑河里：姓马。

摆河里：姓俞。

紫河里：姓李。

拱河里：姓周。

烟河里：姓陈。

围河里、姓金。

人物

底子、马子：官吏。 念七：师姑。

咬雪：老将。 念三：和尚。

猛风：官兵。 灰：军师。

交际、礼仪

拉拐子：行礼。 跳加官：拍马屁。

打埋伏：隐瞒。 开花：骂人。

哄霸：殴斗。 叫梁子：调息争斗。

叫粉子：解释误会。 碰钉子：遇到了对头。

调将：请人相助。 半壶水、半吊子：不讲情义。

作担子：做喜庆事。 靠牌头：借人力量。

斩条、斩红香：香堂宣誓大礼。

受夹：遭逼。丢当头：宣誓。

会中行事

背公事：字号大爷秘密收徒。

春点：暗语。 种三节竹：收徒。

栽李桃树：哥老会收徒。

卷旗：撤销。 找财喜：找外财。

透开：展开。 报赤壁：复仇。

找皮绊：寻事生非。 换季：更换新衣。

花起来：捆绑。 在水边：于困乏之中。

带彩：受伤。 双挂号：立等回信。

丢拖、丢点子：暗示。 下卡：派人防守。

楂：压。 在玄、在圈子：洪门中人。

一根：一人（余类推）。

办指识：当面介绍。

挂牌：会上下对上之礼。

对头：官府。

风大：人众。

风仔：会外人或官差。

有风：有外人。

跳高：向外交接。

红花亭、松柏林：公所。

入圈：入会。

拜正、出世：入会。

开台、放马：集会。

香、洪英：会员。

疯子、鹧鸪：外人。

去睇戏：到会。

衫仔：会中秘书。

腰平：会员凭票。

三尺六、古松：密会处。

狗吠：大炮声。

八卦、八角招牌：亦会员凭票。

站拢：聚集到一起。

洗面：斩首。

木杨城：木斗。

其他

花花子：钞票。

瓜只（子）：银钱。

芝麻：铜钱。

衫子：书。

红：火。

遮天：被。

拖风：棉被头。

云游：鸦片。

咬云：吸鸦片。

树上火：身上衣着阔绰。

一枪药：只有一次本钱。

树上清秀：身上干净。

山土：身上。

起发：由贫变富。

打起发：忽然富贵。

料高：自夸自大。

垫底：垫资本。

食如生：打明火。

打鹧鸪：截路。

法助：借银。

游：去。

力助：借钱。

　　凡此，从上述十五类、大约二百多个隐语语汇中，尤其是"会中行事"一类，不难大略窥知天地会（三合会）的会中制度、会员活动、会中人际关系等诸事。

　　会中人言语交际中使用隐语行话，是其会中戒规。这种语俗非其独创；"三合会员与盗贼往来，有怪文以之为暗号"；而是江湖秘密社会隐语的演化形成一支。既可用以保守会中秘密，又可兼作识别身份之用。"三合会员猝遇素不相识之人，欲探其是否为同党兄弟，辄用许多言语为符号。此外尚有以茶碗、烟管、鸦片管及种种器物授之，观其接受之状态，以试其确实与否。又有将辫发或手作记号者。临战时，有召集援兵之符号，有讽示盗贼之符号。"（这是《清稗类钞·会党类》辑自平山周《中国秘密社会史》的记述。）

　　再说哥老会。

　　哥老会又称"哥弟会"，是天地会的一个重要分支。其成员多为手工业者、破产农民、遗散军人及无业游民等。太平天国革命失败之后，哥老会仍参加多起农民起义、反洋教运动。辛亥革命中，又有许多会众参加了武装起义。"其成立在乾隆年间，同治时，平定粤匪以后，湘勇撤营，穷于衣食之途，从而组织各团体，于是哥老会始盛。除有仍为水陆军将弁者外，余则皆以赌博盗劫为业。李鸿章弟李某自广东回京，所载财物船百余艘，自湘水下，哥老会袭之，掠夺其八十艘，自是始为盗。然其本旨在复仇，其理想则为侠义，故严禁窃攘，不害良民，惟袭劫不义之豪富，与不正当之官吏，谓盗劫为武差事，谓赌博为文差事，有所谓洪家者，或曰红帮，乃会中之正统也。"①

　　又据认为："哥老会或称哥弟会，亦洪会之支系也。其成立之年代，已不可考。或去在乾隆年间，或云在明末清初，或云系古代游侠所组织之团体，然皆模糊影响之谈，不足为训。其实哥老会，乃太平天国成立以后之产物。当太平天国国运日促之际，李秀成、李世贤等，知大势已去，无法挽回，逆料湘勇，日后必见重于清廷，乃隐遣福建、江西之洪门弟兄，投降于湘军，暗中活动，鼓吹革命。嗣又改去三合、三点之名，因会党首领有老大哥之别号，遂易名为'哥老会'，于是湘军中渐有哥老会之势力渗入。及至同治初年，曾国藩撤湘营之时，行伍之士，不甘为卖剑买牛之生涯，转入哥老会者益众，哥老会于是大盛。其目的与三合无异，同为反清复明，其理想在仿梁山泊之义举，袭不义之富，杀不正之吏；其结义在效刘关张之同生共死，所谓'不愿同年同月同日同时生，但愿同年同月同日同时死'是也。红帮者，乃会中之正统。……哥老会之分布于浙江者，有双龙会、九龙会、千人会、白布会、平洋党、乌带党、金钱党、祖宗教、百子会、白旗会、红旗会、八旗会等，其目的在反清灭洋，自近世革命思想渗入其中，遂专以灭清为志。"② 此说较前说晚出二十多年，所述哥老会源流史实颇有条理，似更可为信。

　　哥老会属天地会一支，这已是为史家所共认的史实。亦正因此，其会中隐语行话，虽有本会系统，却不乏与天地会互有相同之例。试看徐珂《清稗类钞·会党类》，辑自平山周《中国秘密社会史》的哥老会隐语：

---

　　① 　[日] 平山周《中国秘密社会史》，商务印书馆一九一二年版。
　　② 　戴魏光《洪门史》，和平出版社一九四七年版。

会员曰圈子，曰在玄，新会员曰新在玄。集会曰开山，按秘密仪式互相问答曰请包袱。会员证曰宝，曰帖子。秘密书曰金不换，曰海底。外人曰马子，曰贵四哥，曰刁滑马子，曰玲珑马子。剃头者曰扫青生，舆夫曰天乎生，优伶曰跳板生。鸦片曰熏老，吃鸦片曰靠熏，鸦片管曰熏管子。茶曰青，茶馆曰混堂子。酒曰红花雨。鞋曰踢土，伞曰开花子。道路曰线，走道路曰踹线。到处曰开码头，谒客曰拜码头，见时行礼曰丢湾子。银币曰饼子。被捕曰被摘，斩曰劈，牢狱曰书房，庙曰哑吧窑子，衙门曰威武窑子。

凡此，一如从语言考察民族、鉴别民族，从方言考察故里、行踪；同理，这些亦从其特定的社会方言（隐语行话）这一角度，成为哥老会属于天地会分支的辅证。

再如，两会均有非言语形式的隐语——"茶碗阵"。天地会（三合会）的茶碗阵有单鞭、顺逆、双龙争玉、上下、忠义、争斗、品字、山字、关公守荆州、刘秀过关、四忠臣、英雄入栅、四隅、贫困篝篮、孔明上台令诸将、关公护送二嫂、复明、反清、患难相扶、五虎将军、古人、苏秦相六国、六子守三关、七神女降下、七星剑、太阴、下字，等等，数十种茶阵；而哥老会亦有仁义、桃园、五梅花、七星、一龙、双龙、龙宫、生尅、六国、宝剑、梅花、梁山，等等，若干阵式。两会"茶碗阵"不仅命名、取材多有相同、相近，而且又都讲究相似的饮法、诀语口白程式。这是天地会与哥老会种属关系的又一特殊辅证。

同时，从天地会、哥老会的"茶碗阵"命名名目，则又极鲜明地反映出会中的宗旨（反清复明）、信仰（桃园结义刘关张）、伦理道德（患难相扶）等心态。如天帝会的"七例分散壶阵"，茶七杯，壶一只，壶嘴处摆二杯，余置壶柄一边。将壶柄一边的五杯移向前来，斟上可饮。其谣诀云："茶名一柱香，兄弟立纲常；大家齐来饮，食绝清蛮王。"可见其宗旨鲜明。

现在来说"青帮"。

青帮，又称"清帮""清门""安清帮"。一说是明代罗祖教支流，最初分布于北直（今密云地域）、山东一带，后沿运河扩展至江苏、浙江、江西等地；以浙东温州、台州人一系为主帮，皖北、江北人一系为客帮（巢湖帮）。据《洪门史》称："又有所谓'青帮'者，以走私赌博窃盗为业，乃哥老会之支派；皖北有所谓'安庆道友会，亦系哥老会之别支。至黑帮、白帮，纯系江湖团，与哥老会截然为二事也。"《清稗类钞·会党类》亦云："又有曰青帮者，其徒本以运漕为业，岁居粮船，船北上时，夹带南货，南下时，夹带北货，所谓粮船帮者是也。既改海运，艰于衣食，乃秘密结合，以贩私盐为业，亦有专以赌博及诈欺取财度日者。江浙为多，淮、徐、海尤盛，皖北亦有之。亦曰安庆道友，为哥老会之别派。闻其成立至今，已二十余传，有一定统系，以'清净道德、文昌武发、能忍知悔、本耐之性、原明心理、大通吾学'等二十四字为序。道情相通，辈行既合，即有密切之关系，可以相率横行。故凡失业游民，浮浪子弟，辄善其便捷，利其庇护，乃遂争相依附，朝拜师，夕收徒，辗转扩充，而漫无限制矣。"

由此可知，即或原系青帮为明代罗祖教支流，而其活动盛时主要在清代，或即加入"洪门"的哥老会。而其于清初至嘉靖、道光年间，则主要是作为漕运的行帮组织，以"帮丧助婚、济困扶危"为特点。至漕运改海运，则藉以转为单纯的秘密团体，成为"哥老会"支系。所谓"安清帮"的别名，显系由"安庆道友会"之"安庆"二字讹变而来；而"安庆道友会"，恰即"巢湖帮"，亦即以皖北、江北人为一系的青帮中的"客帮"。

青帮在清代"洪门"之中，属"哥老会"支系，属第三层次的秘密会党，又系由行帮转化而来，故其会中隐语与"天帝会"（三合会）隐语又相去甚远，自为特殊言语集团。试看刘联珂《中国帮会三百年革命史》第二十章"清门切口"即知。

> 孝祖，拜师也。前人，又曰老头子，师父也。弟老，徒弟也。爷们，上下彼此之称。老大，平辈之尊称（余案：河海船上水手或船主俗谓"老大"。或即由此起源，然无显证，待考）。小爷们，指晚辈之称。老师太，尊敬长辈之词。沾祖爷灵光，在清帮；又曰有门槛。有难过，不和睦也。脱节，作错事也。家里爷们，是大小辈之称。打招呼，安慰也。不客气，直接做事。道情，帮中历史。江湖，空手求财之人。老江湖，老在外奔走之人。放生意，不正当之生意。软相，用和平手段诈财。硬相，用霸道诈财。相夫，江湖人。架相，替相夫鼓吹也。吃相，吃江湖人。避风头，衙门公事人出票捉人。大锅饭，聚众打架。赌软把，赌假牌。开码头，出门求财。拉纲，假做喜寿事要人送礼。挑头，抽头钱。开销，分发运动酬劳金。开香堂，收徒弟也。开山门，第一次收人。闭山门，最后一次收人。参祖，叩头也。家法，帮中刑杖。帮规，纪律。孝敬，押帖钱。上钱粮，正式

入帮也。小条子，记名帖子。赶香堂，参加别人收人。小刀码子，袖手旁观也。同山兄弟，同门一个师父也。讨慈悲，求指导。吃斗，横蛮无惧。扒楼子，以小称大也。亲阿叔，师之兄弟。顶香炉，反对前辈人。赴蟠桃，宴会也。

凡此，足见青帮由漕运行帮转化为秘密帮会后，远非"帮丧助婚，济困扶危"之初衷，业已向黑社会流氓集团方向演变，与当时的哥老会亦相距稍远了。

民间秘密语作为语言的社会变体，更富有社会性。随着该言语集团性质、行事的变化、发展，其所用隐语行话亦随之发生相应的变化、发展。反之，从这些隐语行话的变化、发展，亦可发现、证实其所属特定言语集团的历史行迹。至民国初年，青帮组织即开始为反动阶级乃至国外殖民势力所利用，沦为了危害社会的流氓黑社会团体。这些，也可从当时帮中的隐语行话中得到印证。如下面各例：

斤头——拆梢。

引水——为自首告密充当引线人。

堂皇生——官员。

寻口霸——掏兜（口袋）窃贼。

开文相——行窃或诈骗、赌、拐。

开武相——持械抢劫并恃人多拒捕。

失风——作案被人发觉或告发。

辨地界——在一处作案后不重去。

对卖贼——从中调色。

贩夜子——拐卖儿童。

人头兜得转——结识的流氓多。

开条子——拐卖妇女为娼。

装榫头——强行敲竹杠。

贩猪仔——向国外贩运壮丁。

赌软子——设赌行骗。

软硬相架——明抢暗偷。

开门口——逼迫良家妇女为娼。

拔人——以绑架人质进行敲诈勒索。

包开销——见店铺开张硬要钱。

摆月老——借钱不还而倒打一耙。

软胡子——以女色诱人上当。

得水——进财。

牛子——供土匪敲诈的人。

小刁——在进行敲诈中有帮中人干涉。

赌软把——以赌博诈钱。

敲生意——非正当营业。

排扇子——撬门贼。

踏青早——早晨偷窃。

赶黄昏——傍晚偷窃。

走乌里——夜间偷窃。

蠹天表——偷窃晒出的衣物。

至于民初的所谓"红帮"（一说"假名于鸿钧老祖曰鸿帮，今易为红字，其中份子，咸为强盗盐枭等，业硬爬者"），亦与当时"青帮"无异，成为一时为害颇大的两个黑社会组织，地道的流氓集团。这一点，亦可以其帮中隐语窥知。如例：

一步登天——因有钱财势力而于帮中成为大爷。

剪口——出阵冲锋，胡作非为。

走白马——贩私盐。

爬——抢劫。

寻——偷。

头把帐——先贼入宅行劫。

二把帐——贼后行窃。

显底——泄漏帮中秘密。

种荷花——将人绑石沿水溺死。

活种——活埋。

劈堂——杀死。

堆——打。

水头——赃财。

放脱——将人砍头截肢以芦席包裹投江。

弟兄家——贼。

走砂子——贩私盐。

拿开销——于赌中抽头。

家伙——兵器。

牲口——手枪。

受——吃。

蛤蟆——官兵。

带线人——盗窃老手。

壮——富有。

瘪——穷乏。

活龙——现银。

地龙——银子。

地蛇——铜钱。

开花——分赃。

葬——收赃。

上云头——化装。

扑风——迎拒官兵。

失风——被捕。

望城圈——杀头。

阵上失风——当场被捉。

叫堂子——行劫后问路。

蹄不起线来——迷路。

灰穴——居住处或藏赃之所。

等等，皆可见一斑。青帮收女徒，而红帮不收女徒，不以女色诱人受骗（软胡子）。然而，此时两帮悉为黑社会流氓集团无疑。

四、黑社会诸行切口

所谓"黑社会"，是个现代社会学的术语，却远非现代才有的社会现象。而且，为世界各地所共有。

一般说，黑社会是就那些非法地、秘密或半公开地以松散的团伙或严密的集团为结合形式的流氓而言。实质上说，无论是政治性质、经济性质（如走私），还是赌博、娼妓、拐骗、盗劫、匪帮，均直接存在各种隐秘的团伙或集团，黑社会即流氓社会，是下层社会的一个污秽群体。在这个污秽的社会群体中，分布着大大小小、形形色色的秘密帮伙，成为社会上的一种潜在的罪恶势力。黑社会中人，成分芜杂，又多与上层社会有瓜葛，或为之利用。民初上海的青红帮，即是一股势力颇强的黑社会集团。至于赌场、妓院等低级下流游乐场所，均不乏黑社会组织的势力影响，并大都为黑社会组织中人所经营或控制。这是一种反动的社会文化现象，是下层文化的一个充满罪恶的侧面。旧时所谓"江湖中人"，即包括了黑社会帮伙这种复杂的社会成分。

台湾学者萨孟武所著《水浒与中国社会》中认为："中国的流氓与罗马时代的贫民不同，罗马时代的贫民乃出身于公民阶级，他们有公权（选举权），他们可利用公权向国家及富豪勒索金钱，以维持自己的生活。……中国的流氓既然没有公权，而在经济上又只有破坏的作用，没有建设的作用……他们完全是一种过剩人口，纵令他们全部灭亡，也不妨害社会的存在，反而他们的灭亡却可使社会的秩序因之安定。他们没有'身家性命'，而生活又不安定，生的快乐既未尝过，死的苦痛也不恐怖。他们最肯冒险，由九死一生之中，突然的置身于云霄之上。他们个人虽然没有势力，而成群结队之后，就可以横行江湖。绅士怕他们捣乱，农民怕他们鱼肉，他们在中国社会上，乃是化外之民，隐然成为一个势力。"他这是就梁山泊农民起义而言（本书所研究的不在于此），却描述出了中国以往乃至现代黑社会的一般情况。

在此，且选以民初中国社会黑社会中的匪帮、盗贼、乞丐等的秘密语为材料，考察其一般情形。这些秘密语既以保守其秘密为功利性特点，将之公诸于众人之目，亦即可显示出其中的污秽与罪恶。

先说匪帮的隐语行话

一般匪帮　在汉语文化中，"匪"亦谓"盗"。《太平广记》卷四一九《柳毅》引《异闻集》语"不幸见于匪人"，其"匪人"则指行为不轨、危害人民之人。原谓"匪"为"寇"，如《书·舜典》之"寇贼奸宄"。《墨子·大取》："遇盗人而断指以免身，利也；其遇盗人，害也。"其"盗人"，即强盗，亦即俗所谓之土匪。

据说："明袁崇焕计杀毛文龙，文龙部下乃散而入海为盗，出没于辽沈、登莱间，此即胡匪之所自始也。……胡匪以有响马贼之联合，故一曰马贼。首领不一，各自为股，股或数人或数十人，多则二三百人，无纪律，剽悍特甚，不相统一，故时有互哄。其抢掠之盗有二：掳人勒赎曰绑票，被绑之家，须探明为何路何股之所为，倩人设法商议赎价，然亦有由其定价勒限以告者。价之高下，视被绑者之身家及其关系。倘逾期不赎，则被绑者必无幸。掠夺牲口曰出贩，意盖谓夺于此而贩于他也。遇官兵，则权衡势力以定抗否，非必拒捕也。倘势不敌，则四散。……胡匪之行劫也，既劫财，又劫色，甚而置人于死。……东三省之胡匪，昔之为害犹浅，至光绪甲辰日俄战役以后，东三省乃始成为胡匪世界。"（《清稗类钞·盗贼类》）清末民初，中国南北穷僻之地，匪患四起，各有帮伙，各自为政。其常见切口如：

黑头——杆匪首领。

随杆首——匪徒。

明场——明火执杖地进行劫掠。

使明钱——白日结伙抢劫。

使暗钱——趁黑夜结伙抢劫。

愁白眼——筹划劫掠。

日升——往东去。

好好——往西去。

兜薰风——往南去。

玄冰——往北去。

撕扇子——破门而入。

封扇子——关上门。

扫杆子——抢劫深长街市。

拭椿子——抢劫短小街市。

大明——放火烧房子。又作放红牛。

码子——同伙。

对码——邀集同伙行劫。

请客——绑架人质。

请财神——绑架富翁。

请观音——绑架青年妇女。

请龙女——绑架女孩子。

请肉蛋——绑架婴儿。

请招财——绑架儿童。

晒至——白日行走。

眼子——被劫的主人。

找眼子——行劫事主。

土狗子——乡间财主。

店窑——指店铺、钱庄。

被短——看事主财物。

跟捻——跟踪拟抢劫者。

坐捻——俟拟劫掠对象住店后即作行劫准备。

做底——即眼线。

改门子——破墙入劫。

把风——在外面放哨。

横子——有河水挡路。

快嫖——处女。

挑壳叉——出卖女人。

滑下去——抢劫后逃走。

对襟——绑走有夫之妇。

起水——遇有人来而逃。

花腰子——官兵。

皮腿子——马队。

帖了——弃邪归正而充兵役。

上慢子——天时不佳。

亢子——大刀。

大洋装——洋枪。

大憨——二人抬土炮。

土车子——土枪。

快车子——快枪。

推车子——开枪放炮抵抗拒捕。

线子烂——道路泥泞难行。

搬山驾岭——吃饭。

交亮——与官兵对打。

水胜水流——枪炮打得急而难逃。

出关——遭杀。

入庙——掩埋尸体。

凡此，足见一代匪帮之活动情况。因地域之隔、方言之别，以及各团伙各自占地为王称霸为患一方，各处匪帮隐语亦有不同。如东北胡子的隐语，即与上述不一样。如下例：

报报蔓——请报姓名。

尖子蔓——丁姓。（谐"钉"）

顶水蔓——于姓。（谐"鱼"）

压脚蔓——马姓。（谐象棋"马"）

虎头蔓——王姓。（虎头王）

山根蔓——石姓。（山根石）

顺水蔓——刘姓。（谐"流"）

雪花蔓——白姓。（雪花白）

补丁蔓——冯姓。（谐"缝"）

龙子龙蔓——孙姓。（龙子龙孙）

二龙戏蔓——朱姓。（谐"珠"）

西北风蔓——冷姓。（西北风冷）

一脚门蔓——李姓。（谐"里"）

犀角羚蔓——杨姓。（谐"羊"）

九江八蔓——何姓。（谐"河"）

　　显然，东北胡子（即《清稗类钞》所谓"胡匪"）这些姓氏隐语构造，皆以俗语藏词为构造方式，通俗而又隐秘，貌雅实俗。其他如：

打小顶——进贡。

挑片儿——分钱。

码起来——捆绑起来。

空子——打冒支的。

海叶子——信。

翻垛的——军师。

砸窑——劫掠富户。

绺子——匪帮团伙。

扒子——胆小者。

挂注——入伙。

叠拉——退伙。

拔香头子——洗手回家。

飞虎子——钱。

望水——打探情况。

拐匪　清李虹若《朝市丛载》卷七《人事·拍花》称："拍花扰害遍京城，药未迷人任意行。多少儿童藏户内，可怜散馆众先生。"这首诗又以《都门杂咏》载于《同治都门纪略》一书，说的是当时拐骗儿童之事。又据清东轩主人《述异记》载："京师东城地方东便门外，为往关东必由之路，一路开坊店者，俱串通旗人，贩卖人口，窑子甚多，所骗之人，俱藏窑内，最难查禁。"而拐骗人口之事，以往亦有之，如元张养浩《旧田类稿》所记："京师编民，男女之未成年者，因事而出，多为奸民所攘，女胁为婢，子压为奴。"凡此，又以《清稗类钞·棍骗类·拐带妇孺》所记述尤详：

> 拐带人口以贩卖于人者，凡繁盛处所皆有之，而上海独多。盖华洋杂处，水陆交通，若辈遂得来往自由，肆其伎俩。有自内地拐之至沪者，有自沪拐之出境者，或充奴仆，或作猪仔，而警察有所不知，侦探有所不及。其受害者，则以妇孺为尤甚，盖知识幼稚之故也。其应用之方法，强力诡计相时而行，亦合棍徒骗子而为一人者也。且警察、侦探非惟绝不过问，甚且从而袒庇之，盖得其贿也。所拐妇孺，先

藏之密室，然后卖与水贩，转运出口。妇女则运至东三省者为多，小孩则运至广东、福建等省者为多。若辈谓妇女曰条子，小孩曰石头。其上汽船也，更有人为之保险，船役亦有通同保险者，视此为恒业，与各处侦探相交通，故绝无破案之事也。

扬州、苏州、松江、无锡之乡女，以上海工资较内地为昂，每出而就佣于巨室。至沪，则投荐头店。荐头者，介绍佣仆之人也，然亦有以拐卖为事者。阳以介绍为名，而导入邪僻之旅馆，先与奸宿，无几时即入拐匪之手矣。

自成都、重庆而下，直至黄州，中有匪徒出没，交结甚隐秘，且有以拐带妇女为业者，亦复彼此交通。其拐少妇之术，往往令其党之妇女，骑驴游弋村落间，见有乡妇骑驴出者，其夫若从于后，则故策驴令旁乡妇驴以行，遂与乡妇互通名居，佯与殷勤，而阴策驴令行渐速，乡妇不觉亦速，则已与其夫隔远。如是数转，乡妇路迷急遽，则慰之曰："勿恐，前途有吾亲串家，可往小憩。若旰，即可宿。"遂引至匪所。入门，此妇即他匿，室皆男子。乡妇见状，必号哭，则令人捽而痛挞之，且告之曰："汝已入吾阱，不从即死。"以绝其念。因使其党污之，名曰灭耻。妇人既被恐喝，又失身于人，则心渐灰矣。因令他匪伪为受主者，向匪家购以为妾，而好言问其自来。妇人必泣诉其冤苦，乃伪为不忍者，而退诸匪家，则又痛挞之。徐察其果无变态，乃又使一匪购之，问如前。如再言，再挞之。如是三四，最后愈惨酷，直俟其不敢复言，始令人携至市镇卖之，故绝鲜破案者。

其被拐者直接之害有二。一戕贼肢体。肢体为人所同具，而被拐之幼孩，则肢体辄多戕贼。其横受鞭笞刀锯以死者无论矣，如毁伤面目，刖割手足，为玩物敛钱之具者，随在皆有。所最惨者，或豢养幼孩为侏儒状。法以幼孩纳身入瓮，故出其头，豢养数年，头大身小，遂成侏儒状。或伪饰为人首兽身状。先碎制幼孩肌肤，使之流血不止，即活剥尤羊等皮，紧贴孩身，不久即自粘合，藉以演戏炫人。二剥夺人格。人莫不各有其高贵之人格，而妇孺被掠，则人格亦被剥夺矣。举人生一切应有之权利，既为拐匪所摧尽，而更导之以邪淫，诱之以罪恶也。"

云云。其中摧残儿童，是书又有"江湖匪徒有以采生折割为利诱拐小儿者"，颇详。"其得之也，以强力，以诡计，亦合棍徒骗子而为一人也。"则是"拐匪"之罪恶手段及其性质。原苏州图书馆曾铅印过一本乾隆举人常辉（字衣云）于乾隆三十四年（1769）乔寓苏州富郎中巷时所撰《兰舫笔记》，亦记有拐匪以所残害的"怪人赚钱"事，是知旧日其为害之剧。凡此罪恶，亦可从其隐语获得印证。如例：

蚂蚁王——拐匪总称。

好心老爷——男拐匪。

好心老太——女拐匪。

帮忙人——小拐匪。

一路通——有本事的拐匪。

兔腿——拐匪中的探风报信者。

一盆花——被拐掠的妇女。

抹充——被拐掠的幼女。

雪堆——被拐掠的儿童。

遮得密——谓所被拐掠的妇女貌美。

灶君娘——谓所被拐掠的妇女貌丑。

斩劲——美貌。

有人爱——貌丑。

枯兜——年老者。

鲜花——年轻者。

撑得起——四肢整齐。

开门山——眼睛无病。

交口利——牙齿完整不缺。

盖青天——头不秃。

蜡褐——面皮色黑。

湖水——面皮白皙。

哩塞——聋子。

石支——脸上有雀斑。

漂尾子——跷脚者。

的的——小脚妇女。

稀稀——无足妇女。

蠡的——脸上有麻点。

单照——一只眼睛。

过腔照子——眼睛失明的盲者。

活路——头发不秃。

子鸟——有乳婴的妇女。

东流水——将所拐掠的妇女出卖。

得石头——将所拐掠的儿童出卖。

出口——将所拐掠的妇女、儿童转拐外地。

一口吞——将所拐掠的妇女、儿童卖绝与人。

见世面——将所拐掠的妇女转卖入妓院。

大家胖——将所拐掠的妇女押入妓院，每日同鸨母分劈获利。

罗把——与鸨母所分得的钱。

对手——拐匪同伙或协力者。

过昭关——将所拐掠的妇女由陆路出境。

跑底子——将所拐掠的妇女由水路出境。

拆梯子——拐匪的同伙有人走风或告发。

母舅板脸——拐匪事发后被捕。

反牛口——拐匪事发后反口狡辩抵赖。

探孤儿——法官审案。

棺材钉——定案。

搭贼船——监禁。

医伤腿——罚款。

孝子回心——释放。

拍灰尘——被责打。

吃黄莲——受私刑。

喂恶虎——行贿。

倡夫子——侦探。

打使丐——打屁股。

送波萝——以甜言蜜语诱拐妇女。

齐根起——拐骗妇女得手。

断麻绳——所拐骗到手的妇女重又失去。

送三更——拐匪拐骗妇女后又遭地痞勒索。

踏船头——所拐骗妇女已寻得买主，交结前有地痞勒索。

咬舌头——拐匪中同伙作梗。

装货——拐匪与卖主成交，并送交去所拐掠的妇女儿童。

凡此种种，悉可略知拐匪诸般罪恶行径，是其为患的写照和语证。

再说盗贼的隐语行话。

古来匪盗同流，皆谓之"贼"。历来盗贼作恶手段多种，多以擅长为专行，形成许多类型，各有其隐语行话。一若《清稗类钞》所谓："凡非明火执仗、涂面毁容而攘人财物者，皆谓之贼。然其中正自有别，平时各执一门，不相混杂，且各有师傅也。"所开列盗贼有十五种专行，兹录如下：

其行于陆者有十二：

翻高头，即越墙贼也。不用器具，翻身上墙屋者曰上手把子，犹言本领大也。若下手把子，须有滑条。滑条，竹竿也。

开天窗，即在屋面掀去砖瓦，拍去椽子而下也。

开窑口，即掘壁贼也，又曰开桃源。窑口愈小，本领愈大。有专至稀窑者。稀窑，卧室也，有专至欢喜灯者。欢喜灯，灶室也。

排塞贼，即撬门而入者。

闻窑堂，即白日闯也，有早闯、日闯、黄昏闯之别。

踏早青，即侵晨窃物，亦早闯之流也。

跑灯花，即于薄暮时，出人不意，攫物而逸者，又曰灯花拍过。

吃恰子，即乘主人锁户外出，裂锁而入者。恰子，锁也。

铁算盘，盖役鬼以窃人财物者。其人入门，必先就主家乞茶或水饮之，否则不能算。且必主家自知所贮知数目，始能窃之。

拍花，即以迷药施于行道之人，使其昏迷不醒，攘夺财物也。

收晒郎，即乘人不备，窃其所晒衣物者也。

插手，即剪绺贼也。但用手指者曰清插，用银皮纸者曰浑插。剪绺二字，见于《明会典》。京师谓之小绺，疑是音转之讹。

扒手，乘人之不备而取其随身之财物也，亦作扒弄。

拾帐头，即偷鸡贼也。

对买，即以同形式或同重量之物易人财物者，如混入商店窃买主之手巾包，而易以同式之手巾包，或篮中有钱若干，而易以同重量之砖石等是也。

其行于水者有三：

钻底子，即至船舱中窃物者。底子，船也。

挖腰子，即不上船而以能伸缩之竹竿伸入船窗，钩人衣被者也。

掉包，即在船冒充乘客，乘间而窃物者，亦对买之流也。

凡此，尚非全部贼行，堪称各式各样，名目繁多。其中，上述字下标以点号诸词，即为盗贼黑话。至于各种贼行行径，亦悉可从其各自隐语行话中略见一斑。试看下例：

越墙贼 谓绳梯为"高升"，上房为"登云"，房子为"窑子"，庙宇为"神窑"，厅堂为"窑正"，空屋子为"满窑"，门为"扇子"，已开之门为"江扇子"，门关着为"介扇子"，窗户为"小扇子"，在房上探听人家情况为"上阳"，看家犬为"皮条子"，窥探有无看家犬为"探笆"，以藏毒食物喂食人家的看家犬为"伏笆"，毒榻的看家犬为"拆笆"，潜藏下处久住不走为"常榻"，稍憩即行离去为"短榻"，从门外越墙再入院为"一线进"，夜里行窃为"打鹩鹊"，小村庄为"眼子窝"，同伙于河边望风为"把沟"，师父为"前辈"，吃饭为"堵口子"，贼首为"大掌柜"，获赃后越墙出院为"越鞍子"，匕首为"小包"，高墙为"马"，在墙上为"骑马"，扒墙入宅为"土狗货"，被人追赶为"羞线"，窃获而未销出之赃物为"得"，不及逃远而藏匿为"上窑"，被捕获为"落钩"，被捉而遭吊打为"开鞭"，等等。

掘壁贼 谓掘壁为"开窑口"或"开桃源"，掘隧道而入为"相挖"，独自行窃为"单滚"，结伙行窃为"带档"，下手掘壁为"打腰子"，事先探路为"买路"，因墙壁坚固而用水浸松为"探水路"，掘壁而入内室为"探院"，师父为"贤良"，同伙为"大枣木"，被窃者为"失匹生"，小便为"插香"，大便为"撒条子"，瓦房为"岗窑子"，草房为"草鞍子"，衣物为"皮子"，包裹为"老娘"，路遇同伙而结伴行窃为"行捻"，墙上挖洞为"画圈子"，单独扒墙为"干扒虎"，入院拆房为"坐井子"，天黑不见人为"掩码子"，月夜为"亮子高"，大风天行窃为"白土扛"，行窃遇雨为"浏"，落雪为"飘花"，在墙上为"偏马"，人顶人上墙为"二起楼"，开大门为"放扇子"，走路为"踮希"，筷子为"桥"，因所窃之物不便携而以绳捆之为"号上"，吃东西为"摄着"，捕役为"灰象"，被捕为"得了"，被拘押为"上学"，监狱为"大院子"，等等。

劫路贼　谓以械殴打恐吓路上客商而劫财物为"过山礼"，在途断路为"恰线"，石头为"老大"，劫得赃物为"买下来了"，贼首为"杆子"或"领杆的"，同伙为"线上的"，野外无人之所为"漫荒"，速逃为"风不顺"，官兵多为"风不正"，捕役为"当子"，井为"深坑"，马为"疯子"，锁为"葛子"，钥为"把子"，鞋为"跐子"，衣服为"臭叶子"，钱为"宣水子"，钞票为"花叶子"，烟袋为"薰杆"，寺庙为"古子"，香烟为"蒲头扛"，有银子为"露白"，有银子藏着为"不露"，有钱为"有水"，无钱为"无鱼"，慢行等候同伙为"幌着"，铃为"幌子"，木棍为"腰帆子"，棉被为"关公挑"，桥梁为"罗锅腰子"，猫为"跳"，驴为"鬼子"，叫驴为"套"，小牛为"小尖子"，老牛为"大尖子"，牛为"粗"，鹅为"长脖"，猪为"大耳朵"，鱼为"顶浪子"，鸡为"伸头子"，鸭子为"罗郭"，虎为"海嘴子"，龙为"海条子"，行路为"踏线"，木把为"锯子"，犁为"分土"，锲子为"汗鳖"，酒茶、茶杯为"老和尚撞"，套裤为"蹬空"，树林为"彰子"，撩人为"龀"，分赃后于附近睡觉为"蒯蒯"，等等。

闯窑堂　谓日间入室行窃为"白日闯"，早上入室行窃为"露水闯"，趁黄昏入室行窃为"打灯花"，日间窃过而逃为"黑云蔽日"，晨间窃得为"露水揩干"，晨间未窃得为"冷露"，黄昏窃得而逃为"灯花拍遇"，黄昏未窃得为"灯花正开"，人多而不得下手行窃为"蛇皮太急"，破锁行窃为"吃恰子"，自鸣钟为

"老和尚敲"，蜡台为"火烧宝塔"，香炉为"熏兜子"，砂壶为"木壶"，镜屏为"遮春风"，书画为"片票子"，对联为"双票子"，茶盘为"荷叶"，茶杯为"莲蓬"，水烟袋为"熏火腿"，锁为"红笋"，钥为"开关"，保险灯为"代日月"，鸟为"飞空"，鸟笼为"飞空窠"，茶壶为"青壶"，酒壶为"山壶"，花瓶为"供香"，镜子为"手照"，穿衣镜为"亮方"，衣架为"披架"，帽架为"搁顶公"，篦子为"抿子"，大梳子为"把老"，剪刀为"绞儿"，棉袍为"暖罐"，裤子为"岔枝"，背心为"靠衫"，帐子为"撑老"，帽子为"顶元"，衣服为"套皮子"，海青长衫为"长皮"，布衣服为"硬皮"，绸缎衣服为"软皮"，裙子为"八幅"，鞋子为"踢尖"，孝服为"风雨飘"，方巾为"顶侧"，席子为"卷血铺"，镬子为"铁帽"，铜壶为"提令"，升斗为"指日高"，痰盂为"矢兜子"，狗为"露筋子"，妇女坐着为"观音"，有小孩子为"凤凰蛋"，等等。

收晒郎　谓晾晒的衣物为"天表"，用凉竿挑晾晒物为"戳天表"，粗布衣为"稀皮子"，绸锻衣物为"玻璃皮子"，布衫为"决林"，裤子为"叉老"，裙子为"栏杆"，鞋为"立地"，帽子为"顶天"，网巾为"拍首"，袜子为"笔管踢"，靴子为"登老"，绸绢为"板细公"，布为"稀公"，绫缎为"撒帐"，绵绸为"细纸"，丝绵为"领毛"，带子为"飘叶"，包袱为"赠帖"，被头为"暮林"，帐子为"网儿"，孝服为"顶雪皮子"，孝巾为"顶雪"，方巾为"侧脑"，妇女帽子为"昭君兜"，袍子为"大篷子"，马褂为"四脚子"，马甲为"穿心子"，套裤为"双井子"衣服有补缀者为"袈裟皮子"，僧帽为"顶元"，钱搭子为"对口子"，好衣服为"皮子坚洁"，衣服不好为"皮子污糟"，等等。

剪绺贼　谓剪绺为"裁皮"，剪绺贼总称"插手"，迎风窃取人囊中之物为"兜风"，跟随行窃为"顺风送"，贼首为"大发家"，贼行刑戒为"道规"，教授行窃技术为"传子孙"，小剪绺将赃物向贼首交验然后分劈为"看操"，向贼首报到为"画卯"，纠集同伙为"合码子"，剪绺在手中所藏用以割人表练的剃刀为"弯耳朵"，剪绺所用利刀为"青铜子"（案：系以白铜钱磨制，薄而锋利），五只手指为"五将军"，以手护囊为"五将军看门"，以手中所藏微型小刀割破人衣袋行窃为"开天窗"，用康熙钱磨制的微型小刀为"康熙皇"（案：开天窗用），要同伙与被窃对象并排行走以掩护其下手行窃为"打短壁"，要同伙故意猛撞被窃对象以便乘机下手行窃为"告一状"，冒险行窃者为"牛金星"，乘船借拥挤行窃为"摆泊"，在火车或电车上行窃为"轧轮子"，富人为"横子"，穷人为"水切通"，老人为"苍通"，儿童为"尖通"，乡下种田人为"棋盘生"，外地人为"强头生"，本地人为"原头生"，蠢人为"木寸通"，小贩为"不将人"，工人为"衍身"，光棍为"滑生"，妇女为"马生"，绸缎衣服或穿绸缎衣服者为"柔皮子"，布衣服或穿布衣服者为"糙皮子"，拟下手行窃为"哈风"，正在行窃之中为"困风"，行窃得手为"困着"，被窃对象已有察觉为"透风"。钱袋为"把套"，钞票为"兴蒿子"，洋钿为"倭饼"，银元为"银爬子"，铜元为"铜爬子"，铜钱为"中空子"，所窃钱物为同伙所用而他日加倍偿还为"顶饭盘"，等等。

扒手　谓专门行窃微贱之物的扒手为"赶白集"，偷高粱叶为"得来发票"，偷锅为"温恪子"，偷南瓜为"牵黄狗"，谷穗为"毛虫"，偷谷穗为"捉毛虫"，偷秫秸为"请大香"，偷鲜豆角为"摄青虫",偷地瓜为"起骨",偷木棒为"请神"黄豆芽为"金钩毛儿细",菜豆芽为"银钩毛儿细",偷羊为"吊白鱼",恰好为"凑巧",偷窃得手为"发利市",得钱吃东西为"敏指子",等等。

偷鸡贼 谓偷鸡贼为"拾碾头",鸡为"毛桃",早上偷鸡为"踏早青",傍晚偷鸡为"跑灯花",午间偷鸡为"打槐荫",坟墓为"塚子",篱笆为"遮子",树林子为"影子",桥为"水带子",石头为"土骨子",被窃者住宅为"佛窑",门前为"窑扇前",门前有男人不便下手为"弥勒看门",门前有女人为"观音落坐",人多不便下手行窃为"使不下来",一人单独行窃为"步捻",小便为"摆浏(柳)子",狗为"皮子",狗咬为"皮子炸了",手为"一把抓",脚为"巧奇念",偷鸡为"打黄莺",偷鹅为"捉夫不",偷鸭为"洗滑匙",等等。

对买贼 对买贼行中谓这种行窃手段为"搬",出门行窃为"开差",混迹于店铺之中行窃为"吉买"。因其大都活动于各种店铺、商行,因而其隐语行话中以各类店铺为主,如例:谓店为"朝阳",皮货店为"叶子朝阳"。衣店为"皮子朝阳",布店为"稀朝阳",药店为"燶火朝阳",郎中店为"回生朝阳",南货店为"计(针)钹朝阳",杂货店为"推恳朝阳",蜡烛店为"红耀朝阳",染坊店为"悲丝朝阳",鞋店为"踢土朝阳",袜子店为"签筒朝阳",靴子店为"鱼皮朝阳",饭店为"燶章朝阳",酒店为"山朝阳",肉店为"流官朝阳",面店为"千条朝阳",烟店为"薰道朝阳",香店为"清远朝阳",米店为"碾朝阳",伞店为"隔津朝阳",豆腐店为"水到朝阳",书店为"册子朝阳",扇子店为"半月朝阳",纸头店为"方皮朝阳",帽店为"顶公朝阳"，玉器店为"山根朝阳"，古董店为"陈旧朝阳"，等等。

水面贼　谓潜伏水中乘船经过则浮出行窃者为"水活鹭"，潜入船舱中行窃为"钻底子"，以竹竿伸入舱中钩人衣物为"挖腰子"，于船上乘乱行窃为"掉包"，攀住船舷为"搭凉棚"，船为"瓢子"，上船为"登瓢"，船篙为"瓢撑"，船舵为"瓢把子"，橹为"瓢平子"，楫为"翼平子"，船尾为"瓢楞"，船头为"开导子"，江为"襟三"，海为"无边子"，湖为"纳细"，水为"龙转"，水深为"无底公"，水浅为"溃溃"，桥为"撑江"，芦苇为"遮岸"，鱼箔为"水带"，天为"轻清"，太阳为"长恒满"，月亮为"秋倍明"，风为"斗色子"，雾为"满天子"，落雨为"摆干"，星为"点辰"，云为"掩太阳"，雪为"出六"，落雪为"摆飞"，天晴为"爽气"，聪明为"啧啧"，呆笨为"污"，没入水底为"钻海底"，浮出水面换气为"斗舌"，等等。

凡此种种盗贼隐语，悉可印证其犯罪手段。其中，颇有一些手段连同隐语行话一起至今仍流行于当代盗窃团伙之中。而所用隐语，一部分是以往江湖各行通用，一些则属当行独有。凡盗贼独有之隐语，尤具其当行特点，悉为当行犯罪之语证。

现在则说说乞丐的隐语行话。

世界上最复杂、最能藏污纳垢的社会群体，莫过于乞丐。《列子·黄帝》载："自此之后，范氏门徒路遇乞儿马医，弗敢辱也。"是知中国先秦已有乞丐一行，而且行乞中人亦并非皆寻常之辈。又如《孟子·告子上》："蹴尔而与之，乞人不屑也。"是身为乞丐者亦并非尽诺诺之流。相传有人曾为某地乞丐群居的花

子院送联语云："虽非作宦经商客，却是藏龙卧虎堂。"正道出了
这一情形。

　　据说，在旧日，"各县有管理乞丐之人，曰丐头，非公役而
颇类似之，本地之丐，外来之丐，皆为所管理。出一葫芦式之
纸，给商店，使揭于门，曰罩门。罩门所在，群丐不至。其文有
'一应兄弟不准滋扰'字样，或无文字而仅有符号。商店既揭此
纸，丐见之，即望然而去。盖商店所出之钱，即交丐头，由丐头
钱分于诸丐。……京师丐头，向分蓝杆子、黄杆子两种。蓝杆子
者，辖治普通之丐；黄杆子者，辖治宗室八旗中之丐也。盖自入
关以来，旗人向不事生计，而宗室中亦有游手好闲之徒，余威未
杀，市井横行，故其党魁黄杆子一席，必以属之位尊势厚桀骜不
驯之王公贝勒"（《清稗类钞》）云云。是知乞丐亦有其行帮组
织，并非尽散沙乌合者流。相传当年伍子胥过昭关一夜愁白须
发，俟至吴都苏州，已身无分文，则只好在城中流浪，吹箫乞
食，而后发迹。因此，苏州的乞丐即奉伍子胥为其行帮祖师爷，
是其信仰习俗。

　　历来乞丐中人，因各自出身、经历、遭遇及专长不同，行乞
亦各尽所能，名目迭出。试看《清稗类钞·乞丐类》所辑的有关
乞丐种类的记述：

　　　　丐之种类，有可得而言者，而以持棒挈钵、蹒跚踯躅于
　　市巷者为最多，沿路膝行磕头者次之，大声疾呼者又次之。
　　此外则各守其习，不能任意变更。其口号有东项、西项、红
　　项、白项之分。盖硬讨者属于红项，哀乞者属于白项；而东
　　项、西项则未得其详。

商店、人家之有庆吊事也，乞丐例有封赏可得，上海亦然，分疆立界，各有门户，两不相犯。凡在其界中者，不论庆吊之为何事，皆有所获，其数视门户之大小以定多寡。即迎婚、出殡，所用夫役，亦皆由丐承充，得佣资焉。

专走江湖之丐，岁或一二至，至则索钱于丐头，亦有自乞于商店、人家者。

挟技之丐，亦或游行江湖，不专在一地。一唱，或不规则之戏曲，或道情，或山歌，或莲花落。一戏碗，以碗置于额，或鼻端或指尖而旋转之。一吞刀，置刀于口而吞之。一吞铁丸，自口吞入，于他处出之。一弄蛇，以蛇塞鼻中，使自口出。

劳力之丐，一为各种苦力之助手，一曳车上桥，一为人运送行李。

残疾之丐，一以微毒伤身者，耳目口鼻均仅一小孔。一瞽者，一跛者，一烂腿者。更有手足合一，皆在其头之旁，旋转于地，盖采生折割之凶徒所为，迫使行乞以获利者也。

诡托之丐，一诡言避灾出外者，一诡言投亲不遇流落他乡者，一诡言父母有病者，一诡言自身有病者，甚至残手缺足、烂鼻削唇，穷极地狱之变相，而实以猪血或烛泪贴以膏药也，一诡言家有死尸待殓者。

强索之丐，一徒流之罪人，方赴配所，所经城市乡镇，例得求乞者。一乞钱不与，则出刀自割，或额或颊以流血吓人者。

卖物之丐，物为耳刷，用以剔耳垢，一名扒耳。又有所谓消息子者，虽亦为小贩之一，而丐头得约束之，故亦可呼之日丐。

如上所言，皆男丐，所索者为钱，与以残羹冷炙或不受。

至若女丐，则土著为多，间有走江湖者。无挟技者，无劳力者，无强索者，无卖物者。类皆贫乏不能自存之人，亦间有残疾或诡托者。

其为男女丐之所同为之者，如送香火、拂尘是也。送香火者，以来庙中余香蕐火，逐车送人以易一钱。人因吸烟之便，辄施舍当十钱一枚，合制钱二枚也。长幼均有之。京师多积尘，大道尤甚，驱车过之，虽无风，为轮所碾，衣履满矣。时有乞丐行道周，手一帚，见车过，辄为客拂之。所乞者当十钱一枚而已，长幼皆为之，此与欧洲乞丐之为人拭履者相类也。

凡此，略见旧日乞丐行帮诸世象之一斑。丐帮作为一种变态的社会群体，亦有其特定的语俗，如隐语行话。透过其当行隐语行话，不仅可印证丐帮行事、习惯，尤其更可以深刻透析其行中之污秽、芜杂，实为中国流氓社会的一种缩影。试看其行中一般切口名目：

挂熯——总称乞丐。

碎山——讨饭。

天盖——破麻袋、布，用以作睡觉时的铺盖。

阴堂——神庙。

风凉窨子——凉亭。

火食瘤——风炉。

圆通——砂锅。

寡老——妇女。

钉把——讨钱。

光棍——不愿诬陷他人而一人承担。

子曰——先生。

爷叔——老乞丐；乞丐师傅。

跷辫子——死了。

二气——性情呆冷，不苟言笑。

小腊灯——不识好歹的人。

两开——吃耳光。

揩油——所乞讨来的钱不交丐头，自行留用。

吃生活——受人责打。

琅琅调——遭到训责。

走油——乞讨所获不多。

擦白——美貌。

格档码子——这个人。

借照子——挖眼睛。

卖羊——装腔作势。

三脚猫——有些小聪明的乞丐。

阴损——暗中损害。

打棚——拿人取笑。

发血——有趣。

赣皮——没有钱。

晒白鲞——饿肚子。

拆梢——诈人财物。

写意——快活。

邪气——很多。

吃火腿——遭人踢。

饭桶——无用。

三弗开船——不能出门。

赏西风——冷天走路。

熟小九归——偷不中礼者。

到手凶——欠钱不还而却要赖。

划龙船——赤脚。

凡此，皆可窥其心态。至于各式乞丐，亦多各有本行切口。如例：

顶物行乞　谓顶物求乞为"献天灵"，荡水碗为"荡流星"，以碗、盘置棒上旋转求乞为"团团转"，顶凳子为"献快马"，顶竹竿为"献高升"，顶刀为"献快利"，口中所唱的花子调为"数贫嘴"，给钱的人为"有打磨"，不给钱的为"无打磨"，等等。

作揖行乞　谓作揖求乞为"丢圈党"，追随身后求乞为"赶狗阵"，所用以盛钱的硬纸兜为"金斗"，跟随车后求乞为"赶四脚"，老年人为"吧老"，老妇为"雌吧老"，少妇为"洋毛"，儿童为"狗子"，等等。

托神行乞　谓佯言有神灵保护而向人求乞者为"童子党"，向人家送纸人求乞为"送子"，纸人为"天赐"，几人结伙敲锣鼓逐户唱歌求乞为"响送"，单人行乞为"冷送"，行乞为"挑黄"，口中唱歌为"说利市"，住户为"椿子"，施舍者为"椿头"，等等。

书写情节行乞　谓书写情节求乞为"磨街党"，将所书写的情节挂在胸前、背后为"挂皇榜"，手持所书情节求乞为"提摇牌"，向路人介绍情节求乞为"背神咒"，把有关情节写于墙角地上为"涂粉子"，所书情节为"家乘"，伏身地上为"磨街口"，等等。

唱曲行乞　谓唱曲求乞为"唱响子"，小锣为"响子"，锣板为"敲响板"，所唱曲子为"片子"，行乞为"挨房檐"，乡村为"狗窝子"，店家为"高铺子"，掌柜的为"铺头子"，等等。

送字行乞　谓送字求乞者为"飘叶子"，送对联为"飘龙门"，送春联为"飘宜春"，送字给识字者为"同派"，送字给不识字者为"对石牛"，送字给人不接受为"打退鼓"，笔为"洒花"，纸为"叶子"，墨为"寸金"，等等。

改相行乞　谓伪装斯文者落难求乞为"沐猴"，将手足化装成脓疮烂霉行乞为"献苦肉"，伪装盲人求乞为"过锋照子"，伪装病容求乞为"描黄"，伪装哑人求乞为"画指"，改装为"描容"，等等。

瘫子行乞　谓瘫叫花子为"披街"，在地上滚行乞为"地黄牛"，以手代足为"踏定胜"，坐车行乞为"推羊角"，手足全无为"东瓜"，满身疮痍为"金钱豹"，拄杖行乞为"拐仙"，行乞为"迎地藏"，讨钱篮子为"聚宝"，等等。

哭诉行乞　谓以哭诉苦情行乞为"诉冤党"，哭为"双口犬"，于地上书写情节哭诉求乞为"告地藏"，书写情节于纸为"苦册"，将苦册铺地为"递苦册"，假言夫死或妻丧为"打单子"，老年乞丐伪称生病横卧地上求乞为"老磨苦"，小孩随母号哭求乞为"小磨苦"，等等。

戴孝行乞　谓伪称因丧亡父母求乞为"丧门党"，丧父为"失上"，丧母为"失下"，伪称棺木无着为"等外套"，伪称无入殓衣物为"等包身"，伪称无力出殡为"等水头"，同伙为"打边鼓"，讨得银钱为"搋水头"，被人识破为"走潮"，逃走为"退朝"，等等。

手本行乞　谓持手本求乞为"古相"，手本为"相板"，流犯为"佘来板"，假称保镖者为"武相夫"，上门乞钱为"拜客"，伪称文人为"文相夫"，伪称逃难遭灾为"寻伴子"，在纸上书写字谜行乞为"扯签经"，硬要钱为"挣把子"，等等。

捉蛇行乞　谓蛇为"地龙"，捉蛇行乞为"柯地龙"，草药为"线头"，草药篮子为"线头篮"，旱烟管为"压头寸"，捉蛇为"缚带"，坟为"高泥墩"，草泽为"大沟"，蛇洞为"漏子"，蛇窠为"龙庄"，毒蛇为"辣货"，破蛇胆为"取宝"，等等。这是以兜售蛇药为行乞方式的乞丐隐语，而耍蛇行乞乞丐的隐语与之又不同。

耍蛇行乞　谓蛇为"溜头"，以耍蛇方式行乞者为"扯溜"，本身不能捕蛇而租蛇用作行乞物者为"当头"，自己捕的蛇为"本当货"，耍蛇行乞为"献庆隆"，收藏蛇的袋子为"乾坤袋"，向店铺行乞为"挨朝阳"，逐户行乞为"挨门槛"，吃蛇肉为"炖地鳗"，蛇逃走为"溜走"，蛇被弄死为"倒溜"，等等。

耍猴行乞　谓猢狲为"老子"，耍猴乞丐为"耍老子"，锁猴的铁链子为"长命"，喝使猴子叩头为"献桃子"，店铺为"摆式"，人家为"窝子"，乡村为"跑灰堆"，乞得钱物为"有响头"，未乞得钱物为"无响头"，等等。

妇女行乞　谓女乞丐为"观音"，带妇女行乞者为"观音党"，女乞丐带子女者为"送子观音"，行乞为"进香"，施舍者为"南海"，带有老妇者为"伴王母"，出门行乞为"赴蟠桃"，回家为"还洞府"，残汤剩饭为"阿龙"，等等，悉以佛事中名目为隐语，别有趣味而易于记诵。

这些行乞形态，至今大都存在。刘汉太《中国的乞丐群落》[①]一书，采用纪实的方式，揭示了当代社会上的乞丐现象，又可同上述相印证。当代乞丐群落仍然是一个以流氓为主体的黑社会群体，而且其隐语也随其"行乞"方式的发展及社会环境的变迁而不断翻新。例如：拔栓（摸腰包），跪点（长占一处行乞），单条（公共汽车线），双条（铁路干线），挑线（卖血），亮盖（拎兜），天窗（上衣口袋），抹子活儿（以剃须刀片割口行窃），走私（卖淫），吃二馒（敲竹杠），吃巧（倒手赃物），等等。

尚未见有一部中国乞丐史的专书，至为遗憾。如果谁要致力于这一课题的研究，则应更深入剖析一下其行帮的隐语变化历史，将是其中很有意义的视点和方法之一。

如果说民间口碑中已经存在了一部黑社会历史的话，那就是其隐语行话语汇集。几乎所有的罪恶行径，都凝聚在其当行"黑话"之中，都可从中得到翔实的印证。

---

① 刘汉太《中国的乞丐群落》，江苏文艺出版社一九八七年版。

五、社会杂流切口

汉语文化史上的"杂流"，一般有三指，一是未入流的杂职之官，二是不经由正常途径（如科举）补以官位者，三是指士流之外出身者，如《新唐书·曹确传》云："工商杂流，假使技出等夷，正当厚给以财，不可假以官。"这里所谓的"杂流"，则是就一般工商行帮、江湖秘密帮会等隐语行话语俗的主要流行社群而外的一些群体而言的，如僧道、士兵、警察、仵作、侦探、地保、幕宾、衙役、狱卒、保镖等等。

　　秘密语语俗，是社会中下层人群的文化。举凡这种语俗进入一种社会群体，都在于其本身特有的功利性特点，即便于内部交际和沟通同人思想感情。这些"杂流"群体之所以流行有隐语行话，亦不外乎于此。尽管这些群中人不像某些行帮或帮会那样，将学会当行隐语作为吃那碗饭的入门必修课，但毕竟存在这种语俗。既存在这种语俗，则亦必然将其当行行事、制度、习俗、心态等融入隐语行话之中，成为我们考察该行的一个窗口。这些隐语行话，往往能反映出各种人物于现实社会中除其"正面形象"之外的另一个侧面，或当行少数人的不入流的非正规行为及心态。这里仍以清末民初的有关隐语行话为材料，分类辑释，以帮助读者了解一些社会"杂流"中人在世俗社会生活中一种侧面，进而由此认识那个社会的风貌。

　　和尚　佛教是世界主要宗教之一，何时传入中国，历来争持不一，迄今仍无定说。清褚人获《坚瓠续集》卷四"佛入中国"认为："世传汉明帝时，佛始入中国，非也。列子曰：西极之国有化人来，穆王事之，作中天之台，其高千仞。及秦时，沙门室利房等至，始皇以为异，囚之，夜有金人破户以出。又霍去病过焉耆山，得休屠王祭天金人。以是考之，周秦西汉，佛化流中国久矣。"这是历来诸说中，把佛教传入中国年代考溯最远的论点之一。

　　早期佛教对教徒戒规极为严格，无论年龄及生活习惯的差异，千篇一律，故多有不近人情之处。随其传播日益广泛，与世俗生活联系益发密切，则对一些教义的理解渐有分歧，流派重出。佛教对中华民族传统文化发生过许多深刻的影响，同时其本身亦难免不接受本地文化的潜在影响。在此意义上说，中国所流行的佛教，已不是原来的事物，准确些说，当谓之"中国佛教"。

　　佛教的许多人物、教条，化为民间信仰，成了民间文化的有机组成部分。同时，汉籍佛经，亦不断直接或间接地吸收了中国语言文化。尽管中国佛教仍颇多清规戒律，而世俗生活中的民间文化对它的冲击、潜在影响每天都在发生、进行。这是因为，佛教的产生、形成及流传是一种社会现象，是以社会的人为本位的。而佛家亦有佛家的习俗惯制，这又与凡人的习俗惯制一样，亦属民间文化范畴。举凡其日常非正式场合下言语交际所用，亦一时口语，不乏民俗语言材料。因而，佛家汉籍经典中，虽掺杂文言，却俗语颇多，如《法苑珠林》，又如《五灯会元》等，而出家入佛门为僧者，上至帝王，下至贫民，成分颇杂，或此即其一些人中使用隐语的机缘吧。如例：谓师父为"前头"，徒弟为"后头"，受戒为"点香"，出门为"开眼界"，念经为"木色菜"，施主为"檀樾"，老年女施主为"孟婆"，敲响板和尚为"凿铜板"，募化和尚为"苦修"，行脚担僧为"硬骨子"，放焰口为"鬼打棚"，妇人为"中堂"，处女为"单条"，香担为"响场"，坐关和尚为"进里门"，死坯为"圣货"，脚为"烧灰"，上当为"受惶"，鱼为"水梭花"，鸡为"穿篱菜"，吃酒为"不算数"，吃肉为"小人家去"，外方人吃僧人之饭为"活无常"，赌为"烧锡箔"，嫖为"东方路上"，等等。凡此，其隐语名目内容除佛门中行事外，尚有诸般为其戒规所不可容忍的世俗事象。又如尼姑隐语，亦然。

尼姑　谓施主为"债主"，和尚为"外公"，法事为"响头"，募化为"结缘"，外方人吃尼姑饭为"十二方鬼"，情人为"好人"，尼僧守清规为"孤蒲团"，尼僧不守清规为"玉蒲团"，后门为"福洞"，与和尚定情为"收礼"，受孕为"中"，私生子为"状元公"，等等。

道士　道教是道地土生土长的中国宗教。其宗教思想体系颇为庞杂，源于先秦道家而又承袭了古代巫术、神仙方术，尔后又糅合了一些儒家及佛教的理论及教规、仪式。

正因其滋生于中华民族传统文化之中，因而其本身从来即是传统文化的当然成分之一。道教信奉的以"玉皇大帝"为首的众班神仙，大者化为了民间信仰。而且，又因道教经典本即出自汉语，加之通俗易懂，其《太上感应篇》《文昌帝君阴骘文》等所宣扬的天人感应、因果报应等思想，早即渗透于民俗心理之中，对民间文化影响颇深。民间供奉的财神、福禄寿三仙及腊日祭灶等信仰习俗。无不与道教信仰密切相关。又如《水浒传》中一百另八位梁山好汉用以排座次的三十六天罡、七十二地煞，均为道家信奉的星神。

由于道教本即生长于汉语言文化环境之中，又与民间社会生活密切地联系在一起，或此即其接受民间文化影响，乃至隐语行话语俗的根本机缘和"先天性"条件吧。据所见材料，道士中隐语行话颇多。如：谓道士为"顺子"，法师为"法蠹"，香火为"熏天"，敲木鱼为"丁火子"，大锣为"划四维"，小锣为"勾四维"，敲为"丁"，大钹为"翁大"，小钹为"勾翁大"，小为"勾"，飞钹为"面带"，中钱为"小闹"，云锣为"云四维"，笛子为"镉老"，笙为"披老"，箫为"摸洞"，胡琴为"贰扯"，提琴为"手响"，琵琶为"白虱"，弦子为"川条"，印磬为"瓜子"，小木鱼为"勾火子"，磬为"青七张"，云钟为"西瓜"，云板为"方云"，锣鼓套为"帐子"，大铜鼓为"双飞"，催鼓为"单飞"，檀板为"掮老"，笏为"朝板"，盖经忏用帕子为"经盖"，大木鱼为"发水"，云磬为"云条"，拜忏为"扦"，念经为"荒"，吹为"作"，写为"触"，疏头为"索线"，榜为"玉告"，对子为"双飞"，忏堂悬挂物总称"端严"，轴子为"轴了贰"，倒垂的帐幕为"欢门"，香炉为"朝奏"，蜡烛台为"朝天"，纸模为"轳司"，桌帏为"掌空"，净水钟为"仰口"，手提香炉为"云记"，宝剑为"斩妖"，旗为"招风"，鞭为"麻条"，灵牌为"响火"，幡为"招魂"，小灵牌为"勾响火"，香担为"挑"，法师穿的靴子为"法关"，法师戴的帽子为"法冠"，法师靴帽总称"头脚一套"，扇子为"摆风"，香为"河泥"，灯为"路照"，神主为"驻魂"，喜神为"欢观"，挽联为"白票"，孝堂为"白宫"，哭为"号淘"，笑为"守"，座台为"如在"，死人为"抄天"，起座头及上家堂为"出蓊"，高佛为"南无"，上饭为"奏食"，接眚为"劈大"，接时辰为"迎銮"，铺灯为"破荧"，结箓为"结龙"，做法事为"任果"，施食为"解缘"，大为"滑"，保太平为"了结"，散花解结为"了冤"，做完道场的大拜送为"拨"，东方为"七起"，南方为"三起"，北方为"五起"，算账为"圈起"，意外的赠送为"外货"，钞票为"票了式"，大洋钿为"霸王"，角子为"屋根"，铜钱为"九另"，吃饭为"齐笃落"，吃酒为"齐酱"，吃蔬菜总称"齐索"，吃肉为"齐昌"，鱼为"五面观麟"，鸡为"全斗"，粥为"五雷"，点心为"占水"，吃为"齐"，快为"风"，面为"丁回"，米为"大字"，茶为"草头"，烟为"流"，香烟为"熏流利用"，水烟为"青流利用"，敷衍了事为"小落"，做一日的功德为"一太阳"，做两日的功德为"牌太阳"，做三日的功德为"穿太阳"，做四十九日的功德为"永了郎太阳"，男主人为"账官"，女主人为"罗车"，人家为"天尊"，好为"簇"，不好为"烂"，老年人为"考考"，妇人为"流宫"，小孩为"苟西"，老妇为"敲破流"，蒲墩为"摆底"，蜡烛为"五烂"，等等。又有数字隐语若干，一为"人"，二为"利"，三为"西"，四为"底"，五为"圆"，六为"隆"，七为"青"，八为"昌"，九为"湾"，十为"人式"，等。

旧时社会上做法事风习盛行多年，而民间至道观供香也是由来已久的信仰习俗。藉此，道家则与世俗社会频频发生直接交往联系，上述诸隐语名目所及内容，悉以道士职业性的日常行事、规制为本。事实上，其隐语行话的本身，即是道士与世俗社会活动发生密切关系而用以维系本身利益的结果。

保镖　是旧时受雇于人以保护其人身或财物安全的武艺人，又称"镖师"或"镖客"。清高士奇《天禄识余》卷下《马头镖客》载："临清为天下水马（码）头，南宫为旱马头，镖客所集。"又如清文康小说《儿女英雄传》第三回写道："这人姓褚，人称他是褚一官。他是一个保镖的。"褚一官即"镖客"。

旧时各大都市、商埠，多设有营业性质的"镖局"或"镖行"，专事为雇主选派镖师作护卫。镖师即以保镖收入为生计，镖局则从中抽头为利。常见有行程保镖和住宅保镖两种，各有隐语行话。

行程保镖，即跟随护卫人财，其隐语如：谓镖局为"瓜行"，行程保镖为"向瓜"，主人为"沙"，有盗贼为"风"，自家人为"麻"，镖旗为"招风"，急为"弓皮"，缓为"倦千"，坐为"度堂"，偷看为"马牵"，不识取笑为"破赌"，结交朋友为"固嵌角"，火烧为"献红"，下船为"踏瓢"，骑马为"上背水"，到人家门为"钻窑"，不言为"念旦"，趴灰为"灼炭"，燕好为"溜海"，卖女为"挨斗"，自卖自身为"挨身"，所知不确切为"羊盘"，所知不全为"半亮"，不在行之人为"衍生"，气为"闷东"，恼为"古贵"，腹中饥饿为"西方亮"，饱为"盈腹"，在为"是"，不在为"漂流"，渴为"咬七"，醉为"山透"，等等。

住宅保镖，即雇佣镖师守卫住宅。其隐语如：谓住宅保镖为"坐池子"，有盗贼或对主人不利为"走沙"，报时更为"暗由"，一更为"一暗"，二更为"二暗"（余此类推），紧闭门户为"落扇"，隐伏为"拔盘"，施放暗器为"隐生"，做痒为"按摩"，没脸为"诳盘"，洗澡为"潮龙"，理发为"削青"，剃头匠为"飘生"，卖为"跳"，真货为"实赞"，假货为"符恳"，圆光为"请空"，僧道代缘为"吊浸水"，道士送符为"漂火头"，唱道情的为"边江子"，卖糖的为"跳酣公"，卖香的为"跳烟头"，卖帽子的为"跳顶公"，挖耳垢为"扳"，敲背为"拣尸"，剔脚为"裁皮"，等等。

侦探　中国侦探史源远流长。《史记·淮南衡山列传》："为中诇长安。"《索隐》："孟康曰：'诇音侦，西方人以反间为侦。'"又谓"侦谍"，如《晋书·石勒载记》："昼夜不绝侦谍。"又称"细作"，如《左传·宣公八年》："晋人获秦谍。"晋杜预注："谍，徒协反，间也。今谓之细作。"又谓"间谍"，如《史记·廉颇蔺相如传（附李牧）》："李牧者，赵之北边良将也。常居代雁门，备匈奴……习骑射，谨烽火，多间谍，厚遇战士。""侦探"一词，本指暗中探察，如宋曾巩《本朝政要策》有《侦探》一篇；明何良俊《四友斋丛说·史三》载："余时在南京，日使人侦探，问驾帖曾到否？"另如清蒲松龄《聊斋志异·白秋练》："生把臂哽咽，问：'好事如谐，何处可以相报？'曰：'妾常使人侦探之，谐否无不闻也。'"大约至现代，方以"侦探"作为进行这种行为乃至一行职事的称谓。《清稗类钞·胥吏类·侦探告密之原始》云："国初，大将军祖某抚吴时，凡吴不法者，悉鬻身于其部曲，谓之投旗。既投之后，平日小嫌细忿，以片上之幕府，即率其徒数十，以一银铛锁其人去，非破产不止。同时闻风起者，不可枚举，至有大家闺妇不得意于其夫，亦欲投旗以陷之者。此与近世侦探诬人之风，无或稍异。然妻之控夫，仅于粤省偶一有之。"云云。如此以为"侦探告密之原始",实不允切。而又列属"胥史类",更显不伦不类,名实不符也。

古代中国的"侦探"一行(无论其称谓怎个名目),大都用于军事斗争,或用于内部相互角斗诬陷害人。其正式作为社会治安一行的职事,则出现于现代警察制度的建立之时。作为一种神秘的职事,侦探亦自有当行隐语。如:侦探为"装木榔",侦探的副手为"当手",侦探的其他属下为"蟹脚",警士为"奔犬",兵士为"坐山虎",劫路强盗为"硬爬弟兄",小贼为"码子",江上强盗为"长江弟兄",盗首为"掌盘",大盗为"千七",断路贼为"勇打",偷鸡贼为"偷毛桃",剪绺贼为"裁皮",人贩子为"贩货式",私烟间为"燕子窝",台基为"咸肉庄",摇滩(押宝)为"溜球",牌九或麻雀总会为"叶子",过犯为"单面照会",敲竹杠的说客为"接头",作案者向官方报讯作内应为"扒灰",缉获贼匪为"拾来",搜检盗贼身边赃物为"洗山头",用铁链捆绑盗贼为"带线",上手梏为"带手镯",上脚镣为"带脚镯",吊打为"开天眼",以酷刑逼讯赃物及其同伙为"做一做",吊赃为"耍猴子",盗贼中途逃脱为"脱枪",盗贼拒捕为"行见礼",击毙为"西方路上",击伤为"见红",被盗贼打死为"失匹",被盗贼所击伤为"失风",初次犯案被捉的盗贼为"头班",屡犯被捉之盗为"老班头",捉的嫌疑犯为"考相公",捉的盗贼身材高大为"大生活",捉的盗贼身材短小为"小家伙",捉的是年老之盗为"老苍",捉的是年幼之盗为"毛坯",捉的是女盗为"义儿",小便为"摆金",大便为"堆香",吃酒为"红脸",吃饭为"上山",吃菜为"饮苦水",吃点心为"充燠",吸鸦片烟为"吹横箫",鸦片为"黑老",吸香烟为"熏条子"，老酒为"红老"，饭为"粒子"，茶为"孟婆"，铜钱为"血"，分拆梢所得之钱为"劈血"，拆梢所得之钱仍被折去为"呕血"，防止被拆梢者报复为"恶血"，拆梢为"戳血"，钱多为"血旺"，没钱为"干血"，有钱为"活血"，拷打杠为"扯抬子"，以拷打讨价还价为"讲斤头"，谋算得人财物为"转念头"，寺院主持和尚为"模尔把"，二八处女为"尖溜子"，出家道士为"牛鼻子"，开店的商人为"朝阳码子"，店铺伙计为"柜头狮子"，不识好歹者为"羊头"，妇人为"角老"，老人为"老楦"，小人为"小瘪蛋"，人为"末老"，嘴巴为"吃风"，水为"浆子"，喝水为"上泉子"，雾为"障子"，落雨为"洒津子"，布袋为"筒子"，灯为"土老爷"，放火为"光子"，当兵的为"红鞑哥"，半为"豆子"，狗吠为"皮条燆了"，盗不能抵为"风大了"，扇子为"摇风"，盗墓贼为"扒地瓜"，石头为"老大"，砖头为"老二"，溪沟的小石为"点子"，船为"漂子"，轮船为"飞漂"，车为"轮子"，火车为"飞轮"，牛为"摆子"，马为"高头大"，狗为"露筋子"，驴为"条子"，事主为"财神"，小事主为"肉蛋"，工役为"肉皮"，睡觉为"塌下"，往那去为"卡那里"，小手枪为"围腚热"，刀为"片子"，领赏为"上清"，冒功为"遮黑"，写信为"打单"，谓强盗绑架人质为"拉生"，向贼盗、乞丐要钱为"收行水"，观察事态情况为"拔苗头"，骑乘为"押着"，军探为"巡犬"，钱银为"东风"，盗匪总称"大汉"，贼总称"小汉"，党人为"财生"，贩烟上为"黑老"，破获为"出公"，帽子为"顶壳"，短衫为"臁血"，背心为"三眼"，鞋为"铁头"，当票为"孝头"，用光为"唱难黄"，上当为"摆"，打为"开"，人帮人为"进介门"，死胚为"终八生",看人为"照相",拷打为"对球",吃官司为"上香港",到衙门去为"进高门",跟踪为"钉梢",拿自己人东西为"摆对老",隐藏为"避风头",暗中害人为"拔短梯",打火机为"三光",香烟为"熏条",等等。

凡此,透过这些隐语名目,不难想象出当时侦探们的日常行径。其隐语行话,多掺杂有江湖匪盗等黑社会中语,有些或即由之转来,是相互打交道频仍而隐语则亦互通,不特"官匪一家"也。

士兵　在汉语古文字中,"兵"乃兵器。自军队出现,即有士兵,既是军中人数最多的成分,又是其最下层的群体。透过民初士兵切口,即可窥其一代形象及心态。如:谓士兵为"塞通",私逃为"小差",兵目为"汗八",老百姓为"比儿",死胚为"未知生",蠢人为"高于岑楼",闯将为"匹马横行",打仗为"开火",军官为"老大",打胜仗为"夺着",打败仗为"让地皮",绝粮为"在陈",劫掠为"扫边",杀人为"做",喝酒为"红脸",吃饭为"上山",和尚为"磨刀石",大炮为"轰隆",洋枪为"腿子",刺刀为"燕尾",手枪为"喷管",等等。凡此,悉见一代"兵痞"之众生相。

警察　唐代白居易《除军使邠宁节度使制》中"夙夜警巡,不懈于位"之"警巡",不是职官,乃指"警卫巡视"。至辽、金、元时皆于京师设置警巡院,有警巡使、副使、判官等职官,执掌平理狱讼、警巡检稽之事,虽与近代警察职事相近,然而亦非现代意义上的"警察"。现代警察是以维护、保障社会治安的武装力量,和专政工具,属国家机器之一。这种基本性质,在民初的警察隐语行话中,亦可得的印证。如:谓警士为"看街",执行公事勤务为"出差",警棍为"横子",口号为"令子",询问为"探底"，小偷为"插子"，抢案为"大岔子"，私勒规费为"寻把"，向赌徒索贿为"敲硬牌"，等等。

仵作　旧谓验尸官，今由法医司其职事。古代，仵作是以检验死伤、代人殓葬为业者。宋郑克《折狱龟鉴》载："有人行商回，见妻为人杀而失其首，不胜捶楚。自诬杀妻，府从事独疑之。乃追封内仵作行人，今供近日异人安厝去处。"据此，清梁章钜称："仵作，宋已有之。"又宋廉布《清尊录·大桶张氏》："郑（三）以送丧为业，世所谓仵作行者也。"是当时仵作的又一种职事。至清末民初，仵作已专为验尸之职。这一点，从其当行隐语行话悉可印证。如：谓案子为"有生活"，死尸为"挺身"，溺毙为"冷川"，缢毙为"条川"，勒毙为"揖川"，砍毙为"金川"，殴毙为"杀川"，头为"露顶"，耳为"搋风"，目为"电子"，腮为"巴子"，鼻为"弹面"，口为"樱桃"，颈为"纽头"，肩为"千斤"，臂为"断藕"，手为"芭掌"，指为"戳棘"，胸为"硬壳"，腹为"水鼓"，阴囊为"皱皮"，阳物为"挺子"，阴物为"巧角"，腿为"琵琶"，小腿为"川条"，脚为"揭地"，无伤为"无故"，男尸为"挺东"，女尸为"挺西"，去乡村验尸为"探狗窝"，在城市验尸为"望曲园"，等等。可知此际，仵作已非民间殓尸者，而专为衙门中的一种雇员。

狱卒　狱卒旧谓"牢子"，专事看押管理在监案犯的吏役。旧日监狱中既有好人罹难其中，亦有匪盗等犯，一向是社会中的藏污纳垢黑暗之所。这些，亦可从其当行隐语行话名目中窥得语证。如：狱卒总称"毛捕头"，多年监禁的囚犯谙熟个中黑幕又不愿出去者为"龙头"即犯人头子，新入狱者向狱卒行贿为"通监"，新入狱者向犯人头子行贿为"铺监"，将四肢捆绑在一起为

"吃馄饨"，用热油喷射囚犯脸为"洒仙霞"，用烧红的铁钳刺人两股部为"薰腿筒"，剥光衣服卧窄床为"肉下面"，掌颊（打嘴巴）为"吃烧饼"，用细竹鞭抽背为"笋丝烧肉"，用铜丝若干系以铜钱烧红掷身为"撒金钱"，锁在尿坑里为"看金鲫鱼"，吃饭时不给犯人打开手铐为"练手劲"，在犯人前胸加锁挺棍为"拍胸膛"，夜里不给被褥为"朗筋骨"，用皮条抽身为"吃胶"，不给饭吃为"净肚"，探监为"望仙子"，在牢中散步为"游花园"，监狱为"白帝城"，入狱为"进城"，狱官为"城隍"，看守警士为"木人头"，外监为"外省"，内监为"本府"，将处决囚犯为"升上"，即将释放为"高飞"，闹饭为"闹禁肚"，尅扣囚粮为"省口"，等等。

凡此，旧日监狱中黑暗，历历在目，一览无余。

衙役　即旧时衙门里的差役。如《儒林外史》第五回："忙唤了几个心腹的衙役进来商议"。衙役如虎狼，仗势横行作歹，为当时社会一患，这也可从其当行隐语名目窥得语证。如例：谓衙役为"近孤通"（案：即衙中官吏身旁之人），皂隶为"友竹"，皂快为"白七通"，捕快为"钩子"，衙役下乡捕人为"出当子"，窃贼为"带过客"，被盗窃事主为"失主"，贼盗至外埠公干时投帖当地差役头目为"挂号"，差役关照外地挂号的贼盗、帮匪为"衬底"，盗匪与差役勾通为"杠风"，至码头挂号报到为"混码头"，混码头者犯案而能不破为"坑风"，枷为"豆腐干"，带枷示众为"猴子戏"，限期破案为"堂比"，小流氓代人受责为"坍豆腐"，大盗属下的小盗为"边风子"，迫于失主势壮而必须破案则由捕役与贼商由小盗至堂了案为"憨皮垫子"，死坯为"揭白留真"，铁链为"捆仙绳"，手梏为"杓头"，脚镣为"步线", 等等。官匪勾通, 百姓遭难。

讼棍 讼棍即旧时专以代行或帮人打官司诉讼之人, 往往从中作祟, 渔利为害冤主, 故谓之"棍"。《清稗类钞·狱讼类》载: "讼师之性质, 与律师略同, 然在专制时代, 大干例禁, 故业是者十九失败。光绪时, 某邑有宿守仁者, 讼师也, 善刀笔, 一生无蹶蹶, 尝语人曰:'刀笔可为, 但须有三不管耳。一、无理不管。理者, 讼之元气, 理不胜而讼终吉者未之前闻; 二、命案不管。命案之理由, 多隐秘繁赜, 恒在常情推测之外, 死者果冤, 理无不报, 死者不屈, 而我使生者抵偿, 此结怨之道也; 三、积年健讼者为讼油子, 讼油子不管。彼既久称健讼, 不得直而乞援于我, 其无理可知, 我贪得而助无理, 是自取败也。'"像宿守仁这种讼师, 于当时已难能可贵。至于讼棍, 则不然。"湖南廖某者, 著名讼棍也, 每为人起诉或辩护, 罔弗胜。某孀妇, 年少欲再醮, 虑夫弟之掯阻也, 商之廖, 廖要以多金, 诺之。廖为之撰诉词, 略云:'为守节失节改节全节事; 翁无姑, 年不老; 叔无妻, 年不小。'县官受词, 听之。又有某姓子者素以不孝闻里中, 一日殴父, 落父齿, 父诉之官。官将惩之, 子乃使廖为之设法, 廖云:'尔今晚来此, 以手伸入吾之窗洞而接呈词, 不然, 讼将不胜。'应之。及晚, 果如所言, 以手伸入窗洞, 廖猛噬其一指, 出而告之曰:'讯时, 尔言父噬尔指, 尔固自卫, 欲出指, 故父齿为之落, 如是, 无有弗胜者。'及讯, 官果不究。"前例为成全年少孀妇再醮, 虽多收钱又于笔下略作微词, 尚可。而后例则纯无赖子伎俩, 助纣为虐也。又如:"讼师龚某多谲计, 有以醉误杀其妻者, 盖酒后持刀切肉, 妻来与之戏, 戏拟其脰(即颈), 殊矣, 大惊, 问计于龚, 龚曰:'汝邻人王大奎者, 狂且也，可诱之至家刃之，与若妻尸同置于地，提二人之头颅而诣官自首，则以杀奸而毙妻，无大罪也。"如此误伤己妻又要以枉杀无辜而开脱己责，足见讼棍之恶。

讼棍为掩其恶，自有隐语行话。如例：谓讼棍为"破律箱"，经手的诉讼事为"生意"，案件事实为"经头"，银钱为"衬手布"，写状子的报酬为"稿子"，吏役称讼棍为"经手人"，讼棍向原告敛财为"取发路"，向被告索贿为"取止差"，请人周旋为"走脚路"，送人钱财为"送好处"，起诉状为"撒叶子"，走报为"飞信通"，等等，足见其嘴脸。

讼棍亦兼起草讼书，而又有专门代笔写状词者，实与讼师同行，却亦有其当行隐语行话。如例：写状人为"梅花党"，状纸为"争胜票"，诉讼者为"事主"，死者家属为"苦主"，砚为"八百亩"，笔为"聚金尖"，墨为"黑金子"，写状酬金为"壮笔头"挑拨人诉讼为"梅椿"，等等，悉以赚人钱财为本而不乏丑行，显与讼棍同类。

厘卡　厘卡，即查税、收税的关卡。厘，音 chán。晚清时，中国实行的一种商业税收，谓"厘税"，又称"厘捐""厘金"。咸丰三年（1853）起征，至民国二十年（1931）裁撤。康有为《上清帝第二书》中称："窃闻与日本议和，有割奉天沿边及台湾一省，补兵饷二万万两，及通商苏杭，所机器洋货流行内地，免其厘税等税。"其"厘税"即此。"厘税"分"坐厘"与"行厘"两种，前种征收的是货物交易税，后种则为货物通行税。当时管理征收"厘税"的机关为"厘局"，下设分卡、巡卡等"卡"，直接收取税金。晚清蘧园所著《负曝闲谈》中略有描述，如第六回："（冯勋）幼年进过学，后来改了幕（作师爷），处过两回阔

馆，多了几文钱，就报捐了个佐杂功名，到省候补。一候候了十
多年，候了个家产尽绝。这回幸亏从前的旧居停（旧主人），替
他在方伯面上吹嘘吹嘘，派了个浏河厘局分卡（在江苏省太仓县
北）的委员，总算是苦尽甜来了。"

冯勋何以被派了个小市镇的厘卡委员即以为"苦尽甜来了"
呢？原来，厘卡这差事是个可以收贿受贿捞取外财的肥缺，可谓
一语道破矣。一如《清稗类钞·度支类》所记："厘金之起，由
副都御史雷以諴帮办扬州军务时，江北大营都统琦善为钦差大
臣，所支军饷，皆部解省协，雷部分拨甚寡，无计请益，乃立厘
捐局，抽收面货，奏明专供本军之用。行数月，较大营支饷为
优。运使金安清继之，总理江北筹饷局，为法益密。各省亦起而
仿之。……然厘金之法行之既久，官吏待缺者视为利薮，设局日
多，立法日密，青吏、仆役，一局数十人，大者官侵，小者吏
蚀，甚至石米、束布，搜括无遗，则非立法之苛，而奉行者不尽
善也。雷既用此策，军用日饶，公私交裕，又使江与同幕五人亲
赴下河，督劝捐纳，不从者胁之以兵，时人畏之，目为五虎。"鉴
此，可以说明其中故实，同时，亦可从当时厘卡隐语中窥得语证。

厘税制度实行前后虽仅不到八十年，然其打交道于江湖，又
多有诡秘行径，故亦颇多隐语行话。如例：厘卡为"瘤子"，旱
路厘卡为"旱瘤子"，水路厘卡为"水瘤子"，厘卡头目为"瘤
头"，验票为"照勾魂"，船头钱为"定水头"，划子钱为"香
头"，印子费为"卖字"，揽子钱为"卖木人"，课收为"班费"，
进口为"入港"，一票数用为"软牌"，一票数船为"硬牌"，票
费为"卖勾魂"，大头小尾为"吃河豚"，不填关单为"白卷"，
验票费为"补照子"，局差为"小鬼头"，稽查为"走阴差"，司

巡为"跑空舷"，总巡为"鬼王"，审查为"寻食吃"，局长为
"土地"，扦手为"钻子"，守搅夫为"管木人"，侦探为"眼
线"，走报为"风行使者"，功为"上风"，过为"下风"，领票
为"清"（案：当为"请"音之讹误），扦量货为"尺寸籥"，查
舱为"籥深浅"，减税为"让盘"，船户私贿扦手为"暗费"，挖
洋价为"啃洋边"，查轮船为"光飞子"，查验邮船为"破雁
肚"，夹船偷税为"满底"，炮船为"狗叫漂子"，转运公司为
"过过手"，船户为"饭虾"，地保为"呆人"，收押偷漏闯越商
船者为"阿快"，警区为"土偶"，劣董为"破缨帽"，等等。

　　凡此，以收厘税为名中饱私囊，种种盘剥敲诈手段，面目可
憎，而世风可知也。

　　非但厘卡如此横行，公然鱼肉百姓，旧时缉私盐者亦然。亦
试从其当行隐语行话窥之一斑，如：谓贩私盐为"挫开"，私盐
局为"槽子"，白盐为"马子"，贩私盐船只过境时闻缉私盐船上
枪声即逃开为"打脱梢"（是官私暗中勾结，枪声乃报信耳），盐
贩为"走砂子"，运私盐船为"漏瓢子"，将盐散置盐包之上的散
舱为"酒开"，以船底夹层藏盐为"漏瓢底"，藏盐于布篷为
"抖风篷"，以盐制枕垫为"垫漏"，验费为"卖照"，查舱费为
"打杆子"，用印费为"过枪"，小票为"小蛇"，改岸为"寻生
路"，等等。

　　幕宾　幕宾即幕僚、师爷。据《清稗类钞·幕僚类》记载：
"雍正初，上谕有曰：'今之幕宾，即古之参谋、记室。凡节度观
察，皆征辟幕僚，功绩果著，即拜表荐引。其仿古行之。'乾隆
初，兵部侍郎吴应宗疏请督抚设七品幕职二员，布按两司设八品
记室二员，府县设九品椽司一员。后皆不果行。"又载："绍兴师

爷，纪文达称之为四救先生是也。非必有兼人之才、过人之识，不过上自督抚，下至州县，凡官署皆有此席，而彼此互通声气，招呼便利，遂能盘踞把持，玩弄本官于股掌之上。其办事也，除钞袭师传秘本及等因奉此而外，类皆事理不通。官之所以必用之者，实以其能与上级衙门通声气焉。至绍兴师爷之称，可详言之。盖仆从之于官称老爷，于幕友称师爷，刑名、钱谷二席，均得此称，冠以绍兴师爷二字者，则以操是业者之类皆绍人也。"

幕宾一行，在中国古代早即有之，其中人物芜杂不一，不乏诡秘之事，有善亦有恶。从清末其行中隐语行话名目，可稍略显出。如例：谓幕宾为"晒生"，游幕为"馆地"，游幕处为"坐馆"，主人为"斋主"，办公事为"行贿"，审问为"查头"，口供为"录嘴"，罪犯为"奎老"，原告为"大孤子"，被告为"小孤子"，杀头罪为"戳长"，充军为"奎六"，差人为"滚内"，驳回文件为"扳套子"，等等。事实上所谓幕宾悉为帮闲谋士、说客之流，乞食于主人，间或帮办事物者。

地保 地保又称"地甲""保正""地方"等，即古代"里正""亭长"一类地方小官，民国时又称"保长"。"保"，是封建时代的一种户籍制度。北宋王安石于熙宁三年（1070）推行保甲法，改募兵为保甲，以十户为一保，设一保长；五十户为一大保，设大保长；十大保为都保，设有正副保正。同时，家有二人以上者，即从中挑出一人为保丁。保丁自备弓箭，演习武艺战阵。同保中若出现犯法事，保丁则须检举、揭发或追捕。以后历代虽有改异，然大体仍旧沿袭，直至新中国成立后取消该制。

旧时保长是当朝政权的基层代表，往往仗势恃特权欺压人民。试看其隐语行话：谓官为"帽子头"，衙役为"班长"，公差为

"斜手"，验尸为"识板头"，催租为"挂川"，跑为"拂土"，拜为"丢圈"，吃官司为"孤非"，打屁股为"满脸"，告状为"控讼"，罪犯为"孤子"，看守罪犯为"钉孤"，等等；足见一斑，是乃语证。

综上，大略从五个方面以隐语行话考察透析中国社会历史及各种世态、生相，目的在于提供一种科学视角，一种科学方法。如若结合具体隐语行话流行时代及所属言语集体或群体等社会文化背景，分析其语词构造意境，则将尤其深刻，可入木三分，亦格外有趣。然而，限于本书体例、篇幅，则只好如此而已。至于一些非言语方式的隐语行话，亦未及详细逐个论述，则有望于他日罢。

下卷 江湖隐语行话要籍

历代所存江湖隐语行话要籍，已于本书上卷第一章中评述大概。这里选载的三种，是宋至清季诸文献中具有辞书体例及功用的要籍。其中，《绮谈市语》与《行院声嗽》两种，系据钱南扬先生所辑《市语汇钞》校本标点，《新刻江湖切要》则系笔者校点。诸种原属版本上卷已有评述，于此从略。

一、《绮谈市语》

天地门

天：上苍；苍苍。日：烛龙；羲驭。月：玉兔；桂魄。星：列宿。风：入令；巽二。雷：天鼓；灵。雨：崖拨。晴：开霁；崖缩。雪：六花；天瑞。地：方舆；所履。山：岛；屿。水：壬癸。田：东皋；膏腴。泉：地脉；瀑布。州：郡；邦。县：邑；郭。村：掩下；寸。市：阛阓；井中。

君臣门

人君：至尊；至上。皇后：长秋；女君。太子：储君；东宫。国戚：贵介；姻臣。宰相：集贤；相室；左摇。参政：大参。枢密：枢使；枢相。尚书：文昌。翰林：紫微。经略：元帅。运使：计台；漕台。提点：大司；臬司。提刑：宪司；宪台。府尹：总管。知州：太守；五马。同知：郡副。府判：郡佐。推官：法司。教授：广文。县尹：百里。令尹：县丞；县佐；哦松。主簿：仇香。县尉：梅仙。巡检：戎公。务官：司征。官人：孤老。士人：撮子。

亲属门

父：乃尊；府丈。母：圣善；尊堂。伯：梁山；兔毛。叔：管蔡。兄：厥□。嫂：叟氏。弟：厥象。侄：犹子。夫：厥良；盖老。妻：内政；底老。舅：渭阳。甥：宅相。丈母：太水；岳母。女婿：东床坐。丈人：太山；岳翁。小儿：凤雏；千里驹。同姓：宗盟；族人。连襟：同袄；连袄。宠人：侧室；专房。文姜：知院。婢：赤脚符。妾：妮子坠。奴：长须藏。仆：朴钻。

人物门

道士：黄冠；羽士。和尚：缁流；光老。道姑：郑七。师姑：染七。行者：衍都。算命：星翁；参照。卜士：占人；日者。医人：方士；脉字。画者：画工；影客。阴阳：地仙；拨准。师人：巫者，岛八。女师：尼者，岛七。媒人：伐者；执柯。牙人：侩者；牙郎。客人：商徒；仙子。公人：胥徒；贡八。村人：和老；牛子。娼妇：妓者；水表；姐老。

身体门

心：中君；方寸。肾：幽关。面：玉容□。脸：桃花。腮朵。发：绿云；乌云。须：山林。乳：羲骏；字雀。肩：玉楼。鼻：玉颧；嗅老。耳：听老；闻子。眉：春山；春峰。眼：秋波；六老。口：三绰。齿：瓠犀。唇：朱楼；樊素。舌：丁香；三寸。手：柔黄。指：青葱；春笋。腰：楚柳；束素。脚：拆道。

宫殿门

殿庭：龙墀；帝居。宫苑：大内；禁内。禁门：大阃。行在：都下；日边。相府：府第。官屋：廨舍。太学：上庠；泮水。州学：郡庠；芹宫。县学：邑庠。书院：家塾；别塾。馆驿：邮亭。客店：旅邸。寺院：招提；蒲蓝。道观：上方；精舍。庵舍：水乡。墟市：亥市；闹市。教坊：乐局；乐府。

文房门

诏制：宝书；丝纶。刑法：金条，玉科。律：注铨。条令：三尺。公文：檄书。史书：墨兵。书籍：青编；黄妳。简板：木史。简劄：手削。佛书：贝叶；秘典。经函：琅函。棋盘：□相；锦枰。剑：干将；莫邪。琴：绿绮；丝桐。棋：手谈；楸局。书：银钩；妙札。画：无声诗；丹青。传神：写照。砚：陶□；即墨使。墨：校滋侯；松煤。笔：中书君；毛锥子；管城子；毛颖氏。纸：方絮；好畤侯；剡藤；楮先生。

器用门

香炉：博山；金凤。交椅：胡宋；交床。竹夫人：青奴；竹奴。佩刀：昊钩；顺带。竹杖：扶老。减装：了事；拾袭。劝杯：外杯；孔杯。大杯：巨统；太白。大船：巨□；□□。小舟：□□；□。镜：菱花；寿光。扇：轻镜；便面。轿：篮舆；兜子。印：图书；章。灯：银□，烛奴。烛：蜡炬。柴：秃棘。炭：乌薪。

服饰门

公裳：朝服；紫绶。褙子：粗章。紫衫：小衫。凉衫：□□。背心：半臂。合袖：遮尘。汗衫：中单。围肚：百□桥。幞头：□乌；头巾：乌纱；泡老。道衣：鹤氅。僧衣：方袍。牙笏：象板。衣服：□杖。草鞋：不借。袄：隔汗；暖子。裙：六幅；三幅。靴：朝□；革华。鞋：履舄。女鞋：夗央。袜：凌波；足衣。帐：斗儿。枕被：珊瑚；寝衣。毡：毛席毯。

玉帛门

金：黄物；马蹄。银：白物，艮物。玉：昆山。珠：蚌胎；珠子。钱：方兄；青钱。钞：券物；符儿。翠：刷青。钗：梭儿。绢：生绸。帛：缣物。纱：暑缣。丝：长条。布：龙须；希子。段：带。

饮食门

米：下妆；漂老。饭：云子；胡麻。粽：角黍。粿：米食。糕：旋蒸。蜜：百花酿。麦：芒□；来牟。面：玉屑；麦尘。肉：线道；内。盐：醝物；滥老。醋：醯物；苦□。油：滑老。茶：云腴；仙茗。鲊：旋热；糁狂。酒：欢伯；酝物；酤酝；绿蚁；海老；新蒭。煮面：汤饼。包子：捻儿。馒头：笼饱。馄饨：温包；弓儿。熟食：北谷；细食。海味：海鳞；海鲜。豆心：玉乳；豆液。药；妙研；汗火。

果菜门

荔子：测生；福果。樱桃：崖蜜；含桃。葡萄：马乳。枇杷：□□。石榴：天浆；金罂。甜瓜：东陵；召平。菱角：水果。荸荠：地栗。芡：鸡头。梅子：止渴；和羹。桃子：仙果。李子：朱□。梨：大谷果；天浆。橘：洞庭香；木奴。藕：召伯；蒙牙。杏子：尝新；退花儿。笋：箨龙；竹萌。蕨：紫玉簪。茵蔯：香菊。韭菜：丰禾；葱乳。萝卜：庐服。

花木门

牡丹：花王；贵客。芍药：近侍。梅花：花魁；清客。木犀：天香；仙桂。菊花：傲霜；寿客。海棠：妃子。芙蓉：宜霜。山茶：烧雪。莲花：芙蕖；菡萏。荷：香盖；仙衣。兰：国香；秋佩。竹：此君；清□。松：十八公；霜杰。桧柏：庭玉；

苍龙。

走兽门

牛：大牢；大武。马：骏足；代步。猫：蒙贵；乌猿。犬：宋鹊；庞獒。羊：柔毛；膻物；肥羜；羔儿。猪：豯贺；豕物。兔：明视。鼠：家兔。猿：巴西侯。猴：马留。虎：白额菟。豹：隐雾。

飞禽门

鹤：仙客。雁：宾鸿。雉：乌鸡。鸽：飞奴。燕：乌衣。鸠：布谷；捕谷。白鹇：闲客。鹦鹉：陇客。孔雀：南客。鸡：司晨；五德；家鸡；巽羽。鹅：□物；红掌；羲禽；舒雁；家雁；换□。鸭：绿头；家鹜。

水族门（虫附）

鲤：锦鳞。鱼：细鳞。蟹：郭索。鳖：团鱼。龟：先知君；江吏。虾：长须公。蚕：龙精。萤：宵烛。蝉：齐女。石蛇：坐鱼。虾蟆：田鸡。蝙蝠：飞鼠。

举动门

唱曲：善讴；谚作。声：遏云；绕梁。舞：回雪；柘枝。笑：哂。耍：羌□。步：金莲。行：徒□；踏莎。坐：□垛。吃：食；兖□。醉：酕醄；酲透。老：桑榆；耄；苍。少：雏；笋；娃。病：违和；便作。泻：河鱼；破腹。瘦：□；削。睡：打□。饥：饿。饱：饫。哭：恸；□作。泪：胴泉；眼汪。死：物故；怨作。葬：襄事；襄奉。服：忧服；服制。墓：佳城。

拾遗门

报恩：大沛；宥。公事：讼事；公干。讼胜：得理；凯还。少欠：通。放免：□。言话：□□。刺面：黥。遭杖：柴；批

衮。小杖：答。考讯：箠。上茅：登涸；如厕。小遗：小解；小
□。文书：禀道。写字：染；醮。赌：者作；惨。输：败；□。
走：窜；飘；逃。避：觯；闪。去：往哉；□□。退：靠后。大：
雄哉；灰作。小：眇哉。真：坚；□。假：□；□。吊：线。
打：烧；□。

数目门

一：丁不勾；孤。二：示不小，封。三：王不直；春。四：
罪不非；山。五：吾不口；马。六：交不又；□。七：皂不白；
星。八：分不刀；卦。九：馗不首；远。十：针不金；收。

二、《行院声嗽》

天文

天：苍子。风：飐子。雨：洒溲。日月：耀光。日：听光。月：卯光。冰：冬凌。雪：光花溲。

地理

水：漱老。白地：慢坡。

时令

冷：冰答。热：炎光。晚：昏兜。早：拔白。阴：布暗。暗：卜亮。十二年：一轮转。

花木

枝柯：吃鬏。蕊：榍柮。

鸟兽

马：鹊郎。驴：果老。虎：猛子。牛：驮老；丑牛。狗：戌儿。羊：膻郎。鹅：羲子。鸭：咬翅。鸡：鸣老。蛇：缠老。鱼：河戏。猪：亥儿。蟹：钳公。皮：监儿。壳：呵坡儿。骨：柯枝。血：光子。杀：青。肉：线。骑马：挨梯。

宫室

房屋：方下。勾栏：圈儿。门：钱掩。歹人家：外斗；尺钹。关门：秦拔。卧房：底里。寺：禅里。混堂：流钹。肉店：线钹。药店：汁钹。庙：毁老。阶级：甬道。行院筵席处：私窝儿。

器用

什物：砌末。床：巢儿。船：搜马。枕：刻尺。扇：招儿。镜：照子。伞：遮子。刀：喜子。枷：嵌老。纸：荒。柴：樵老。鞍舆：稳子。筝：板答。笛：叫龙。鼓：忽雷。打鼓：招雷。琵琶：歇子。板：步趷。柏板：捺色。打锣：点爻。剪刀：绞儿。火：亮光。小球儿：摇丸。

衣服

衣：披公；串仗。布衫：麻罩。袄子：剩撒。钉靴：水马军。裙：直抹。帽：标儿。巾：炮儿。手帕：廉子。靴：水蜡。布：稀子。粉：俏儿。胭脂：熏子。花：英老。被：抽仗。

饮食

米：擦老。饭：气老。酒：海花。茶：渲老。盐：蘸老。醋：哮老。油：瞒老。肉：线老。姜：进子。菜：撒青。果：木老。面：鲍老。馒头：□□。酱：中军。吃：撚作。饼：火烧。药：汁。

人物

君：□□。官人：孤老。父：孛老。母：保儿。男：阵马。妇：窠子。女：鼎老。达达：赤老徕。夫：灵盖。回回：凶徕。道士：正八。和尚：桀郎。秀才：酸丁。孩儿：妳梢。矮子：状头。乞丐：都徕。贼：邦老。□□：古弄。净：嗏末。□□：五奴。神道：尊子。银匠：草把。命士：□□。小妮子：嗏姑。相士：睃照。风子：杓儴。婆婆：卜儿。花娘：草儿。军：假豹子。伴偬：打捉。你：伊儿。梢工：搜马儴。我：瞒儿。牙人：齿子。痴哥：海螺。工作人：打坌土。子弟：勤儿。鬼：毁老。老唱：板子。小女儿：搂儿。水表：兔儿。少年：雏。年老：鲊苍。伏侍的：倘哥儿。淫妇：苦儴。好孩儿：海鹤。帮闲的：轴儿。南妓母：卜儿。北妓母：鸨儿。有名字人：着数。

人事

说话：衍嗽。说作：念合。说谎：扯炮。说合：抹锒。唱：咽作。叫：呼撒。休说：□□。歹言语：西嗽。骂：杂嗽。埋：撒喷。谝：康。休笑：张哂。笑：及子。羞：丑抹。怒：叉。喜笑：吸笛。哭：擦注。看：打睃。拜：剪拂。不采：瓦着。行：掉臁。立：打椿。坐：超垛。手段：枪法。走：赸过。去：赳儿。打：超撒。不认：□□。怕：胆寒。睡：佞作。醉：海透。拿住：虔撒。精细：听科。厥撒：马军。得数：□□。疾忙：擦撒。迟慢：磨石。将就：可捏。不烧：赖子。暗地：暝子。利害：牙恰。知道：性索。生日：儴贺。装样子：□作。病：雁作。死：招撒。穷：张本。烧火：走。赌：拽条。偷：站撒。佐光：过仙。生老：甜老。饿：孩兜。放火：撑红。跪：搠撒。无得说：口穷。取笑：打弄。相央：厮揣。别人：绕馒。通街市：通局津。了得：干济口。虚谎：查呼。吃棒：飧柴。面目：□□。成事：搠湏。见了：作外。伤人：□□。包藏：遮寨。不作成：怀怪。倒退：倒偃。败谎：脱卯。精细：娄罗。说不定：走衮。使木：揣摩。又瞒：商和。慷慨：剔脱。说人事实：实剁。绰号：升名人。至诚：牢实。错听：背听。言语疾：翻饼。吃惊：意挣。喜极：稀葩。不当：不该。不尊重：不曲。中计：

着套。焦燥：鲍老。嗅：蛭。不道德：会胜。教人：破饼。作科：科起。等：着当。难收撮：怎按捺。肯：受论。失忘：昏撒。冷笑：冰哂。咒骂：作念。漏语：掇赚。主意不得：饮得定。特故：急侵。庄家学俏：花刷子。村：山獐。村汉：灰侎。性起：害莽。令人勿动：革抹住。求合：兼撒。嬉笑：闲厮嗓。弄精细：作聪。妆尊重：歪嗽。相子挑：淘瓦。

身体

头：撒楼。发：飘光。眼：六老；六子。身体：伎儿。鼻：嗅老。口：鲍翁。舌：摇老。阳物：蘸笔。牙：柴老。耳：听老。手：爪老。阴物：才前。足：撇道。腿：超棒。脸：博浪。大脚：拍把。肚：庵老。乳：缠手。臀：笃脯。撒尿：洒溲。血：光子。戏：外嗽粥。拳：扣老。骨：柯枝子。尿：碎鱼儿。痴：大身。呆：耙子。放屎：撒条。疼：吊撒。放屁：撒迸。泻：□□。泻肚：拐答。瘦小：京三。剃面：挞豹。咽喉：□□。好打扮：标正。做口：吕儿。无打扮：飐咭。抬头不起：郁恐。花绵身体：蒙头。

伎艺

唱曲：咽作。舞：腕细。杂：朗末。院本：嗟末。继：昏子。商谜：道诨。佐惕：么末。调影戏：掉闪。傀儡：提吼。筋斗：翻跳。踢球：见掀。水傀儡：洒吼。诨经：嚼黄。讲史：臣宪。算命：参。妆鬼：扢捔：撮。钻宫：覆射：精盘。杖头：槊吼。弄钱：擎片。喝采：务头。使棒：朗超。杂班：记扮。清乐：静声。打诨：超偈。散场：敌科。不好：穷调。赶酒座：撒虂。无人喝采：宁了。行院初来：新下城。说唱诸宫调：撒嵌嗟霸。勾栏看杂剧：团里陵末。

珍宝

钞：慢地。使钞：辨慢。

文史

告状：在丙。写字：死丙。捻词：合生。书信：喜子。

声色

青：识。黄：染。白：粉。黑：暗。绿：火。

数目

一：孤；寒。二：对；利。三：春；淀。四：宣；殂。五：马；掘。六：篮；猱。七：星；鞋。八：封；敲。九：远；弯。十：收；接。

通用

上：充末。下：马妳子。大：朗兜朗。小：嗟答俅。真：坚科。粗：撮。细：秀。卖：荡。有：演撒。无：梦撒。好：撑四。香：窜道。臭：熏答。多：猛作。不好：外兜天。假：兴和；碑记。

三、《新刻江湖切要》

江湖切序

八闽卓亭子删订

圣贤化道，不出天地范围；理义贯通，能使智愚超梧①。一入门先参来意，未开言便要拿心；要紧处何须几句，急忙中不可省言。洞中半开，挨身而进；机关略露，就决雌雄。敲日月，父接母言；扳上下，兄连弟语。只宜活里活，不可死中死。乐铄内当辨金珠；芝兰中亦分荆棘。先签后隆，乃术中之诀；轻敲响卖，是秘密之玄机。湖海客来谈贸易，缙绅人至讲唐虞。商贾当签兴废，为清高必说贵人扶。初火气必骄矜，久困志皆颓落。富厚多招嫉妒，奸邪必犯孤司。日来问欠欠必险，欠来问日日必殃。青马问嗣，签前隆后；通朗年少，摩写必端。太火通隆其欠贵，中火通喜纳偏方。继子每言多尅父，赘儿大半早亡亲。幼失日月，岂有现成享福；晚年得欠，可知半世奔波。娇欠多逆日，淫细定欺孤。构讼勿言有利益，操孤念咀有赢。白托求琴，皂难

---

① 超梧，或为"超悟"之误刻。

积聚；空拳觅把，人必聪明。家从亲合而成，胸藏志略；窑为一
合而败，性爱风骚。贪恋瓜内多枯，花皂托中常乏。欠招叠叠，
岂无残疾疲癃；才尅重重，白有生离恶土。俊俏郎君，恒娶愚顽
邋遢妇；风流娘子，惯招庸痴恶俗人。百拙村夫，平生丰足；千
能木士，毕世虚浮。君子虽水，终存体统；小人方火，照底无
人。才富幼配，十有九嫌；合寸丈尖，百无一就。子曰年迈，功
名之念心灰；丙八胆雄，刑险之祸立至。木寸休谈诗礼，谷山少
卖俚淫。若问昔年运限，何如无筌不着。若叩今岁流年，可好多
多招是非。蓦地筌唰诀吐，冷唰启出常端。有询只须缓答，无言
不必先声。我若问他宜急骤，他如诘我莫慌忙。筌时佯发怒，隆
际假陪欢。草野英才，志怀霄汉；庙廊荣宦，心问山林。尖岁身
贫非久困，则年无欠莫言孤。虚帮衬，假殷勤，好中防歹；若欲
吐，若不吐，随卖随封。抒相知除公，留意碾地所。礼貌邻通得
搠处，以言多寡卖响时。灭迹扫形，虑查头之寻事，防谷山之我
谋。故设撒宜留意，而肘琴要欢心方宜签欠。宜隆既卖才，公随
当签欠。日心旬月，则丈必定。继出偏生官，则文才月旬，恐属
先奸后娶。危急之灾，或决土延年已久，许长生尖角，休谈荣
畅，还防疾厄关津。老叟灾莫言川数内遐龄，反众日月少荫。知
因萱草先凋，棠棣无情，只为椿庭景晚。腰带匙，衣打结，定然
念欠、念才内。琉璃外大匹，岂非初火初荣。挨苍年迈，即签名
利虚花水七。挨通即卖三迟三，早念四念三，签彼师徒不睦。奎
五奎六，隆渠绝处逢生。连环隆随伴合队启防，生拐七须卖性情
仁通。相看礼貌，客把常抛。霜露当隆，遇难成祥。瓢生受尽风
霜，签以根基鲜实。丁七风神飘荡，一生虚耗多端。荣细若思改
弦，许以后招良已。火占，通还他腰金衣紫；尖占，通决渠早步

青云。不识伯牙之琴，怎剖卞和之璞！雷轰雨骤定为凶险之因，日暖风和方是吉祥之兆。遇文王，施礼乐；逢桀纣，动干戈。耳听八方，眼观四处。有终有始，随主随宾。奴仆若名，内有奸邪凶党；朋情难洽，不无负义忘恩。染私情者鸾胶不合，结匪友者日月生忧。老妇再醮，可想家贫子不肖；娇娘守寡，只因衣食丰盈。逞奢华罄中乏燋，弃仁义瓜底多琴。观色察言，审贵徵贱。一篇尽江湖之要，片语阐造化之机。妙道无方，功能一笑，勿宜轻泄，爰及匪人。

诗曰：

> 我家田地在江湖，不用耕兮不用锄；
> 说话未完苗已秀，再谈几句便收租。

大清皇帝龙飞之五十二年岁次癸巳节届小春，八闽后学东海卓亭子录并订。

大清光绪拾年岁次甲申蕤宾月，吟杏山馆识。

江湖切分类目录

卷上

卷上

天文类

天：乾公；〔广〕一大；轻清；无外；云表；兼容；并包；
　　司覆公；高明君。

日：太阳；〔广〕暘乌；常圆；长明；恒满；出扶桑；西坠。

月：太阴；〔广〕阴宗；东升；兔窟；蟾冰轮，离毕；秋倍明。

星：光芒；〔广〕点辰；列棋；好风；好雨；拱牝；在东。

风：丢子；〔入微〕透骨；和薰；骤吼；狂呼；疑虎；从虎；
　　狂且；偃草；吹枯生；扫云；折朽子；〔又广〕起风为
　　摆丢。

云：天表；〔广〕想裳；瞒天；隔苍；蔽日；从龙；掩太阳；
　　油然子；出岫君。

雷：〔补〕震公；布鼓；天鼓；闻变；落箸；天威；破不平。

雨：津；〔广〕沛生；子望；润公；湿杏；天线；灵零；甘
　　露子；苦霆生；落雨为摆津；〔广〕洒润。

雾：迷津；〔广〕天；隔面；杏花雨；如烟；疑霖；迷离；
　　〔广〕起雾为披迷。又曰排烟帐。

露：〔补〕甘霖；秋白；未晞；为霜；湛斯；在丰。

霜：露销；〔广〕葛履；冰端。

雪：飞六；〔广〕出六；疑絮；天盐。雪珠为集先，落雪为
　　摆飞。又为排六。

晴：爽气；〔广〕空青。

火：丙丁；少阳；焰老；〔广〕燎原；分炎。

地理类

地：坤老；〔广〕重浊；任重；配天；司载公；博厚君。

山：土高；地高；〔广〕触土；地出头；巫峰；老崿；登东；
　　艮公；如砺；禹随；一拳石。

河：长流；〔广〕清平；黄九。

江：〔补〕襟三；子长；橐水；无底公。

海：〔补〕纳细；阔老；圣出；扬波；无边子；鱼乐图。

城：太援；〔广〕子金；列齿；筑土。

井：地窟；〔广〕水窖；中公；列九；凿饮。又曰区九。

桥：撑江；〔广〕水带；继断；接引生。

土：戊转；〔广〕万生；水壬癸；龙转；〔广〕东归；朝宗。

石：土骨；坚垒；〔广〕分磊；伏虎；踞豹；子践。

北京：〔补〕水都。山西：金地；〔广〕夕阳。山东：木地；〔广〕朝阳。陕西：〔广〕召分。云南：火七；〔广〕滇离。四川：〔广〕达地。贵州：〔补〕寸金地。辽东：〔广〕阔海。满洲：〔补〕盈地。江南：〔补〕长火。浙江：浙七；〔广〕之水。江西：月七。福建：闽七；〔广〕虿门。又曰鸟都。广东：粤木。广西：〔补〕粤金。后附府分不全。苏州：吴七。杭州：天堂；上天。湖州：兴地。绍兴：越地。宁波：近阔。徽州：韦七。东：仰盂。西：上缺。南：中虚。北：中满。左：青。右：白。前：朱。后：玄。上：溜；〔广〕逆流；君达。下：落；〔广〕顺流。高：上天；〔广〕干霄；拂云；仰攀。低：入地；〔广〕俯就。近：明。远：暗。大路：洒苏；〔广〕爰遵；九达；同行。小路：羊肠；〔广〕不由；径捷；微行。

时令类

春：木季天；甲通。夏：火季天；丙通。秋：金季天；庚通。冬：水季天；壬通。今年：本太岁，正太岁。去年：旧太阳。前年：前太岁；过令太阳。朝晨：拔（援）本。晚上：兜昏；扯线。半夜：太和；〔广〕孩交。岁旦：聚众；〔广〕无晨。立春：〔补〕回阳；木头。雨水：天泉。惊蛰：发蒙；惊愦。春分：解木。清明：雨朝；良牧；会朝。谷雨：济贫。立夏：火头。小满：中康。芒种：勾甲；力田。夏至：改火。小暑：避雷。大暑：乘阴。立秋：迎金；肃风节。处暑：绨居。白露：阳晞。秋分：剖金。寒露：蛮浆。霜降：木落。立冬：水头。小雪：露白。大雪：重裘。冬至：水中。小寒：挟纩。大寒：拥炉。后附逐年一定节。元霄：初木。端午：正中；〔广〕日中；将昃。七夕：鹊中。中秋：赏中；〔广〕分金；重九；金末。又：

瓜期节，谓二九也。正月：寅月。二（月）：卯月。三（月）：辰月。四（月）：巳月。五（月）：午月。六（月）：未月。七（月）：申月。八（月）：酉月。九（月）：戌月。十（月）：亥月。十一（月）：子月十二（月）：丑月。寅月等称太显，今改太阴。如正月，秋寅太阴，余仿此。一岁曰一尺，十岁曰丈，十几岁曰丈几尺，几十岁曰几丈几尺。

官职类

皇帝：巍巍太岁；〔广〕则天；配天。皇后：〔补〕巍才。太子：〔补〕巍欠；将代巍。驸马：〔补〕攀龙驹。宫女：〔补〕长门客。太监：寸判通；念二；廿奄；〔广〕阴阳生；无聊。阁老：天孤；孤子；〔广〕白头姑。尚书：太水通；〔广〕典谟；叠负。督察院：者孤；督院巡孤；〔广〕叔孤。抚院：巡孤；〔广〕临孤；古二。布政：左孤；阳孤；古三；〔广〕承宣孤。按察：右孤；阴孤。察院：代巍巍；古四；女孤。军门：井头孤。太守：井一孤；混一；寸一；〔广〕黄老。同知：井二孤；混二；寸二；〔广〕雷鸣。通判：井三孤；混三，寸三；〔广〕谦才。推官：井四孤；混四；寸四；〔广〕通试。经历：井五孤；混五；〔广〕塾地。照磨：井六孤；混六；〔广〕夜捱。知县：宇一。县丞：宇二。主簿：宇三。典史：宇四。巡检：古九。教授：谕之孤。训导：斋孤。吏员：丙七。书办：丙八。状元：首唱。斗元：〔广〕福星；恩与。榜眼：〔增〕无状；致曲。探花：蜂蝶友；寻春使者。传胪：献捷；折馘。会元：会首；〔广〕天下才；甲乙君。进士：斗士；奎牙；斗孤；斗角；加孤；〔广〕散甲生。解元：羊首。举人：斗身。贡生：嚣占。纳贡：米嚣。廪生：饩占；米通。秀才：占通；乃通。买者曰板占。廒生：退占。监生：皿占；

皿入通。富秀：火占。贫秀：水占。优秀：虎占。劣秀：水七占；今改实占，谓不通也。打落秀：狠占；今改狼占，又北占。荤饭秀：食木占，今改油占。纳粟秀：米占。童生：子占。香烟秀：习占，今改篆通。篆，香烟也。赞礼生：唱占，今改相通。相，赞礼者。凡文官曰士孤，乡官曰孤通，武官曰马孤；将官曰寒孤，今改戎孤。指挥：金孤，今改臂使。千户：逢孤。百户：白孤。武进士：寒孤，又寒士。武举人：寒斗。武秀才：寒通，又冷占。上司：太识孤；大夫。官员：孤员。异路：乙通；〔广〕径通。

亲戚类

父：日宫。母：月宫。祖父：重日；乾宫；东日。祖母：坤官；东月；重月，似母之母矣，今改老明。明者，日之月。伯父：左日；日上部；甲老。伯母：左月；月上部；该称日上才；甲才。叔父：右日多日下部；椒老。婶母：右月；月下部，称日下才；椒才。兄：上部。嫂：上部才。弟：下部。弟妇：下部才。夫：官星；官通；盖老。妻：才老；乐老；底老。妾：偏才。通房：半才。姊：上水；水上部；斗上。妹：下水；水下部；斗下。姊夫：斗上官。妹丈：斗下官。又，姊妹通称比官。比，水方也。子：欠官；金星。女：斗欠；斗宫。幼子曰尖欠，幼女曰笋牙。姑母：父姊曰水日上，父妹曰水日下。侄儿：至子；人室。女婿曰斗官。媳妇：欠才。孙：子户，今改重欠。未嫁女：半儿，今改挑蔬。赘婿：合才；八吉才；今改为独占鳌头。连襟：称日亚，今称弥仲，又曰其服。丈人：才日；外日；插老。丈母：才月；外月；〔补〕插姥。大舅：才上。小舅：才下。总称舅曰曹国。大舅妻：月上，今改才上才。小舅妻：月下，今改才下才。大姨：才水上。大姨母缺，今可增为月水上。
小姨：才水下。小姨母缺，今可增为月水下。阿公：太阳，今改
官日。阿婆：太阴，改官月。外甥：斗欠。外公：从日，今改月
日，又曰泰山。外婆：从月，今改重月。月月，母之母也。又曰
泰水。总称外公婆曰东白，又称外太阳、外太阴。母大舅：月上
官。母小舅：月下官。亲翁：姻官，又罗星。亲母：姻才，又计
星。继父：奖日；今改莫顾，取《诗》，谓他人父之意。继母：
奖月；今改莫有，谓他人母也。继兄：奖上，今改上莫闻。继
弟：奖下，今改下莫闻。总取谓他人昆也。继子：奖欠；失欠。
今改赢负，谓螟蛉子也。后妻：迟才，今改接辫，取续发之意。
晚子：油欠；瓶欠。晚女：油斗。凡晚醮挈子女者，余名之倒藤
瓜，谓连子去也。官人：通节，今改加民，谓官乎人也。娘子：
占子，今改亲手足，谓娘之子也。做阿婆曰奖挨出，疑为将挨
出，今改为代太阴。义媳曰了角，今姑改奖欠才。义孙曰食木
欠，今姑改为奖重欠。先生：师曰。师母：师月。亲眷曰戚六，
朋友曰义生。孝子曰日略，今改为二十四，此孝顺之孝也。又曰
允违，取"庶见素冠"章义，此带孝之孝也。无妻曰念才；〔广〕
底落。无夫曰念官；〔广〕盖穿。

人物类

教书生：巾老；子曰通；〔广〕传册；又：传醴。读书人：
灵儿；〔广〕酿醴。学生：剪披；丁七；〔广〕忧养子。幕宾：立
门头；〔广〕生晞；密骗；忽扳；趋笑；管公事人；牵生。写状
人：梅花党；抄孤子。写字人：搠黑生。送字人：飘叶子。画
家：搠管生；搠彩；能事人；龙生。光棍：油滑生；〔广〕井梧
摇落。大光棍：顺子；柳生；〔广〕杆面杖。下流光棍：谷山；

〔广〕倒影枯杨。闲汉：甲七通；〔广〕高搁班史。帮闲：丘八；〔广〕携手观天；偕消白昼。赌客：跳生；〔广〕浑是胆；珠履三千。兵丁：塞通汗八。衙役：近孤通。书手：札八。门子：双扇。皂隶：友竹；反竹；结脚。皂快：白七通；贴孤通。民快：立地。捕快：钩子手、身。公差：紧脚，谓健步也。禁子：禁脚生。总甲：方坑。坐坊：狗卒。斋夫：齐天大圣。走极：飞信通；〔广〕风行使者。百姓：比八。蠢人：右生；〔广〕闻雷启蛰，取春虫也。呆人：羊盘；〔广〕土偶木俑；食粟曹交。乡人：千长通；〔广〕我犹未免；沉速为身。村人：木寸通；〔广〕高于岑楼。死胚：终八生；〔广〕未知生；揭自留真。歹人：不将又；〔广〕汉忌韩彭，取似反也。好人：将又；念将通；〔广〕使女缝裳。乖人：拐七；〔广〕蹑足陈平；闻雷坠筯。赖皮：毛油生；〔广〕伯牛有疾；出水虾蟆。客人：盖各；客同；〔广〕鸡黍相延；无涯逆旅。上江人：丁老；〔广〕顺留入海。别处人：强头生；〔广〕介葛来朝；集桑黄鸟。本处人：原头生；〔广〕蒂固根深。市人：井通。店官：朝阳通。山中人：真八；〔广〕以赤松游。种田人：棋盘身；〔广〕村庄儿女。成家子：会做的；〔广〕肯构肯堂；克荷析薪。后生人：半子；〔广〕曰俊俏儿郎；岁月方长；子见犹惊。贩子：不将人。匠工：衍身〔等〕；斤丘。走乡者：衍党。走街者：响党。富户：火通；〔广〕润屋生。贫人：水七通。闯将：献生；〔广〕牛金星，谓闯之将也；匹马横行。老汉：苍通。小子：尖通；尖生。奶奶：受孤通；〔改〕受孤才。小姐：闺琴；〔改〕双五百，谓千金也。家主：囗点。主母：掌随。家人：挨通；〔改〕旦称，谓奴家也；又曰令公儿，以子仪骂子奴才也。使女：挨才；〔改〕挨斗；〔补〕仆妇为挨才。乳母：显山通；〔改〕保赤。雇工：廿一；矢力八。帮挨：〔广〕贾勇。老妇：花细。半老妇：苍细；苍马。妇人：马客；细公。良妇：广宫。小娃：剪角；〔改〕蚬子；蚌胎。卖婆：力才。媒婆：潘细；〔改〕撮合山。寡妇：官川；寡马。挞子：柳叶儿；柳州通；〔增〕古月通；犬羊生。鞑婆：营细。鞑女：柳女；稍昌。大阿哥：卵上部。小兄弟：卵下部。

店铺类

凡店谓之朝阳。典铺：兴朝阳。盐店：信朝阳。衣店：皮子朝阳。布店：稀朝阳；乔公帐生。药店：燠火朝阳。医店：计钹；〔改〕苦口朝阳。南货店：回生朝阳。杂货店：推恳朝阳；今改为垄断朝阳；又为乱朝阳。烛店：红耀朝阳。染坊店：〔增〕今为浸润朝阳；又为悲丝朝阳。鞋店：踢土朝阳。做鞋为踢土生。袜店：签筒朝阳。靴铺：〔增〕鱼皮朝阳，取传奇孙子膑足因靴鱼而为靴。饭店：燠章朝阳；又燠朝阳。酒店：山朝阳。肉店：流官朝阳；又曰鲜帐；线钹。面店：千条朝阳。烟店：薰通朝阳。香店：纂朝阳；〔增〕清远朝阳；闻朝阳；韩偷朝阳。米店：碾朝阳；木公帐；〔改〕生燠朝阳。伞店：隔津朝阳。腐店：水刭朝阳。书店：册子朝阳。扇店：半月朝阳，改为清来朝阳。纸店：方皮朝阳，改为代策朝阳。帽店：顶公朝阳。线店：〔增〕缝朝阳；引针朝阳。木行：〔增〕为森朝阳。砖瓦店：〔增〕火土朝阳。木履店：〔增〕衬足朝阳，又为辟水朝阳。粉店：〔增〕为傅朝阳。点心店：〔增〕为充燠朝阳。篮店：提朝阳。秤店：〔增〕把朝阳。绸缎店：〔增〕光亮朝阳。皮箱店：〔增〕革囊朝阳。笔店：〔增〕为毛锥朝阳；又颖朝阳；中书朝阳。墨店：〔增〕玄壤朝阳，黑土也。砚店：受黑朝阳。带店〔增〕束朝阳。

歇店：琴头；〔广〕息足朝阳。行商：乍山。今增水客为萍儿，山客为鹿儿。开行：立山。今改六头君，取谚语"走前头，立后头，坐横头，吃骨头，趁戥头，得零头"之说也。混堂：卷窑；〔增〕裸阳朝阳；又为温宗朝阳。打劫店：采盘子。

工匠类

倾银匠：七九通；火琴丘；逼皂。打银匠：刊琴丘；流琴丘；艮丘通；火身。打金箔匠：〔增〕为扁庚通。铸铜匠：威勇。打铜匠：响黄丘；金钱通。打铁匠：离丘生；□□。锡匠：蜡丘；易丘。石匠：研石通；〔改〕研璞通。木匠：甲乙生；森丘。漆匠：挞黑通。机匠：查线通。挽花匠：连环通；〔增〕扳线丘。染匠：查青丘；赚趾。成衣：单线通；甲札。缝衣匠：双线通。做帽人：水线通。琢玉匠：采石通；〔增〕雕璞丘。刻字匠：梓生；断轮。泥水匠：土偷；〔增〕壬戊通；又□（朽？）丘。淘砂军：思切。箍桶匠：斫落踢瓜。烧盐军：丙主；〔增〕煮海丘。

经纪类

挑扁担：天平生。抬轿：兜力；押生。修缸补锅：丙日子；〔改〕五霸手，谓补塞其罅漏也。脚夫：摩肩。打线索人：吊工。摩镜人：托亮；到光；照子。余更之为还光生，又曰明明。放马者：边杖。屠户：留通。换碗：插把。渔户：水梳通。卖古董：抵件头。厨人：百味通；充火通。船户：瓢游生。穿珠者：贯通。摇船：摆瓢。撑舡曰搠水。做针者：叉老；扯牵；扯线；〔改〕横笏通。做伞者：撑通。做花人：百瓣生。打草鞋：栏杆生。扛材人：保重。做酒人：山通。切面人：骑黄骠马。卖饼人：着大棋。卖糕人：百辰。余更之为蹦跶。卖油人：滑底。余更之为润生。

医药类

医生：济崩公；扶本；〔增〕苦劝人。名医：燠火通。富医：汗火。时医：丹青；竹彩。眼科：皮恳。针灸：钗烟弯。诊脉：弹弦子。撮药：配燠。末药：暗老，改为暗燠。膏药：圆纸，又改涂圆。煎燠者，煎药之称。掺药：飞屑。锭子药：燠火；〔改〕燠琴。走卖药：跳皮；〔改〕行燠。小卖药：丢小包。卖春方：派燠；取鳖；挂狼。追虫去积：七节通，又曰七节吊。下针：又卖；又党。丸药：九燠；粒粒。牛黄：爆工。换药珠：鼓釜工。吐虫：泼卵水。挑担卖药：天平党。卖丸药：跳粒粒。虎撑：寸铃。卖疮药：跳十字燠。烧香朝山卖药：拱党；观音党。打弹卖药：弯子。卖方子：提空。荡膏药：炊涂儿。京人卖药：念七皮通。僧卖药：三皮跳。道人卖药：火头生；全真党。取牙虫：柴受。妇人卖药：拖青；扳柴。空中取药：采粒。骑驴卖药：拖鬼。撑伞卖药：昌皮。戏法卖药：丁叉党。排摊卖药：趷路党。打坐卖药：丢墩子。告示卖药：设僻。卖假药：跳将燠。学医：锁皮。

星相类

相面：斩盘；又审囚。不语相：嘿斩；又哑党。算命：梳牙。抄命：剪牙。雀算命：枭梳；今更曰禽推。弹琴算命：柳牙。推流年：挤丙子。瞎算命：念梳。龟算命：袄包子；改为蔡梳。今灼龟：烧青烟。量手指：骨梳。看三世图：番梳。起数：晕老。丢铜皮：元片。各色起数：牵丝。起课：烹玄。打君知曰闯友。打筲：丢笋；抛孤。撇查：落跌。堪舆人：斩葫芦；〔增〕穿山甲。甲、脚同音。九流三教通称江湖友。初出江湖曰卯喜。

〔增〕隆中应聘谓才出茅庐也。惯走江湖曰相府。〔增〕周流（游）列国；关肚仙，亦称剪牙；〔增〕鬼凭儿。原名又曰关川生；献师；烧黄七。

娼优类

戏子：吼生。小戏：跳身；帝奚。戏师：司吴老；〔增〕传吼生。生：牛一。旦：正母；〔增〕平明。小旦：贴母；〔增〕昧爽。净：争工。丑：破田。外：未吴老。末：一木。乐人：丁八。鼓手：竭老〔疑羯老之误〕。小唱：细鸣。杨花：响咏。唱侉调：马上诉。妓女：青马；青细；客细；众才。私窠子亦称客细。老鸨：〔增〕青妈。龟子：中八生；刮丢；〔增〕六缩。忘八，客盖；〔改〕青盖。不正女：盼青；〔改〕歪细。

乞丐类

讨饭：挂熯；碎山。瘫叫化：披街。装斯文落难求乞：搽相；〔改〕沐猴。书情节求乞：磨街党。带妇人求乞，亦称观音党。手本讨钱：古相。带孝求乞：丧门党。作揖求乞：丢圈党。哭诉求乞：诉冤党。托神求乞：童子党。弄蛇：扯溜；〔改〕降龙。弄猴：耍老子；〔改〕伏虎。

盗贼类

盗首：掌盘。大盗：千七。窃贼：钻通。挖洞：穿窑。断路：勇打；〔增〕留客住。偷鸡：挑菜；又曰残黄欠。剪络：裁皮；抓瓜丝。白闯：撞辕门。毛贼：小老鼠。

僧道类

和尚：廿三；先一。道人：廿一。道士：廿四；得一。师姑：水廿三。道姑：水廿四。尼姑：斗廿三。仙人称为书香，今增为云游子。玄门：养真。阴阳生：水火通。炼丹：提火罐。香火道士：熏修。化缘：焦行。送符：出火头。画符：描黄。唱道情：倒杠子。说因果：嚼果。僧道拜门：扳牙。酿星：法水。经事：黄庭。求签：抽条子。徒弟：候指。

身体类

头：顶元；魁儿。面：元老；盘老。眼：照子。耳：招风；采官。鼻：土星；闻官；汲香。口：风门；水星；海门。齿：磨子。舌：信心；心柔；〔增〕心苗。眉：探老；〔增〕及第；分八。发：皂线；飘光；云线。须：草绿；龙图子；〔增〕表丈夫。喉：素儿；〔增〕司谏。身曰四大。肚：西方；〔增〕客老。手：上元；脱瓜。足：下元；踢土。大脚曰太式。拳：托起。乳：缠手。妇乳曰尖山，吞子。骨：枯枝。阳：金星；〔增〕缩头生。阴：盼公；北风。男风：卵生。淫阴曰拿蚌。阙曰吐青，又曰慕容。龟头眼曰马口。大便曰撒闷；脱急。小便曰撒柳；闷干。撒屁曰撒条。饥曰枵。困曰昏斗；并足。瘦：柴；青条。肥：花草；〔增〕濯濯。标致：坚立。丑：古寒；〔增〕配酉。盲：念照；又：双念照。眇：单念照。脉：刊通；〔增〕雨沙；又曰礼冠。哑：念呐，〔增〕口默；忘言。聋：老采；〔增〕目听；等辰。驼：但结；〔增〕入公门。跷：〔补〕地不平。矮：脞身；〔增〕如射。折足：定半。胡子：老图。白：草飘。黑：草鬼。黄：金草。壮大：干叱。怯懦：肥妖。

宫室类

屋：窑子；龛公。厅：巨方；坚窑。楼：登高。房：底里。店：一名受塵。栅：戴毛。所在：碾地；乐林；落地。歇家；〔增〕埋轮；停骖；投辖。出路曰出水。寺院：兜子；又：横高；井公邑。余又增寺院为兜率，梵王宫。庙宇：神窑；释窑；改为释巢。教场：遍碾。监牢：禁圈；土砖城；改曰人世阿鼻。戏台曰朝天；又：高阳子。造屋曰盖顶，又曰搭棋盘。入屋曰钻仓，出门谓之离窑。开门曰挂扇，又曰拔掩；关门曰吊扇。到家曰钻窑。墙垣：避火，又：遮风，又：墉窬。门外壁：宋山；扇子。窗：楞扇。梯：月儿；〔增〕踏望儿；云老会；步步高。灶：丙堆。

器用类

桌子：朝天；万面。凳：曲身；又：四脚子。椅子：东登。厨：弄申。床：卧尺，昏老；昏乔。箱：皮抗。盒子：肩壮。茶盘：荷叶。招牌：或头；躲儿〔或字疑式字之误〕。天平：担针桥；今更名无偏子，又曰针挑担。算盘：拨公。夹剪：分艮；又：夹青。今更名曰快儿。戥子：星琴；衡子。秤：横挑；平老。银包：答心。今更名琴囊。尺：寸头。升：科老。斗：圆老。应名科老。斛：方老。扁担：负龙；量肩。轿子：壮风生。摇红，灯笼之谓，凡灯仿此。雨伞：撑老；遍天遮，又：隔津。官伞：掩太阳。大伞：大式。钉靴：响笙筒。木履：响踢土。磨子：走雪。枷：嵌老。告示：躲子。今更名先声，又名招摇。砖：丙骨；丁块。瓦：丙片。灶：离宫；行灶曰浮丙。铜杓：角兜。锡注子：荡儿。枪锅刀：匾鸟子。壶瓶：省器；探水。抹布：油方；榻郎。火石：丙批。火石：丙块。碗：罄子；荷花。碟：罄口。杯：响盏。箸：条篙；木棒；迁杖；条达。梳子：把头；杷老。篦：〔增〕比栉。抿子：金刀。剪刀：绞儿；〔增〕裂帛；又：断机子。锁：将军；红尹。锁匙：镕木；〔增〕开关。枕：刻天；士量。今更名扶头。席：卷友；卷血铺。纸马：效劳。烛：摇红子；亮子；笑橡。炭：乌薪；山灰。帐：亦名撑老，〔改〕撑幔。灯；天花；〔增〕代日月。棺材：焦斗。

文具类

书：万卷册；册儿。画：的表老；图良。纸：蔡伦。红绿纸劄曰皂飘。字：睹儿。墨：赤土；青烟；又黑卿。笔：判头；尖头；提老。砚：石田；受黑；〔增〕受磨涅。棋：斗精；手斗；争锋；短兵。余谓总不若名之曰谈兵。双陆：抛；〔增〕金钗十二。香：烟头。线香则名之曰烟条。香袋：串老。数珠：转老。拐杖：引落；改曰持危。扇子：招风；摇老；增曰手帆。手巾：松鬼；改曰公拭。拜匣：方行。镜子：照儿；的圆；照子光。刷牙、括舌通名洁口。烟筒：薰葱。骰子：撒掷。古董：染肯。书信：喜子；改曰报君知。

卷下

兵备类

盔：元老。甲：宿皮；〔增〕摧锋。枪：条子；〔增〕刺坚叉；牛头。刀：苗叶；千金；[增]利口生。棍：要千；〔增〕挺老。弓：弯老；先张；又：匾弯子。箭：快快；茅针。挂刀：披子。爆竹：响子。流星：落方。缰绳：缠午老。鞍辔：稳子。

乐器类

钟：金鸣；〔增〕子声。磬：克明；〔增〕子振。鼓：空心；思雷。喇叭：摆开。铙钹：双筛。锣：筛子；金喝。琴瑟：双王。箫：坚龙；火通；增曰引风。笙：一把揸。管：四纳。笛：横闷；叫龙。筝：板答。琵琶：柳老。鼓板：拨凳。拍板：捺色。满州鼓曰凯曲。

舟具类

舟：瓢儿；飘子。橹：平六。柂：飘后灵。樯：顶天快。

篷：卷风。篙：挺。平艠：平飘。替舱：同六。掉浆：司老。铵（铁？）猫：当家。芦席：顶公。龙舟曰神瓢。

衣饰类

巾帽：顶天；顶元；顶公。网巾曰拍首。衣服：皮子。好衣服曰皮子坚洁。海青：长皮；彩林；皮林。布服：硬皮；稀皮子。绸缎衣曰软皮，又曰琉璃皮子。布衫：决林。裤：又老；双井；又儿。裙：栏杆；八幅。鞋：立地；踢尖；踢土。袜：登桶；笔管；踢管；筌筒。靴：登老。绸绢：扳细公。布：稀公；细梭。绫缎：撒帐。绵绸：细纸。丝绵：领毛。带：飘叶；条子。袱包：赠贴。被：滚服；暮林；文滚；又曰战干。帐：网儿；幔天；又：撑老。孝巾：顶雪。方巾：侧脑；又：顶侧。

饮馔类

茶：青老；清喉；水鬼；碧水；牙净；枝叶；木癸；扰糯子。酒：山；又：山香，又：酝绿；山老；喧老。白酒曰水山，好酒曰金山，烧酒曰火山。粥曰稀汉；平头煤；流稀。饭：煤章；食老。面：千条；豁鼻。饼：稀片；扁食。干面：白茫；飞尘。挂面：绵盘；线老。糕：稀块。粽子：稀尖。汤圆：稀圆；水泡。糖：塞牙；甜公。馒头：气楼；花垒。馄饨：斜包。汤：滚沦。茶果：得占。素果：花头〔果字疑菜字之误〕。豆腐：水板；水判；水林。面巾（筋）：踏麦儿。粉皮：荡食。麻腐：樵食。索粉：水千条；帝角。油：丙浆；素滑哥；麻郎。盐：信老；沙力；赞郎；五味。酱：沙油；中军；汁老；研哥。醋：盆山；醯老。烟薰子：冲风；烧老。猪肉：留官。猪头：纱帽；人面；流宫帽。火腿；挂判。杂肠：吕公条。牛肉：春流。羊肉：细毛流；臊老；山官流。凡肉皆称流。鸡蛋：王七欠。鸭蛋：洪欠。

凡蛋总名又曰圆光。鏊：底板。又：蛋称曰昆仑子。腌肉曰信流。

珍宝类

金：黄琴。银：硬底；琴头；又曰皂头。好银曰坚琴，低银曰古琴，铜银曰将琴。铜曰红曲；角红。铁曰乌金。铅称为玄锡。锡曰白描钱；圆把；响青把儿；穿风青儿。暴发曰初火。

数目类

一为刘；又：流寅。二为月；又：月卯。三为汪；又：汪辰。四为则；又：执已。五为中；又：中马。六为人；又：人未。七为心；又：辛申。八为张；又：朔酉。九为爱；又：受戌。十为足；又：流执。一分：流去。一钱：流宝。一两：流西。十两：流千。百两：流千宝。千两：流丈。多曰彭彭太式。

草木百果五谷类

树木总名曰独脚鬼汉，木又名甲乙生。柴：樵杖。柴板：云骨；樵条；堆老；乌杖；条官。草曰木焦，根曰焦枝。花：元稀。叶：盖露。果：青垒；苗群；希令橘；红光〔光乃圆字之误〕。菱：角儿。菜：苗稀；破屑。又曰地青；叶苗。小菜曰苗戏。萝卜：大苗希；埋头；假参。笋：少竹；竹欠。山药：蒙枝。茭白：指节。芋艿：滑麻。茄：垂老；垂子。姜：甲老。葱：管希；管苗。韭：毛头青；月割。蒜：地拳；条苗。西瓜：水球。瓜之总名曰球。豆：粒儿；圆；沙子；为兵。晚豆曰结老。蚕豆：球老。寒（塞?）豆：人垒。绿豆：和垒。苗：芸青。稻：青焦。赤豆：花垒；轮黄；回花；梭立。大麦：粗花。垒麦：人花。小麦：细花；地花。荞麦：和花。谷：连壳希。米：希老；软珠；擦老；碾希。糙米：研希。船米：花希。白米：雪希。糯米：粉希。粞：小希。糖：希壳。

鸟兽虫鱼类

龙：万丈；万花；辰老。凤：鸣王。虎：喊老；猛子；寅老；班虫。狼：凶风菜。狮：门神。象：双门。鹤：顶冠。鹿：顶竹。牛：丑官；吞青；土官；春官。犬：州官；戌老；巡攘。羊：未流；白衣；圈判；膻老；解草；山官。马：午流；午老。风官：嘶午；午生。猪：亥官；黑官；线留官。鸡：王七；酉官；鸣老；得晓，斗子；响各。鸭：王八；鸳五；纸判。鹅：王九；雀官；判头；道士。猴：申官。兔：卯官。蛇：溜子；缠老；练子。鼠：夜游子；老念牙。骡：古老。猫：将寅；穿梁；夜明。驴：〔增〕蹇老；钝牙。鹰：赏物；白飘雪；〔增〕子扬。鹳：苍鸣；〔增〕鸣垤。鹤：〔增〕天闻；鸣皋；在阴。鸦：追思；追山。〔增〕反哺。鹊：报君知；〔增〕灵儿。鸽：鹘子。雀：失喜；〔增〕饲花；衔环。鸟总名鸢飞。小鸡：火鸣菜；〔增〕德鸡。腌蛋：信圆。鸡蛋：王七欠。鹅鸭仿此推之。虫总名受儿。蚂蚁：昆虫；〔增〕垤居；知泉。田鸡：抱头；水斗，奇鸣。蟑螂：薰虫。蚊：〔增〕虻老；簧鼓生。本名碎老。虱：受子；〔增〕扪谈；又：游裈；又：半风君。蚤：受黑。鱼：水先生；水梭；河公；河戏；水气；希班；柴河；德判；水飘；〔增〕化龙子。腌鱼曰信梭。鳖：匾戏；神守公；思交子。龟：冲八；清闲。虾：长枪手；弯虫。蟹：钳工；羊虫。鳝：象缠。鲜鱼：元水。鳗：线香。鲤鱼：逼水。鲫鱼：时水。苍条：条戏。螺狮：波罗；〔增〕曲房。田螺：海波罗。蚌：水戏；〔增〕纯阴。

疾病类

病通称曰延年；眠眠；无念；暗年。风（疯）子：巽方大（太）岁；摊延年。瞎子：念照。目疾曰照年。驼子：脊牛。痨病：火延年；赤太岁；焦根根。隔症：闭塞延年。臌胀：胖延年；山风延年；结珠延年。疟疾：水火延年。痢疾：玻璃延年。手疾：托牛。足疾：折牛；踢牛。缺嘴：兔唇。生疮：□杨杨；哥太岁。带疾：有牛。杨梅疮：因哥延年。该名果子延年。暴疾：急延年。老病：常年。疥疮：十字延年。眼病：照子延年。臁疮：裙风延年。耳疾：井牛。烂耳曰井延年，烂足曰踢土延年。

生死类

生子：脱欠。生女：脱斗。坐喜：含欠。生孙：巴欠。无子：念欠。子多：兼欠。遗腹子：飞肉。双生：双欠。该名对欠。凡死皆称曰川。病死：大限川；又：年川。水死：龙川；冷川；玄武川。井死：穴川；窟川。火、热死：丙丁川。打死：偭川。杀死：侵川；增曰金川。牢死：闷川；增曰禁川。勒死：抵川。吊死：线川；挂川。瀹死：信川。虎死：寅川。戌死：戎川。蛇死：巳川。产死：红川。痨病死：火川。雷击死：乾川；〔增〕震川。夫死：官川。妻死：才川。公死：东川。婆死：西川。

人事类

好：坚；响坚；坚通。不好曰古；古坚；念坚；又：神古。他曰渠。你曰伊。我曰令儿悉。立：侍平；潘儿树。走：游墩；又：量。打：偭郎；偭持；叩。骂：郎千；发千；嗝；柳江；浪。笑：巧倩；完凯；今交子。哭：拭照；流珠；撒娇；撒汗。借曰昔。讨曰探。有曰献。无：念。气曰阿东。恼曰古贵。腹饿曰馁；又：西方亮。饱曰盈腹。在曰是。看曰扳识；斜手；班色。骗人曰将康。吃曰班，又曰赏。做曰钻。分曰披。渴曰咬七。要曰同工。复要走曰蛋赴。相打曰闹偭。叫曰显嗝。坐曰打墩子。说合曰抹铁。挑：孤担；天平。吃饭曰扰熯；又：赏熯。吃酒曰扰山；领山；班山。醉曰山透。吹打曰捏眼。献菩萨曰泼水。酌献曰摊红；又：卷荒。有眼力曰宪照。不知事曰暗人；又：不端亮。讲事曰咬黄。假：王龙。去曰凉。来曰热。多又曰满太式。少曰希；古莫；又：宛宛。快曰马前。漫（慢）曰马后。大亦曰太式。小曰尖。高曰崔峻，又曰上。低曰浅，又曰狭。买曰扳；扳耀；蒲扳。卖曰嫁；耀货；倘削。着曰响；又：端。不着曰不响；不端。说好曰隆。说歹曰签；又：古；苦啊；又曰针啊。拿曰肘，又曰温文。套曰扳。输：伤手。赢曰上手。进门曰入啊。来了曰入步。识得曰观亮。虚说曰王六。聪明曰慧老。巧人曰占生。梦秋曰压生〔疑魇字之误〕。没有曰梦。趁钱曰浪肘。盛曰大响。取钱曰奎把。分银曰劈琴。讨钱曰挂琴。又：讨银钱曰呕风。多要曰不将好。是非曰咬手。放对曰查头，又曰犯查头。说出来曰吐啊。油嘴曰太咒。说本事：将气签。打官司曰匾孤舟。告状曰控讼；耗孤；顶孤；滚内。人命曰人牙。凡命为牙，故算命曰梳牙。官事曰孤非。犯徒罪曰奎五。犯充军曰奎六。得财曰有皂。破财曰失皂。好嫖曰花皂。好赌曰者皂，又曰牵把。寻闹曰犯搭。相骂曰目西。贪吃曰吹毛。欠债曰抵金。有钞曰热子。无产曰流通。刁而蛮者曰鄙貊。拐子称为马扁。假钞曰将肯。跪曰拂土；丢千。拜曰剪拂。拜揖曰丢圈子。请坐曰登壁；又：盘俟。唤茶曰青儿；又：水汉。说话曰吐调。会说曰调皮。买卖曰倘扳。做戏法曰扬虚。逃走曰暗量；兆量；又曰滚线。八字曰捌黑。合婚曰合寸。配妻曰已才。讨妻曰挂才。做亲曰披红。年纪曰丈头。起身曰结坐。讨丫头曰挨手。讨小使曰挨子。靠人家曰挨通。说人成亲为炉老好。谈往事为曰料。好村方曰良棋盘。卖田曰削盘。买田曰拨盘。种田曰钻盘。
离祖曰辨黑。学生意曰念掰。能生意曰柳党。合做生意曰搽才。
合伙曰八米柴。生意好曰响帐。做生意还家曰倘扳转。生意名为
钻曲。收摊子曰卷帘。对门为对枪。隔壁为隔枪。邻舍为邻通。
做生意处为碾地所。好场子亦为碾地。卖东西曰挑思息。不识物
人曰羊生。知我行事曰徒染，又曰元梁。名色好曰双足。急曰弓
皮。缓曰倦千。结交朋友曰嵌角。奉承曰除公。善逢迎曰买火
种。极好曰本六。有人知道曰正八。不识取笑曰破赌。坐又曰度
堂。火烧曰献红。下船曰踏瓢。到人门为钻窑。不言语为念咀。
趴灰曰灼炭。拐龙阳为拿卯。阉曰马牵。养婆娘为养马。骂人毯
曰溜海，又曰采线。自卖为挨身。卖女为挨斗。不晓切曰羊盘。
晓不全曰半亮。不在行人曰衍生。洗浴为潮龙；又：诳沦。洗面
曰诳盘。剃头曰扫青；又：削青。剃头人曰飘生。做庠曰按摩。
取耳为扳井。敲背为拣尸〔此语可恶〕。剔脚为裁皮，又曰瓜皮，
又为修踢土。凡卖物又谓之曰跳。卖糖则曰跳甜公。卖香为跳烟
头。卖帽曰跳顶公。卖假货为跳符恳。真货为实赞。和尚道士化
油曰吊漫水。分票儿曰飘叶子。圆光曰请空。请仙曰空老儿，又
曰钻黑鬼。道士书符又名错大字；错虎头。唱道情人曰边江子，
又曰杠子身。宋殿道士送符曰漂火头。

　　江湖切语三十四卷终。

中国民间隐语行话

一、汉语隐语行话的正名与源流

1. 性质与正名

《庄子·天道》中说："意之所随者，不可以言传也。"后来，人们就把一些只能心领神会而难以确切表达的事说成"只可意会，不可言传"。例如清代学者刘大櫆《论文偶记》中谈其作文章的体会时即说："凡行文多寡短长，抑扬高上，无一定之律，而有一定之妙，可以意会，而不可以言传。"说来似乎有些令人难以置信：关于何谓"隐语行话"这个问题，迄今仍处于凭直感"意会"，而缺乏比较确切的通行概念予以阐释"言传"的状况。

旧时隔行者交谈时，如一方听不懂对方话语所指，则往往会说："请说白话，别说些个行话。"其"行话"多指隐语行话。我的一位多年从事东北匪俗研究的朋友，在一次联欢会上临时被邀即兴表演节目，于是他说了一段旧时马贼进村时与人的对话来充热闹：

甲：看皮子掌亮子，备好海砂混水子，小嘎子压连子！①

---

① 意思是：看好狗点上灯，预备好咸盐和豆油，小孩子遛马去！

乙：是空干还是草干？空干啃富，草干连水。不空干、不草干，来个草卷儿，掐着台儿拐着！①

人们听得莫名其妙，知道他是在用东北胡子的黑话来凑趣。孰知，这是他从东北著名匪首（胡子头儿）"大来好"口里，记录下来的一段胡子进村时的盘道黑话，即"对对脉子"。② 然而，"黑话"是世人对这类团伙隐语行话的蔑称，当行者称之为"春典"。

这种语言现象，一向有着许多不同称谓。有"乳名"，有"雅号"，也有"绰号"，即或是"学名"，亦纷歧不一，至今仍难有统一的定名。兹略举几例：

隐语——即南朝时梁人刘勰《文心雕龙·谐隐》中的"隐"，指"遁辞隐意，谲譬指事"之语。刘勰说，"昔楚庄、齐威性好隐语，至东方曼倩尤巧辞述"。《汉书·东方朔传》："（郭）舍人不服，因曰：'臣愿复问朔隐语，不知，亦当古来隐语概念颇宽泛，兼指巧辞、谜语、歇后语之类；之所以如此，即如闻一多《说鱼》中所说，"隐训藏，是借另一事物来把本来可以说得明白的说得不明白点"。③ 有例证可辨用指"秘密语"者，如明代田汝成《西湖游览志》余卷二五引同代陶宗仪《辍耕录》说："杭州人好为隐语，以欺外方。如物不坚致曰憨大，暗换易物曰搠包儿……"

市语——此说唐宋时已经出现，如宋人曾慥《类说》卷四引唐无名氏（一说元澄）著《秦京杂记》云："长安市人语各不

---

① 意思是：不知老总是饿还是渴？饿了吃饭，渴了喝水。如果不渴也不饿，就来支卷烟，拿上坐炕上抽去！

② 考察是否同伙。

③ 《闻一多全集》第一一七页，三联书店（北京）一九八二年版。

同，有葫芦语、锁子语、纽语、练语、三撏语，通名市语。"迨
至明清，用此说法者仍然不少，现代已颇少见，惟钱南扬氏《汉
上宧文存》有《市语汇钞》一辑，仍沿用旧说。"市语"之名，
当指这种语言现象多为市井俗语而言。

方语——系由其原指方言俗语的本义转而用之，即如明代程
万里辑录的《六院汇选江湖方语》中所云，"但凡在于方情"，是
就隐语行话的地域差异（主要是口语言语交际中的方音）而言。

行话——在此取江湖及市井诸行各道的隐语行话之义，如清
末民初北京有《江湖行话谱》印行，书分"行意行话""走江湖
行话"凡九类。

切口——又简称"切"，如明末清初有《江湖切要》（又名
《江湖切》）一书流行，专释江湖隐语行话。清末，又有《江湖
通用切口摘要》。原本专指以反切方式构造的秘密语，后则用来
泛称所有秘密语，即如《江湖通用切口摘要》小引所说："切口，
即隐语也。"赵元任撰《反切语八种》，仍专指以反切方式构造的
秘密语。

杂话——这一说法仅见于太平天国时《王长次兄亲目亲耳共
证福音书》："有时讲杂话，是上帝教朕桥水。"① 清张德坚《贼
情汇纂》卷五、卷八，径题以"隐语"。"杂话"本身，亦即其
团体内对这一语言现象的隐语称谓。"杂"，当取混杂以隐之义，
隐语行话语汇材料多与通语材料混杂使用。

俏话——系就隐语行话的外观直感的修辞效果而言。《西湖
游览志余》中说："又有讳本语而巧为俏语者，如诟人嘲我曰淄

---

① 桥水，隐语，指心机、计谋或谋略。

牙……则出自宋时梨园市语之遗，来之改也。"

锦语——宋代有《圆社锦语》，是当时蹴鞠行的隐语行话专集。清人翟灏《通俗编·识余》中说："宋汪云程《蹴鞠谱》有所谓锦语者，亦与市语不殊。""锦"，取其五彩争艳之义，借指当行隐语语汇的色彩缤纷令人新奇。

春点——又作"春典"，是江湖各行对隐语行话的称谓。《江湖通用切口摘要》小引释"切口"即"隐语"后，称其"名曰春典"。① 关于此说由来，迄今无确切明晰断论。

哑谜——见于《说唐全传》第二十二回，所谓"这行中哑谜，兄弟不可不知"，如"剪拂"（强盗见礼）、"风紧"（杀之不过）、"讨帐"（守山寨）之类。究其语源，取俗语"打哑谜"之义，源本《文心雕龙·谐隐》有关谜解。

黑话——是行外人对江湖隐语行话的蔑称，因其中黑幕、黑道、黑社会而言，意犹"暗语"。《西游记》八十四回已有："八戒在旁卖嘴道：'妈妈儿莫说黑话，我们都是会飞的。'"而《江湖走镖隐语行话谱》有"江湖黑语，师兄弟三人所传"② 之语，以"黑语"自称，殊不可解，或系抄讹之笔。

秘密语——民初，容肇祖曾撰《反切的秘密语》③ 文。

此外，明祝允明《猥谈》尚云："本金、元阛阓谈吐，所谓鹘伶声嗽，今所谓市语也。"此前，宋张仲文《白獭髓》又有

---

① 此据金老佛《九流三教江湖秘密规矩》本，大通图书社一九三七年版。前引则据钱南扬《汉上宦文存·市语汇钞》转录于清光绪苏州桃花仙馆石印本唐再丰《鹅幻汇编》卷十二，其作"春点"。

② 此书名系笔者校点命之，中国社会科学院文学研究所据抄本影印，原为清无名氏手录。

③ 刊《歌谣》周刊第五十二期，一九七四年。

"银匠谚语"，如"掀也""火里"之类。再前，唐段成式《酉阳杂俎续集·贬误》载："予别著郑涉好为查语，每云：'天公映冢，染豆削棘，不若致余富贵。'至今以为奇语。"随后，宋王谠《唐语林·补遗一》亦称："近代流俗，呼丈夫、妇人纵放不拘礼度者为查。又有百数十种语，自相通解，谓之查语，大抵多近猥僻。"钱南扬氏将"查语"列入"市语"之属，然无更多显证材料可验。①

近代，西学渐入本土。现代语言学理论对汉语隐语行话的阐释，仍众说纷纭，莫衷一是。一九五七年，《中国语文》杂志在第四、五两期就"社会习惯语"和"社会方言"问题展开讨论。这次讨论的一个较为集中的争议，是"行话"（同行语）与"黑话"（秘密语）的区别。这次讨论是在现代语言学领域进行的。著名语言学家高名凯不仅写了较长的文章参加讨论，② 还在其后来出版的《语言论》③ 书中再次就这次讨论的中心问题作了进一步论述。他认为，彭国钧《同行语和黑话的区别》④ 存在一些误解和自相矛盾之处。高名凯认为：行业语也可能是隐语，隐语也可能是行业语，两者并不矛盾。根据社团方言的公开性和秘密性，可以把社团方言分为两类，一是一般的社团方言，亦即公开性的社团方言，一是秘密性的社团方言，即隐语。一般的社团方言虽然有许多本集团所运用的特殊词语，这些词语也可能是其他集团的人所不了解的，但却不是有意让别人不了解，别人只是因

---

① 《汉上宦文存》第一一七页，上海文艺出版社一九八〇年版。
② 题为《关于社会方言》，《中国语文》一九五七年第五期。
③ 科学出版社一九六三年版，第四〇四至四〇五页。
④ 《中国语文》一九五七年第四期。

为"不在行"而不了解。隐语却不然，秘密性则是隐语所特具的。隐语中特殊的词汇成员往往要用改变词的形式，包括词的语法部分的形式或改换词的语音结构的方式来实现，正是为保守秘密、使别人不易识破所使然。隐语中特殊的词汇成员一被识破，运用隐语的社会集团就会放弃它，改用别的秘密性的词语。隐语往往是秘密社团所运用的社团方言。一般地说，行业语或其他社团所运用的社团方言并不是秘密性的，但这不等于说，在特殊的情形下，它们就不可能是隐语。一部分行业语特殊的词汇成员带有隐语的性质是不可讳言的。

在高名凯另部主要著作《普通语言学》① 中，也曾论及这个问题。如同上述讨论至今仍有其科学意义一样，此书的基本观点亦对今天我们的深入探讨不无启发作用。他认为：隐语是指改了样子的秘密的语言，是为着从事某一种行业的人或某种集团的人的共同利益而服务的，亦即所谓"黑话"或"同行语"（行话），但并非"行业语"。

对一种事物的命名，首要在于概括性地显示其本质性特征。其次，则是应遵循约定俗成的原则，获得比较广泛的认同。关于隐语行话这一事物的命名，亦不外如此。以往之所以众说纷纭、用语驳杂，关键是对这种微观语言现象缺乏比较系统的科学研究和更切实际的科学阐释，使之作为科学领域中长期冷落的一隅，未能与现代科学的发展实现同步。换言之，用当代中国习用的一个说法，即拉了有关学科整体发展、综合应用的后腿。这是有目共睹、毋庸置疑的事实。

---

① 增订本，新知识出版社一九五七年版，第六一页。

关于隐语行话的本质特征，我在《中国民间秘密语》^① 一书中是这样表述的：（1）"民间秘密语，亦即民间社会各种集团或群体出于各自文化习俗与交际需要，而创制流行的一些以遁辞隐义、谲譬指事为特征的隐语。"（2）"民间秘密语不是语言，而是人们在社会生活中，出于一些集团或群体为了回避外部人了解关系其内部共同利益的言语交际内容而派生出的语言变体。"（3）"民间秘密语是一种在社团内部使用的、用以部分替代其相应概念语义符号的人为的特定语言符号。"凡此，概括言之：民间秘密语（或称民间隐语行话），是某些社会集团或群体出于维护内部利益、协调内部人际关系的需要，而创制、使用的一种用于内部言语交际的，以遁辞隐义、谲譬指事为特征的封闭性或半封闭性符号体系，一种特定的民俗语言现象。这些，即是民间秘密语基本的本质性特征。^②

那么，从上述本质性特征出发，应该使用什么样的名称用语呢？

首先应排除那些偏重强调其个别细微特点的用语，如"市语""方语""切口""俏语"之类；其次，是排除从概念上易于同其他语类混淆的用语，如"行话""杂话""哑谜"之类；同时，还应排除那些色彩不雅或难为行外人接受（理解）的用语，如"黑话""春典"之类；至于较冷僻的用语、随机性用语，亦

---

① 上海三联书店一九九〇年八月第一版，第三页、第十三页。
② 陈原《社会语言学》中有段阐释，可资参考："特定的社会集团所制定的符号，往往不是语言文字，而是一些记号、信号或者隐语。这些特约符号是为这个集团的成员之间特殊交际活动所使用的，带有一定的秘密性，大都是这个集团以外的人所不能理解的。"学林出版社一九八三年版，第一六三页。

当然排除在外，如"锦语" （含已言及的"杂话""哑谜"）之类。

这么一来，现为广泛认同并经常交替使用的，主要是"秘密语""隐语"，以及"隐语行话"。我本人在有关著述中即始终以同义的原则交替使用这三种用语，甚至还用过"秘密语行话"的提法。这样做，一是出于阐述问题的行文方便，再是鉴于目前用语不一的情况，以这种方式使接受信息者能无歧义地把握我所要表述的事物。当然，作为涉足这一领域研究的学者，对此颇感不安与别扭。但一个恰切的名称用语的确定，却不是操之过急可望奏效统一的问题，既需科学理论的普及、引导，还需约定俗成的广泛认同。

2. 形态与源流

首先，从民间隐语行话的功能来探讨其发生、发展的源流。

隐语行话作为一种民俗语言形态，滋生于中华民族悠久、深厚的传统文化积淀中，赋诸语言文化形态。单就其语、义分离相悖这一点来说，堪称是对语言的扭曲、反动。但从社会需要这一功能性，乃至文化发达的视点而论，又无疑是一种进步，是人类智慧适应社会生存需要的结果。

有人认为，"在旧中国黑社会中通行的黑话，也因犯罪团伙的活动猖獗而泛滥起来……因此，要纯洁我们的语言，必须从治理社会入手。只有我们现实生活中的丑恶现象消除了，反映这些现象的词语才能清除"。① 要从现代汉语中清除犯罪团伙的黑话必须治理社会、消除丑恶现象，这是有道理的。但是，除黑社会而外，尚有其他许多社会群体仍流行有隐语行话，至今未绝，却未必亦应清除。隐语行话并非黑社会独有的"专利"，而是一种古往今来传承不息的民间文化现象，或说亚文化现象，与正统的雅文化（上层文化）伴生共存，生承不息。笼统地认为说隐语行话的没好人、"好话不背人"，这是一种误解或偏见，是不切实际、有悖科学的。因为隐语行话是缘社会生活的需要而发生、发展的，而且，还将因这种需要而继续存在与发展。高名凯《语言论》中有一段论述，他写道："有人认为在社会主义国家里，隐语是不可能存在的。他们所以这样主张，一方面是因为他们误以为隐语总是不好的东西，它是'偷儿的语言'，一方面是因为他们以为在社会主义国家里，凡事无需偷偷摸摸地做。其实，正如我们所说的，'隐语'这个术语的来源尽管是'偷儿的语言'，②它的现实含义却只是带有秘密性的社团方言。隐语之是否存在，要看'秘密行事'是否必要，不是看有没有偷儿存在。就是没有任何一个偷儿，也可以有隐语。"就现实社会而言，黑社会隐语行话与其他社会群体隐语行话的共存，均由其固有功能及文化构成之需所决定。

在汉语中，隐语行话的最初源头，是运用不同修辞手段隐约其辞的语言游戏式隐语。《国语·晋语》卷五说，"有秦客廋辞于朝，大夫莫之能对也"，其"廋辞"亦即这类隐语，是其"以隐

---

① 王李金《纯洁语言与治理社会》，刊《光明日报》一九九〇年八月十六日一版。
② 俄语称隐语为 окаргон，源于法语 jargon，本义指"偷儿、流氓、盗贼之类秘密团体的语言"，后取"歪曲的语言"之义。

伏谲诡之言问于朝"，使用的是谐隐之辞。后来的藏词、风人体、歇后语等，均源于此。

其次，由禁忌、避讳语俗形成的市井隐语，可以说是隐语行话的又一主要源头。因为忌讳某一事物、某种名谓，而改用另一种说法，如因避凶就吉、避俗（秽）就雅而改换用语等等。

从广义上说，隐语行话本身亦可以说是忌讳语兼语言游戏。不过，它忌讳的是外部人听懂其义而了解群体内部行事；其构造形式，则颇与语言游戏相近，可谓一种关系群体利益的群体性语言游戏。

以回避行外人知晓为功能特征的群体性隐语行话，既有别于上述语言游戏和忌讳类隐语，又与之密切关联。在现存许多古今隐语行话材料中，颇有一些在构造上含有这两种因素，显示着隐语行话与传统语言文化渊源关系的"胎记"。

统而言之，从现存文献记载来看，汉语隐语行话的发达，当始于唐宋，而兴于明清，相沿流行至今。

具体说来，不同形态的隐语行话又各有比较直接的古今传承源流。

（1）语词形态隐语行话

在全部汉语隐语行话中，这是一种运用最为广泛、内容最为丰富而起源亦甚早的习见形态。

语词（含短语）形态的隐语行话，早在春秋时代（公元前七七〇—公元前四七六年）已见端倪。例如《左传·哀公十三年》载："吴申叔乞粮于公孙有山氏，曰：'佩玉繁兮，余无所系之！旨酒一盛兮，余以褐之父睨之！'对曰：'粱则无矣，粗则有之。

若登首山呼曰，庚癸乎，则诺。'"对此，唐人杜预注云："军中不得出粮，故为私隐。'庚'，西方，主谷；'癸'，北方，主水。"显然，庚、癸是用以隐指粮食和水的隐语。

现存文献记载的群体性语词（含短语）形态的隐语行话，当属唐代戏曲家崔令钦《教坊记》中所记述的当时伶人行话："诸家散乐，呼天子为崖公，以欢喜为蚬斗，以每日长在至尊左右为长入。"唐孙启《北里志》中亦记当时京城妓院称假母（鸨母）为"爆炭"，并注称："不知其因，应以难姑息之故也。"此"爆炭"，则是其妓行隐称院中假母的行话。此外，宋人王谠《唐语林·政事》亦载："（唐）崇因长入人许小客求教教坊判官，久之未敢奏。一日过崇曰：'今日崖公甚蚬斗，欲为弟奏请，沉吟未敢。'"显然，这是宫中伶人为在帝王左右互相言语交际方便（臣且伴君如伴虎，何况地位卑微为时所贱的伶人）而创制、使用的隐语行话，其功利性无疑在于同行群体的人身安全，是一种自卫的本能所致。京中平康里妓女称执掌其身家性命的假母为"爆炭"，亦属既恨而又惧其威势的自卫表现。

至于唐佚名氏《秦京杂记》中所说的"长安市人语各不同，有葫芦语、锁子语、纽语、练语、三摺语，通名市语"，虽属唐代已流行各类隐语行话的又一显证，但未见具体例证，未便据以辨其形态类型。

《说唐演义全传》讲说的隋唐故事情节中，穿插了一些诸如谓强盗见礼为"剪拂"、有客商为"风来"、杀之不过为"风紧"之类"哑谜"，但今所见多成书于明清之际，难以据以认定系隋末唐初原所流行。若得显证可据，那么，则可望将语词形态隐语行话的始兴时间推前至隋，提早一个朝代。

宋代以降，非但有《圆社锦语》《绮谈市语》等隐语行话专集出现，张仲文《白獭髓》书中亦明确注称"掀也""火里"为当时的"银匠谚语"，足见语词形态的隐语行话已成为一时诸行群体语俗。

明清以来，《金陵六院市语》《六院汇选江湖方语》《行院声嗽》《江湖切要》《江湖行话谱》《切口大词典》等专集、专用工具书的流行，均属语词形态隐语行话在各行群体中广泛应用的显著标志。光是一部《切口大辞典》，即按行业辑录了三百七十余行的语词式隐语行话。

至当代，随着社会生活与旧时代相去已远，语词形态的隐语行话在继承以往的同时亦在不断翻新，以适应客观的需要。且以过去辽宁黑社会群体常用者为例：衣服称叶子，粮票称吃的，火车票称垫儿，身份证称翻章子，娼妓称抽子，手表称手转，粉条称干枝子，怀表称月子，火车站称塔下，浴池称牢房子，理发店称老秋家，旅馆称流水窖，偷自行车称蹬飞轮，等等。近代新兴的商埠香港，黑社会的隐语行话亦以语词形态为主体。例如：裤子称横角，衣衫称披，鞋称踩街，内裤称底横，眼镜称线超，信件称朵，戒指称黄指，流血称爆江，外国人称灰斗，记者称老记，路旁赌档称海鲜档，百元称一斤，千元称一栋，伪钞称流千张，等等。

语词形态的隐语行话时代性、行业（集团）性明显，而且灵活、适应性较强，便于表达各种各样的事物。基于这些特点，使之成为古今各类社会群体所乐于采用的最主要的隐语行话形态，历久不衰。

（2）话语形态的隐语行话

这是一种以语句来寓指特指语义的隐语行话形态，亦早在春秋时即初见端倪。据《烈女仁智传·鲁臧孙母》中记载，春秋时鲁国大夫臧文伸出使齐国被拘禁在那里，为向国内报告齐国行将攻袭鲁国的紧急情报，他暗地派人送回一封信说："敛小器，投诸台。食猎犬，组羊裘。琴之合，甚思之。臧我羊，羊有母。食我以同鱼，冠缨不足带有余。"鲁公展信读之不解其所言，而臧母见信却哭诉道："吾子拘有木治矣（被械系于牢）！'敛小器，投诸台'者，言取郭外萌（城外百姓）内（纳）之于城中也。'食猎犬，组羊裘'者，言趣（促）飱战斗之士而缮甲兵也。'琴之合，甚思之'者，言思妻也。'臧我羊，羊有母'者，告妻善养母也。'食我以同鱼'，'同'者，其文错（文理交错），'错'者所以治锯，'锯'者所以治木也，是有木治系于狱矣。'冠缨不足带有余'者，头乱不得梳，饥不得食也。"原信以隐喻之句写成，深知其子的臧母则据隐喻联想，推断得解。

使用话语形态隐语行话较多者，尤以明清以来一些秘密社会团体为突出，并且大都是用这种形式来识别对方身份。话语体的隐语行话内容所及，多系本团体固有的信仰、规矩、习惯之类，以此作为考察对方是否是同党的凭据。由于这种形态灵活、随便，涉及内容较广，随机性强，所以非同党极易在问答对话中露出破绽。对于同党来说，又是基本常识，对答如流，无需事先特别约定和熟记。此以天地会的两段问答为例：

有人问："你以乜为大？"答曰："以洪灯为大。""以乜为尊？""以五祖为尊。""以乜为高？""以旗杆为高。""以乜为正?""以斩七为正。""以乜为宝?""以洪米为宝。"
"以乜为记?""以金钱为记。""以乜为凭?""以歃血为凭。"
"以乜为据?""以插草为据。""以乜为号?""以五色旗为
号。""以乜为胆?""以铁尺为胆。""以乜为满?""以白锭
炉为满。""以乜为公?""以洪棍为公。""以乜为重?""以
军器为重。""以天为乜?""拜天为父,拜地为母,拜日为
兄,拜月为嫂。""天姓乜?""天姓兴。""地姓乜?""地姓
旺。""日姓乜?""日姓孙。""月姓乜?""月姓唐。"

有人问:"你在乜处出世?"答曰:"我在丁山脚下出
世。"问:"你出世食乜野大?"答曰:"食五色果大。"问:
"几多钱买一个呢?"答曰:"廿一钱一个。"问:"你饮乜野
乳?"答曰:"饮三河水。"问:"你食乜姜醋?"答曰:"食
甜豉油。"问:"你身着个件衫,在边(乜?)处买布?"答
曰:"在木杨城忠心街义合店。""买几多布?""买廿一尺八
寸零三分。"问:"谁人所做?""结兄剪裁万兄缝。"问:
"有几多条骨?几条线?"答曰:"有七条骨,八条线。"问
曰:"有几多幅?"答曰:"有五幅。"问:"此布何名?"答
曰:"五色丝罗。"

凡此,由巨而细,问答所及,事事物物,皆暗里围绕天地会
诸信仰、习惯、规矩,悉以本会号召、团结会众的宗旨为本。其
中典故,率皆本此。

(3)谣诀形态的隐语行话

骈体、韵文以及诗词、歌谣等将音韵和谐作为体裁风格基本
特点的文体,一向在汉语文学中占据重要地位,上口、易记,则

是其深受青睐的主要因素之一。许多古典文学作品和民俗文学作品得以广泛流传，经久不息，也是因为押韵上口、易于记诵，便于传播。谣诀形态亦即谣诀体的隐语行话，是在话语体基础上产生的以歌谣、诀语形式载负特定语义信息的隐语行话形态，并与话语体并行或混用。

如果上溯其源的话，则可使人首先想到古代的隐语谣谚，如《后汉书·五行志》所载："千里草，何青青；十日卜，不得生。"这是一首诅咒董卓的民谣。从析字法得知，"千里草"指"董"字，"十日卜"为"卓"字，合乃"董卓"，是以析字法构成的隐语民谣，又以其押韵上口而得以迅速流传。

"风人体"民歌的修辞方式多含双关隐语，亦堪称谣诀体隐语行话源头之一。清翟灏《通俗编·识余·风人》云："六朝乐府《子夜》《读曲》等歌，语多双关借意，唐人谓之风人体，以本风俗之言也。如：'理丝入残机，何患不成匹！'摘'门不安横，无复相关意。''黄檗向春心，苦心随日长。''打金侧玳瑁，外艳里怀薄。'……皆上句借引他语，下句中释本意……又，风人之体，但取音同，不论字异。如：'雾露隐芙蓉，见莲不分明'，以'莲'为'怜'也。'桐树生门前，出入见梧子'，以'梧'为'吾'也。'朝看暮牛迹，知是宿蹄痕'，以'蹄'为'啼'也。'石阙生口中，衔碑不得语'，以'碑'为'悲'也。"谣诀体隐语行话，显然具有这种"风人体"的遗风。

考溯谣诀体隐语行话之源，尚应说到隐约其意、闪烁其辞的谶语诗。谶语，是汉代以来巫师、力士用作吉凶预兆或符验的隐语，多以通俗诗句形式出现，故有谶语诗之谓。南宋王明清《挥麈余话》卷二载："张步溪中有石，里人号曰团石，有谶语云：

'团石圆，出状元；团石仰，出宰相。'"这是吉兆谶语诗。又有传为凶吉谶语诗者，如《清稗类钞·迷信类·黄仲则诗谶》："武进黄仲则少尹景仁，风仪俊爽，秀冠江东，客死安邑。人传其过平遥绝句云：'疑是晋卿灵未泯，九原风雨逐人来。'词虽警绝，信为诗谶。"其实多属迷信的附会之解。最为典型的是道家占卜中编制成套的谶语诗，隐约其意，可作多种附会，至今仍可在一些道观中见到。谣诀体的隐语行话，虽无预卜吉凶功能，形制、风格却颇与之相近。

天地会盘道问答之中，不时夹杂一些谣诀体隐语行话。例如：

> 广东洪竹世间稀，林中三六七十二。
> 天下谁人知此意，起手动脚便知机。
>
> 二十一人共一舟，义兄带我落船头。
> 罗汉金钢扶左右，顺风相送好优游。
>
> 桃李三六在树根，李子七二甚超群。
> 两件分明成结阵，一百零八定乾坤。
>
> 看见桥头结万人，手持三石往水滨。
> 义兄当前来指引，三八廿一不差分。
>
> 三河流出五湖通，望见高溪寺门中。
> 忆昔五祖当年事，特来拜谢万云龙。

这些谣诀未必夹杂语词形态的隐语行话，或以整首谣诀表达某种特定语义，但它却是一种用以察验对方是否同党的特殊隐语行话，具有"会员证"作用。又如天地会《通用问答辞》载：

　　有人问你姓名，你用此诗回答：

　　　查我名来问我姓，家居住在木杨城。

　　　松柏林中同士子，金娘改我唤洪英。

　　但有人查问你，你不识，可念此诗：

　　　头发未干出世迟，家贫难读五经书。

　　　万望义兄来指教，乃念花亭结义时。

　　但有人问你某年某月某日某时生出世，你念此：

　　　义兄问我何年生，岁岁生来是甲寅。

　　　本月孟秋廿五日，时红好运我生身。

　　但见路上有沙三堆，用左脚踢去中央一堆。吟诗：

　　　人皇脚下两堆沙，东门头上草生花。

　　　丝线穿针十一口，羊羔美酒是我家。

　　但见路中有沙五堆，用脚踢去。吟诗一首：

　　　五色沙泥摆五堆，因何摆在路中来。

　　　半天有雨难行动，我系洪英脚踢开。

　　一如天地会话语形态的隐语行话，其谣诀体隐语行话亦多合会中信仰、会旨、会规及习惯之类内容。同话语体比较，谣诀体则易于传诵、记忆，根据不同情景对话及问答内容，信口可出而又严密，难为会外人假冒。尤其是对于大多数出身贫苦识字有限或根本未读过书的团体成员，谣诀体隐语行话的上述特点更使其成为一种便于掌握和使用的秘密联络工具。近代东北胡匪中，也不乏使用谣诀体隐语行话之例。① 如两个土匪夜间走路相遇——

一个便问："你是谁？"

一个则答："我是我。"

然后再对："压着腕子。"

随即接说："闭着火。"

当一股胡匪的代表前往另股联络事务时，经过种种规矩、隐语行话的察验无误后，见到大掌柜（匪首）时，还要用谣诀体隐语行话对答一番。如，来者施罢礼后说："西北连天一块云，乌鸦落在凤凰群。不知哪位是君，不知哪位是臣？"大掌柜答道："西北连天一块云，君是君来臣是臣。不知黑云是白云？"这时来者再施一礼说："黑云过后是白云，白云黑云都是云。"大掌柜的意思是："你这进来干哈？谁是掌柜的不很清楚了吗！你是从哪来的？"来者所答意思为："咱们是一家人，要不也不敢闯。今天来是有事。"由此可知，东北胡匪中流行的谣诀体隐语行话，基本上是以句为单位表达其约定俗成的特定含义；同天地会所用相比，似乎要更为严密。

谣诀体的隐语行话，大都流行于一些有组织的秘密群体、社团，并因群体、社团之别而存在封闭性，互不通用。

（4）反切式隐语行话

反切，又谓反语，是汉语的一种以上字取声、下字取韵调相拼合的传统注音方式。汉末服虔、应劭已用反切，而《颜氏家训·音辞篇》认为，反切由三国时魏人孙叔然（名炎）首创，

---

① 参阅曹保明《土匪》，春风文艺出版社一九八八年版。

"至于魏世，此事大行，高贵乡公不解反语，以为怪异"。据《三国志·吴书·诸葛恪传》载："童谣曰：'诸葛恪，芦苇单衣篾钩落，于何相求？成子阁！''成子阁'者，反语'石子冈'也。"是知这种注音方式很早即已被民间用来构造隐语了，连儿童也会使用。在汉魏六朝小说中，亦可发现这种语例。如《古小说钩沉·甄异传》中说：

> 此鬼无他需，唯啖甘蔗，自称高褐，主人因呼阿褐。或云："此鬼为反语，'高褐'者'葛号'。邱垅累积，尤多古冢，疑此物即其鬼也。"①

又如《续异记》亦载：

> 子然问其姓名，即答云："仆姓卢，名钩。家在粽溪边，临水。"复径半句中，其作人掘田塍西沟边蚁垤，忽见大坎，满中蝼蛄，将近斗许，而有数头极壮，一个弥大。子然自是始悟曰："近日客户钩，反音则蝼蛄站也。家在粽溪，即西坎也。"②

由此可见，以反切方式造隐语，曾是汉魏以来颇为流行的一种语言游戏。后世以反切原理创制的"切语"，则是一种流行甚广的民间秘密语，俗谓"切口"。两者皆以"隐"为共性，而功能有异。从语言学的意义上说，这类"切语"同"反切"又相区

---

① 《鲁迅全集》卷八，人民文学出版社一九七三年版。个中，"高褐"切得"葛"字，"褐高"切得"号"字，"葛号"即"葛蒿"，隐指坟地。

② 出处同前。个中，"卢钩"切得"蝼"字，"钩卢"切得"蛄"字，"坎西"切得"溪"字。

别，即如有人提出的那样：①

> 切语是社会上流行的一种隐语。它表现在口头上，是为了交流某些思想而应用的工具。切语之目的，在于求义。

> 反切是读书人用的注音工具，它的主要功用是为汉字注音。反切不表义，不作交际工具。反切之目的，在于正音。

唐宋以降，用反切原理构造的民间秘密语历行不衰，与语词形态的隐语行话一并或交互使用。其中比较典型的，当属明田汝成《西湖游览志余·委巷丛谈》所记语料，颇为丰富。

> 杭人有以二字反切一字以成声者，如"秀"为"鲫溜"，以"团"为"突栾"，以"精"为"鲫令"，以"俏"为"鲫跳"，以"孔"为"窟笼"……有以双声而包一字，易为隐语以欺人者，如以"好"为"现萨"，以"丑"为"怀五"，以"马"（骂）为"杂嗽"，以"笑"为"喜黎"，以"肉"为"直线"，以"鱼"为"河戏"，以"茶"为"油老"，以"酒"为"海老"，以"没有"为"埋梦"，以"莫言"为"稀调"。

清末民初，因各地方言读音的差异，以及其他社会文化方面的因素所致，各类切语五花八门，广泛流行于不同地域、多种社会群体。仅语言学家赵元任《反切语八种》所记，即不止八种，他指出，在汉语中"最有系统，在音韵上也最有意思的是用反切

---

① 张天堡《切语初探》，载《淮北煤师院学报》（社会科学版）一九八六年第三期。

的秘密语"。① 汉语中最富表达能力的隐语行话，是借改变语音为手段的反切式秘密语。

时至当代，这种以反切为基本构造原理的民间秘密语并未消失，仍在江淮、辽东等地的一些群体中流行。例如，淮北有的家庭，家庭成员日常对话，仍不时使用切语。辽东有些盲人之间交谈，亦习用旧时内部流行的盲人切语（俗谓"盲佬语"）。

在民间，关于反切式秘密语，又有"徽宗语"一说。一部权威性辞书的解释说："（徽宗语）流行在北京、天津一带盲艺人和迷信职业者中间的一种切口，主要为保密，因为迷信职业有好多话不便让外人知道。"② 事实上，"徽宗语"不止流行在京、津地区，河南、安徽等地也多有流行。据调查，仅在河南老一辈民间戏曲艺人中，即流传着三种有关"徽宗语"来源的传说。一说，宋徽宗时人们不满于当朝昏暗，创此隐语来进行秘密联络，组织起义。一说，民族英雄岳飞遇难时，人们以此作为秘密联络工具，多方设法营救。一说，北宋沦陷后，金军为防止人民反抗，不许议论国事，人们即用此语交谈，以避金兵耳目。此外，有的地区还传说这是宋徽宗因耽于酒色，而用来同宫女调情使用的一种隐语。或传说，宋徽宗一行为金兵俘获时，是他与身边侍从交谈所使用的一种隐语。凡此种种，传说颇多。

究其实，"徽宗语"只不过是反切式秘密语中的一种。也许宋代宫廷、民间出于某种需要使用过，也许宋徽宗本人亦说过，又

---

① 《国立中央研究院历史语言研究所集刊》第二本第三分册，一九三一年版。
② 《中国大百科全书·语言文字》第二一五页，中国大百科全书出版社一九八八年版。

同其他切语存在一定差异，但不外乎反切式秘密语的变体之一。

在湖北襄阳、郧阳以及河南的南阳等地，民间长期流行着一种"三翻语"，相传因清末捻军起义时曾以此为军中秘密语，故有"捻语"之称。直至"文革"期间，仍有流行。其构成原理，是在本音之后加一个不必读出的音节，尔后交换韵母，构成两个新的音节代替本音读出。如"汉"，读如"害烂"，未读出的加音为"赖"；"江"，读如"借娘"，未读出的加音为"列"，等等。显然，"捻语"也是反切式秘密语的一种变体，即所谓"增音换位反语"。①

此外，福州"八音摄"（又名"哨语"）、江浙的"同音切"等，虽同反切方式已存在较大差别，但从渊源而论，仍不失为反切式秘密语之遗制。

（5）副语言方式的隐语行话

在民俗语言学理论中的"副语言"，已非局限于西方现代语言学理论中所谓"指表示操某种语言的个别人特点的那些言语形式上的模式，如'假嗓音''吱嘎声''间断''咯咯声'等特点"，② 而是民俗语言文化中的"副语言习俗"。副语言习俗包括三种主要形态，"即身势情态语习俗、标志语习俗和特殊音响的非言语交际习俗"。③ 其中，以前两种在民间秘密语中应用较多。

如果追溯到语言形态的民间隐语行话之源，则可使人联想到

① 详见陈振寰、刘村汉《襄阳捻语》，载《广西师范大学学报》（哲学社会科学版）一九八四年第三期。
② ［英］哈特曼、斯托克《语言与语言学词典》中译本第二四六页，上海辞书出版社一九八一年版。
③ 拙著《民俗语言学》第一九七页，辽宁教育出版社一九八九年版。亦可参见拙著《副语言习俗》，辽宁大学出版社一九八八年版。

远古时代同人类有声语言伴随而生的手势语，古代战争中用以报警的烽火，指挥作战的鼓、旗，等等。

南朝梁萧统《拟古诗》（之二）句："眼语笑赪近来情，心怀心想甚分明。"说的是以面部表情表达情怀。《新五代史·韩建传》说："天子与宫人眼语，幕下有兵杖声，恐公不免也。"个中"眼语"，虽不是具有群体性、特约性的副语言形态的秘密语，却已显示出无声暗示而又回避有关人等知晓（被惊动而暴露）的现实情境功利性。

天地会作为民间秘密社团，会中的副语形态秘密语颇为丰富，成为一种广泛应用的"会规"。除"茶阵""路阵"而外，尚有"挂牌"之类。

> 外地会党来到本地，就要拜码头，因人生地不熟，为访友就要先挂牌。所谓挂牌，就是在茶楼或酒馆找一个位子坐下，两腿平放，不能翘二郎腿，壶放在桌角上，壶嘴对角，或对自己，不能朝对别人。左手动作还是弯二伸三，即所谓出手不离三。食指二指成开口椭圆形。若茶楼中有会内成员，看到挂牌就会上前探询。递烟时，右手食拇二指掏在烟杆或烟卷的中间，竖着递过去，同时左手点在右手盘当的位置，以表示自己的身份和地位。地位低接烟下头；地位高，接上头；地位平等，亦接下头以示自谦。手拿茶杯盏时，切忌把手掌覆盖在杯盏口上面，这叫封口，很不礼貌。也不能捧杯端底，这叫抄家，有毁人之意。①

---

① 蔡少卿《中国秘密社会》第六七至六八页，浙江人民出版社一九八九年版。

在外地为了找到本会成员，除在茶馆或酒楼以手势出示外，在路上行走，可用随身携带的实物来表示。如身上携有雨伞，上午则把伞钩挂左肩，下午挂在右肩。有时也用石头或手巾在路上摆成阵图，若将石头摆在大路当中成品字形，自己坐在隐蔽处窥探，若是帮内人就知其底细，把正"品"搬成倒"品"，边搬边念："一见宝物在路中，请在此处访英雄，前有桃园三结义，后来看拜赵子龙。"摆阵人一听，就知是帮会中人，即上前交谈。

这是手势、物件（及其摆放位置）标志的两类副语言形态秘密语的并用，同时穿插了谣诀体隐语行话。旧时东北胡匪中也使用类似的"规矩"来察验身份、联络事务。例如前述一股胡匪的使者前往拜访另股匪首，见到大掌柜的用谣决体隐语行话对答之后，下一程序则是使用这类副语言方式的秘密语来进行最后的考察。

这时，来人要伸直左手中指、无名指和小指向身一方（意思是：我是那儿的代表，来商议重要事情），于是，大掌柜的要伸直右手掌中指、小指，掌心向身（意思是：我是大掌柜的，有话说吧）。至此，一套规矩完了，大掌柜的乐了，说："台儿拐着！"（上炕来坐）。①

现代香港黑社会中，仍存在旧帮会的这类行规。如以左手握拳，单独竖起中指，为"宝"；右手拇指、食指和无名指并拢在一起，为"印"。双方见面互相盘问时，到一定阶段则要"交宝

① 曹保明《土匪》第一○三页，春风文艺出版社一九八六年版。

交印"，即先"宝"后"印"，并伴诵相应的谣诀。"一湾过了又一湾，我家原在五指山，一心找寻姑嫂庙，左右排来第三间。"这是"宝"诀。"若问印头头二四，排成三角订佳期，结义金兰为表记，同心合力主登基。"这是"印"诀。二诀均以阐释其相应手势为内容。

旧时工商诸行常见的，是"袖里吞金"式的数码手势语。手缩在袖子里（或用一条毛巾遮掩着），一方以手指作出表示有关数目的指形，要对方用手摸辨，不时随着讨价还价的数目变化而变化其指形。嘴上，则说"这整""这零"之类，以期成交。几年前，笔者在某大城市的一处古董旧物摊上，曾目睹过一次这种议价情景，但今已稀见。这样的作用，显然是有意对交易过程中的价格保密，以免被别的买主有意乘机抬价或落价，对交易双方均有利害关系。

一般说来，副语言方式的秘密语，以身势情态的体语和标志语形态为主，以无声的、近体（短距离交际）使用为主，间或同其他有声语言形态的隐语行话综合运用，具有保密性强的显著特点。但是，因其用以表达特约意义的副语言符号有限，难以取代语词形态或切语那种比较丰富的符号系统，故不能取而代之，只能根据需要及可能起到辅助性作用。这同副语言习俗尽管独具功能，却不能完全取代有声语言，共为一理。又如旧时典当行中流行的秘密字体"当字"，充其量亦不过千数而已，常用者仅几百个字符，亦不能完全取代汉字系统作为书写符号，也是同一道理。

综上所述，中国民间隐语行话是一种源远流长的特殊民俗语言现象。"正名"，在于把握和界定其本质特征与功能。因其形态丰富，所以要分别探源，不可笼而统之一概而论。

二、隐语行话形态构造
中的人文意识

语言是人类用以进行言语交际的一种符号系统，一种思维手段和社会信息的载体。不同民族、不同地区的社会成员，都通过掌握和使用本民族的语言及其地域变体（地域方言）来形成自己的价值观念、行为规范和文化模式。其中，既包括从这种语言本身由于群体作用而积淀、内化了的人文精神，也包括运用这种语言为工具获得的社会知识。

如同地域方言与其固有的人文地理、地域文化存在必然的本质性联系，特定社会群体中流行的社团方言，亦同该群体特定文化有着必然的本质性联系。这些地域方言、社团方言，在具有明显的母语文化属性的同时，也以自己独有的人文意识区别于其他地域和社会群体。没有这种基本的个性，也就失去了地域方言与社团方言变体的存在。

英国学者 S·皮特·科德在以"语言作为一种符号系统"为前提讨论语言和文化的关系时认为："我们可以说，具有特定文化的集团和它的语言（即方言）的性质之间存在着必然的联系。""一个社团有它自己的文化语言……一个社团的语言，即方言，必然反映这个社团的文化并为其需要服务。为此，必须使语言区分一些重要而有用的事物，而不去区分那些不重要的或对社会说来无关宏旨的东西。如果语言的确反映文化，那么就不难看出，凡是社团之间存在着文化差异，则这些差异必然会在语言系统的差异上反映出来。人们常说，一种语言的结构像镜子一样映照出一个特定社团所认识的世界结构。"① 就此，我所要提出的是：隐语行话作为一种社团方言，既以其所凝结着的社团文化同其他社团相区别，为本社团服务，同时也必然地反映着为这一语言变体的母语所积淀、内化了的人文意识。就整体而言，作为特殊民俗语言现象的隐语行话，在反映所属社会群体局部层面文化的同时，亦不难从中透析其赖以存在的母语文化的人文意识的深刻内涵。换言之，在其固有的个性之中，也积淀着内化了的共性。

一种语言及其各种变体所能反映的人文意识是多层面的，极其丰富的。

在此，我们试图从几个基本的微观视点来透析、考察汉语隐语行话形态构造中的人文意识。

1. 群体意识

一般说，无论谁处于社会的什么位置，在社会生活中充当什么样的角色，都生活在一定的群体之中。孤立地游离于社会群体之外的人，几乎没有。出于物质和精神生活的必需，人们总要自

---

① ［英］学者 S·皮特·科德《应用语言学导论》中译本第五三至五四页，上海外语教育出版社一九八三年版。

觉或不自觉地进入一定社会群体之中去作一名社会成员。

隐语行话，是某些社会群体根据维护群体利益、协调内部人际关系的需要，用改造母语的方式创制并使用的特殊符号系统。可以说，产生这种社团方言现象的本身，就是一种最基本的群体意识的反映，是群体意识积极作用的产物。

当人们处于某一使用隐语行话的社会群体时，他就要努力尽快地掌握并运用这一特殊的交际工具。这是一种群体意识的实际表现。无论主动还是被动的，群体意识与实际需要都促使他这样做。否则，即属自动放弃充当这一群体成员的权利与义务。当然，不这样也根本无法存在于这个群体之中。

使用隐语行话考察、辨别对方身份（是否自己人），既属隐语行话的基本功能之一，也是一种维护群体利益的群体意识的表现。

《江湖通用切口摘要》小引说，"（切口）字无意义，始从吴下俗音而译之"，所言不确。隐语行话不是语言，而是语言的变体，是以通行常语材料改造、变化而来。无论如何变化，仍不离常语材料符号的形、音、义。否则，便为无根之木、无水之鱼。其所赖以成语，仍属常语语法；其所得以说出，仍假常语语音；其所可以记录、传抄，仍用常语书写符号。脱离这些基础要素，隐语行话则不复存在。即或生硬造出，同行亦不解其所以言。再则，创制、使用隐语行话，亦只有以常语为主要思维手段。因而，尽管诸行隐语行活"隐中又隐，愈变愈诡"，所用语言材料，仍可觅其本形、本音、本义，乃至书写符号的本字。正因如此，我们则可从中透析、发现渗透、孕含其间的群体文化积淀与人文意识。

　　清末民初，京、津等地江湖中人称同行为"老合"。"吃搁念的某甲与吃搁念的某乙，原不相识，两个人在一处相见，谈起话来，只要彼此说：'咱们都是老合，以后得多亲近。'甲乙二人从此就能亲近。老合两个字，是搁念行里公名词的侃儿。我向江湖人问过，老合这句侃儿是怎么个意义？老江湖人说，这句侃儿很深奥。凡是江湖人，若能按着这句话去做事，事事都成。按着这句话去闯练，什么地方都走得通。"① 说其"很深奥"，只不过是江湖人之间的泛称。究其用字，亦颇合其义。"老"，取"久"义。"合"，谐音"河"，隐指"江湖"，而取"和合"之义。久于江湖中人，深谙江湖规矩，因而，江湖人在一起多能相互关照，见机行事。即如所说："老合的一举一动，不论遇见了什么样的人，亦能说到一处，绝不能处处碰钉子。"② "老合"一语所渗透出的群体意识，绝非"同行是冤家"这句俗语的含义，而是一种因同吃江湖饭则需互相提携、互相关照的观念，一种为大家所认同的行为规范。"宁舍一锭金，不给一句春"，这句江湖习语也同样反映着规范众人共同维护江湖行帮利益的群体意识。"春"，即"春典"，出于维护共同利益的需要（实际也是对个人切身生计利益的自卫），当行隐语行话不能轻意外传，这是一条不成文而均须恪守的社团规矩。

　　信仰习俗，是维系一种社团群体意识的重要人文精神现象。在下层社会群体中，由于崇拜与禁忌而衍生的各种语言忌讳，一向是维系群体成员之间相互关系的基本纽带之一。社团内部的语

---

　　① 　云游客《江湖丛谈》第二一页，中国曲艺出版社一九八八年版。所谓"吃搁念的"，依原文解释即"江湖人……是江湖人群名词的侃儿"。
　　② 　同前注，第二三页。

言忌讳，往往直接进入其当行隐语行话，理所当然地成为其隐语
行话的固有成分。隐语行话中的语言忌讳成分，是其群体意识的
重要方面。

《江湖通用切口摘要》中说："凡当相者，忌字甚多，不能尽
载，其中有八款最忌者，名曰八大快。"所谓"八大快"，亦即八
种语言忌讳，如忌言梦，而谓之"混老"；忌言虎，而谓之"巴山
子"；忌言猢狲，而谓之"根斗子"；忌言蛇，而谓之"柳子"；忌
言龙，而谓之"瑞条"；忌言桥，而谓之"张飞子"；忌言伞，而
谓之"开花子"；忌言塔，而谓之"钻天子"；忌言伙食，而谓之
"堂食"。此外，又忌言茶，而谓之"青"；忌言火，而谓之"三
光"，等等。甚至不仅忌其字，更忌其音。如在一些方音中"茶"
"蛇"音近，则忌之。又如忌火，则不能直言"伙食"而谓"堂
食"；"火"、"虎"音近，亦忌之。[①] 因而，"同寓（当相）诸人，
清晨各不搭话，盖恐开大快（开大快者，即犯大忌也）。如犯之，
此人是日之用费，皆要赔偿，名曰'开堂食'（即伙食也）。清晨
取火，须自于石中取之，或隔夜留一火种，切不可向人乞取。若
犯之，罚同前。到黄昏时，终皆归寓，则尽可纵谈，无所顾忌
矣。"显然，这些语讳为群体所共同认可，则由众人共同恪守，
违犯即罚，无所怨尤。究其实质，不外群体信仰习俗赋于隐语行
话的制约力量，使本即带有神秘色彩的隐语行话更显神秘。

下层社会的阶层性大群体，是由各种小群体组合而成。隐语
行话作为一种群体性的特殊语俗现象，既有小群体间的封闭性，
亦存在大群体内部的共通性。换言之，有些隐语行话在大群体层

---

① 这是《江湖通用切口摘要》中的解释，未必确切，待考。

次中的诸小群体间共同使用，有些则仅限于在某一特定群体内使用。隐语行话的这种流行范围的层面性分别，反映了由群体利益所制约的群体意识的双重性特点。既要维护大群体利益，亦需维护小群体利益，因而要在不同的群体范围内使用不同的隐语行话。由于社会分工以及当行行事内容的关系，各行隐语行话则往往显示着各当行行事的相关特征。例如宋代《圆社锦语》所辑当时蹴鞠行中隐语行话，构造材料即多同蹴鞠行事相关。试看下例：

一：解数	坐入：插脚
二：勘赚	失礼：穿场
三：转花枝	干事：补踢
四：火下	添物：打楦
五：小出尖	吃食：添气
六：大出尖	晚：蹴鞠梢
七：落花流水	好：圆
八：斗底	后：稍拐
九：花心	左边：左拐
十：全场	右边：右拐

个中如"勘赚"亦作"勘赚"，本为一种二人踢名目。宋汪云程《蹴鞠谱》的"二人场户"条称："两人对立，各用左右臁，一来一往，三五十遭，不许杂踢。"可证。

清初人翟灏《通俗编·识余》辑录的米行等十数行当隐语行话中的数目，显具诸行色彩。如：

米行：一子，二力，三削，四类，五香，六竹，七才，八发，九丁，十足。

丝行：一岳，二卓，三南，四长，五人，六龙，七青，八豁，九底。

绸绫行：一叉，二计，三沙，四子，五固，六羽，七落，八末，九各，十汤。

线行：一田，二伊，三寸，四水，五丁，六木，七才，八戈，九成。

铜行：一豆，二贝，三某，四长，五人，六土，七木，八令，九王，十合。

药行：一羌，二独，三前，四柴，五梗，六参，七苓，八壳，九草，十苣。

典当：一口，二仁，三工，四比，五才，六回，七寸，八本，九巾。

估衣铺：一大，二土，三田，四东，五里，六春，七轩，八书，九籍。

道家星卜：一太，二大，三蒙，四全，五假，六真，七秀，八双全，九渊。

杂货铺：一平头，二空工，三眠川，四睡目，五缺丑，六断大，七皂底，八分头，九未丸。

优伶：一江风，二郎神，三学士，四朝元，五供养，六幺令，七娘子，八甘州，九菊花，十段锦。

江湖杂流：一留，二月，三汪，四则，五中，六人，七心，八张，九爱，十足。

其中，丝行与绸绫行、典当与估衣铺，显系关系甚为密切的邻近行当，然而其隐语行话却不相通用，是为"隔行如隔山"也。至于所谓"江湖杂流"，隐语行话，则是诸行大群之间通用的。迨至民初以来，这套隐语行话数目，仍在诸行通用。

凡此，隐语行话的双重群体意识昭然可见。又如，同一"横子"，清末民初在绸缎业、卖花带业中指尺，杆匪用来指河流沟溪，警士用指警棍，剪绺则用指富人，均系小群体封闭意识的表现。再如，同是"对合"，炒货行用指瓜子，海鱼行用指蚌蛤，鞋业用指一种双梁鞋，点心铺用指饺子，衣庄业用指马褂，测字行用指占卜用的蚌壳，皆就所指事物外形而言，顺理成章，不为不贴切，然而取义各异，亦属小群体封闭意识作用的结果。

群体意识是围绕群体利益的群体个性的一种主要特征，否则隐语行话亦将失去其封闭的个性乃至存在的必要。

2. 正统意识

所谓"正统意识"，是指社会生活中被奉为正宗的，对人们思想、言语、行为具有较强规范、制约力量的主导性人文意识。下层社会诸群体虽然各有自己群体特征的亚文化意识，而处于主导地位的雅文化正统意识，仍无时不在制约着亚文化群体的人文意识。甚至，亚文化群体在"正统观念"的作用之下，还不时主动地积极就范于正统文化。

"摆丹老"，是近代"穷家行"等黑社会用指强讨硬借的隐语行话。就字面而言，意思是依仗"丹老"的护庇行事，考索其语源，不过是借用无稽传说来为本身的恶行开脱。丹老，指范丹，又称范冉，字史去，汉代陈留外黄人，生于汉安帝永初五年（112年），卒于汉灵帝中平二年（185年）。据《后汉书·独行传》载，汉桓帝时曾授其莱芜长之职，因母亡而未就，之后任职太尉府。后来，范丹因遭党锢之祸逃亡于梁沛之间，以卖卜为生，不时绝粮却穷居自若，时有民谣说："甑中生尘范史云，釜中生鱼范莱芜。"于是，"穷家行"乞丐行帮等即奉范丹为行业祖师，尊称为"丹老"。同时编出传说，称当年孔子困于陈蔡，曾率弟子向范丹借粮，并应允以后由天下读书人家偿还。"穷家行"据此理直气壮地向人强讨硬要、敲诈勒索，声称是按照孔圣人的允诺代范丹讨债。事实上，孔、范并非同时代人，传说纯系附会编造、莫须有之言。

"摆丹老"的语源虽属行中伪托的附会性传说，却透示出"穷家行"等亚文化群体攀附正统雅文化的人文意识。以儒家学说为核心兼及释、道两教思想的传统文化，始终是占据中国封建文化主导地位的"正统文化"。积极追附正统文化和对正统文化的抨击，是下层文化所兼具的矛盾性格。考察一些隐语行话语源，颇有一些出自正统文化的经典著作，或与之相合。这一事实表明，下层文化群体追附正统文化的人文意识是颇强烈的。再看如下语例：

"扶老"，在宋代市语和清末民初隐语行话中所指各异，然而却各有所本。（1）《绮谈市语·器用门》谓"扶老"指竹杖。晋戴凯之《竹谱》："竹之堪杖，莫尚于筇……一曰扶老，名实县同。"又晋陶渊明《归去来兮辞》："策扶老以流憩，时矫首而遐观。"是出晋人语。（2）《切口大词典·杂业类·禽鸟业之切口》谓"扶老"为鹙鸷，晋人书中亦有古证。晋崔豹《古今注·扶老》："秃鹙也。状似鹤而大，大者高八尺，善与人斗，好啖蛇。"

　　"臣宪"，宋明行院中人用指曲艺讲史，如《行院声嗽·伎艺》："讲史：臣宪。"据宋耐得翁《都城纪胜·瓦舍众伎》载："讲史书，讲说代书史文传，兴废战争之事。"而"臣宪"，亦即"宪臣"的同素倒序之用，本为御史的别称。《新唐书·元稹传》："宰相以积年少轻树威，失宪臣体，贬江陵士曹参军。"此则借其隐喻讲史艺术。

　　有的是借别称入语，使之隐而又隐。《江湖切要·器用类》记载，明清江湖中人称床为"卧尺"，即属此类。其"尺"，乃文言中用指身躯的"七尺"的省代。《荀子·劝学》："口耳之间，则四寸耳，曷足以美七尺之躯哉？"又南朝梁沈约《齐太尉王俭碑铭》："倾方寸以奉国，忘七尺以事君。""卧尺"，则取床为卧躯之具寓意。

　　再如"合"，亦然。（1）《通俗编·识余·铜行》："十，合。"《切口大词典·杂业类·老虎灶之切口》："合，十也。"此系取"合十"的歇后藏词语构造。合十，即合掌，本佛教礼节，双手当胸，十指相合致敬。清纪昀《阅微草堂笔记·槐西杂志四》："明公恕斋，尝为献县令，良吏也。官太平府时，有疑狱，易服自察访之，偶憩小庵，僧年八十余矣，见公合十肃立。"（2）《切口大词典·巫卜类·茶馆测字者之切口》："合：事成也。"《国语·鲁语下》："今诗以合室，歌以咏之，度于法矣。"韦昭注："合，成也。"此指成婚。又宋王安石《与刘原父书》："方今万事所以难合而易坏，常以诸贤无意耳。"乃泛指成事。（3）《切口大词典·武术类·卖拳头者之切口》："合，对手拳也，即二人对打也。"《孙子·行军》："兵怒而相迎。久而不合，又不相去，必谨察之。"《史记·高祖本纪》:"淮阴先合,不利,却。"《三国志·魏书·武帝纪》:"时太祖兵少,设伏,纵奇兵击,大破之。"南朝宋裴松之注此引《魏书》云:"布益进,乃令轻兵挑战,既合,伏兵乃悉乘堤,步骑并进,大破之。"等等,悉取交战、交锋之义,可鉴隐语行话谓对打为"合"之本。

明末清初历经多人之手辑录增补而成的《江湖切要》,是坊间刊行的一部明清隐语行话词典。卷首一篇用通语掺杂江湖切口撰出的书序,在讲述闯荡江湖经验中,颇富正统意识,无需译解,即可从字面看出。如:

> 圣贤化道,不出天地范围;理义贯通,能使智愚超梧(悟)。一入门先参来意,未开言便要拿心;要紧处何须几句,急忙中不可省言。洞中半开,挨身而进;机关略露,就决雌雄。敲日月,父接母言,扳上下,兄连弟语……湖海客来谈贸易,缙绅人至讲唐虞……火占,通还他腰金衣紫;尖占,通决渠早步青云。不识伯牙之琴,怎剖卞和之璞!雷轰雨骤定为凶险之因,日暖风和方是吉祥之兆。遇文王,施礼乐;逢桀纣,动干戈……逞奢华罄中乏燹,弃仁义瓜底多琴。

个中,对圣贤、唐虞、伯牙、卞和、文王、礼乐的崇褒,显然可见,由此不难窥其传录隐语行话者流的正统观念。

除尊崇属于雅文化范畴的正统观念而外,民间社会亦有其自身的亚文化层次的正统观念,如"八仙"信仰之类。如明清江湖切口称舅父为"曹国",即取八仙传说之典,"曹国"系八仙之一

"曹国舅"的歇后藏词语。忠孝观念，在古今雅俗各层次文化观念中，均属被视为正统的伦理道德。《新刻江湖切要·亲戚类》："孝子曰日略，今改为二十四，此孝顺之孝也。又曰允违，取"庶见素冠"章义，此带孝之孝也。""二十四"，显系"二十四孝图"之歇后藏词语。《二十四孝图》，曾是在民间广为流传的一种宣传儒家忠孝思想的通俗读本。这一隐语行话的构词取义现象，同时也反映了上层文化与下层文化之间的跨层次传通与融合。其融合的结果，则大大缩短了两个层次正统意识的距离差，乃至统一起来。

在有关天文、地理内容的隐语行话构造上，其词面语义更是直观地显示着传统的正统意识。例如，明清江湖切口称天为"乾公""高明君"，地为"坤老""博厚君"，等等，悉取乾坤、阴阳经典之说。

3. 侠文化意识

江湖社会的一个基本精神支柱，也是维系其松散群体人际关系网络的人文意识，是所谓"江湖义气"。"江湖义气"的源出与底蕴，则在于"侠义"意识。

早在先秦时代，《韩非子·五蠹》即提出了"侠以武犯禁"的论断，"其带剑者，聚徒属，立节操，以显其名，而犯五官之禁"；其《六反》亦云，"行剑攻杀，暴傲之民也，而世尊之曰廉勇之士。活贼匿奸，当死之民也，而世尊之曰任誉之士"。纵观历代侠踪，大体未出所论。汉司马迁《史记·太史公自序》中称赞的"救人于厄，赈人不赡，仁者有采；不既信，不信言，义者有取"之"侠",是历来人们崇敬的"义侠"总体形象。然而,历来"义侠"赖以藏身的群体,多是泥沙混浊的社会群体,混杂于许多品行不端之徒中间,"出淤泥而不染"者有之,但为数不多。世人称赞、钦佩《史记·游侠列传》中的那种"其言必信,其行必果,已诺必诚,不爱其躯,赴士之厄困;既已存亡死生矣,而不矜其能,羞伐其德"之侠,亦痛恶那些以行侠为帜而为非作歹之徒。即或众侠本身,亦存在"仗义行侠"与放荡无羁的双重人格。这是其所以能寄身于江湖秘密社会,并产生侠、盗转化、合流的主要因素。乞丐的"群体人格",恰好兼容并包了"侠义"与"流氓无赖"这双重性格。而乞丐社会,即是一个人鬼混杂的黑社会群体。

显然,世人敬崇义侠,在于其"侠义"精神。唐李德《豪侠论》说:"夫侠者,盖非常人也。虽然以诺许人,必以节义为本。义非侠不立,侠非义不成。"当以"侠义"为本的"江湖义气"演化为不论是非均"为朋友两肋插刀"的境地,一切都发生了颠倒性的转化,只剩"侠"而少"义"了。黑社会中的"侠义",往往如此。人们于困厄、压抑之际尤其推崇、渴待"侠义"的心态,不过是一种期望解脱心理的反映。将"侠义"作为伦理规范世人是幻想,"江湖义气"亦仅仅是联系下层社会群体的一种精神纽带,并非其人恪守的实质性规约。

秘密社会以"义"而聚,以"义气"为精神纽带,这种"侠文化意识"亦势必渗透至当行隐语行话之中。

旧时镖行中人,向有武侠义士之誉。然而,镖师与江湖匪盗,则以"江湖义气"相关照、沟通,以"朋友"相称,否则这碗饭就吃不成。在用语方面,又必须使用江湖隐语行话,不然亦难得沟通。试看《江湖丛谈》中有关护院镖师遇贼时的情景：

　　若是黑门坎的朋友来了，他们亦先"升点"，试问有护院的没有。什么"升点"哪？像评书小说上说的，高来高去的人，每逢到了谁家都用问路石子往院里一扔，故意的叫那石子"吧哒"一声，有了响动，调侃儿（按：即隐语行话）叫"升点"。如若有护院的听见有响动，他得出来搭话。若是有了响动不见有人答言，那就进来偷窃了。如若护院的人听见有人"升点"，他得出来答话，和黑门坎的人调侃儿说："塌笼上登云换影的朋友，不必风声草动的，有支挂子①在窑，只可远求，不可近取。"这些话是什么意思呢？他们明、暗挂子行的人全都懂这几句侃儿。"塌笼上登云换影的朋友"，是说房子上的高来高去之人。"不必风声草动的，有支挂子的在窑"，是说来的人不用升点，有护院的在此。"只可远求，不可近取"，是说叫他往别处去偷，这里的东西动不得。如若遇见好说话的黑门坎人，凭这几句话，他就走了。如若贼在房上还是不走，就说："朋友！若没事，塌笼内啃个牙淋，碰碰盘儿，过过簧。"这几句话是说："你要没事，请下来喝会儿茶，见面谈谈。"如若贼人要走，跟着就得说："朋友顺风而去。咱们浑天不见，青天见。牙淋窑儿，啃吃窑，再碰盘。"这几句话说的是：你走啊，咱们夜里不见，白天见，或是茶馆，或是饭馆，咱再见！

　　如果贼人真走了，护院的倒得留神，防备他稳住了护院

_____

　　①　即护院的镖师。

的，哪里防备不到哪里去偷。若是贼人走后亦没动静，亦不
丢东西，到了天亮之后，护院的就得"醒攒"（江湖人管心
里明白了调侃儿叫醒攒）。人家黑门坎的人是把自己当朋友，
亦得和他们交交。于是，身上亦得紧衬利落，带上零钱，往
附近的茶馆或是饭馆去找人家。别看两个人不认识，茶饭馆
里座儿多，护院的到了往各处里一"把合"① 就能看出来哪
个人是夜内的朋友。怎么个看法？凡他们黑门坎的人在茶馆
酒肆候人，按着规矩一种表示（按：亦即副语言习俗形态的
隐语行话）：如若坐在北边的桌旁，他得坐在右边，留出左
边那个客座来。如若喝茶，左边没人亦得放个茶杯。喝酒，
左边无人亦得放个酒杯。护院的来了，见他留着客座等候自
己，就先过去抱拳施礼，道个"辛苦"，人家自然还礼。两
个人谦让座位，然后吃喝，无论如何，护院的亦得候人家的
酒饭账。交了朋友之后，彼此遇事互相帮助，护院的可得了
大便宜。有黑门坎的人，如若不知道某宅有护院的，要去偷
窃，他就能给拦住说，某处的支杆挂子是他的朋友，和他有
交情，不必去了。有这个关照，无形之中就少许多的麻烦
（按：此属其"江湖义气"的作用之一）。护院的若能在本地
交了黑门坎的"飘把子"，② 那可更好了。黑门坎的人知道某
宅护院的与他的头儿有交情，亦不好意思去偷了。

　　亦有那狡猾难惹的黑门坎的人，他要到了某宅扔了石子
升了点儿，护院的答了"钢儿"③ 说："塌笼上的登云换影

① 即观察。
② 即头目。
③ 即话，如说话为"吐钢儿"，答话为"答钢儿"。

的朋友，有支杆挂子，靠山的朋友在窑，不必风声草动的。"他就在房子上"答钢"（江湖人管答言调侃儿叫答钢），问护院的："你支的是什么杆？你靠的是什么山？"护院的就得回答道："我支的是祖师爷那根杆，我靠的是朋友义气重如金山，到了啃吃窑内我们搬山，不讲义气上梁山。"如若贼人走了便罢，倘若不走，就和他们说："朋友！祖师爷留的一碗饭，你天下都吃遍，把这个站脚之地，让给师弟吃吧！"说到这里，他还不走，就得说："塌笼上登云换影的朋友，既有支杆的在此靠山，你就应当重义，远方去求。如若要在这里取，你可就是不仁，我亦不义了。你要不扯（江湖人管你要不走调侃儿叫你要不扯），鼓了盘儿，寸步难行（管翻了脸，调侃儿叫鼓了盘儿）。倒埝有青龙（管东方调侃儿叫倒埝），切埝有猛虎（管西方叫切埝），阳埝有高山（管南方叫阳埝），密埝有大水（管北方调侃儿叫密埝）。你若飞冷子（弓箭、袖箭），飞青子（飞刀），飞片子（房上的瓦），我的青子青着（刀子砍上），花条子滑上（大枪扎上），亦是吊梭（管疼痛调侃儿叫吊梭）。"贼再不走，就向他说："朋友，这窑里有支杆的，四面亦都是象家之地（对于练武的人们尊称为象家），我若敲锣为令，四埝的师傅们一齐挡风，① 你可就扯不了。② 如若朝了翘子（管打官司调侃儿叫朝了翘子）都抹盘（管都不好瞧调侃儿叫都抹盘）。"贼人再不走，那就得和他动手，凭自己的"尖挂子"（管真功夫、真能为、好武艺调侃儿叫

---

① 即出击，迎战。

② 即走不了。

尖挂子）对付贼人了。倘若和黑门坎的人动了手，赢了得留情，不能和他们结冤。若是输给他们，就改行别干了。

凡此，隐语行话所及，完全围绕着"江湖义气"，以求达成"侠"与"匪"的互谅解、关照乃至结盟，成为江湖盟友，堪属"仗义"串通。个中隐情，尤以清佚名《江湖走镖行话谱》所道最为直白：

> 护院全凭刀共枪，全凭说话能应当；开言答话劝他走，不必动怒把他伤。他若不听礼不通，不想别处胡乱行，见面就是一鸟枪。你的买卖不能作，我的差事不能当。照面你亦不得手，岂不又把义气伤。叫声朋友你是听，你上别处得上风，站脚之地有朋友，不可在此遭校隆。浑天不见青天见，牙赁窖中会朋友。山前不见山后见，免去边托别交锋。朋友作事要义气，总是和气把财生。朋友若作朋友事，不仁不义天不容。务必谨记一席话，管叫到处是英雄。

沟通、启发"江湖义气"之情的"金钥匙"，关键在于运用当行隐语行话来"应当"（按：此系"迎挡"之误写）的功夫。因而江湖中人有个历传不衰的经验，叫作："要会江湖口，走遍天下有朋友。朋友处处多，到处有吃喝。不怕无有钱，到处不为难。"

创于清初的以"灭清复明"为政治口号的秘密结社天地会，继承了以往历代民间秘密社会以"江湖义气"维系会内会众关系的亚文化传统。他们不仅制定许多以"义气"为本位的规约制度，甚至还将这一内容直接注入谣诀体和副语言习俗形态的隐语行话之中。例如"茶阵"之中，即有一些径用三国时刘、关、张

"桃园三结义"典故。试看下述几阵谣诀即是：

《桃园结义》阵谣诀：

> 桃园结义刘关张，兄忠弟义姓名扬。
> 不信曹公忠义将，万古流传远自香。

《四贤结拜》阵谣诀：

> 四杯青连不相同，木杨城内有关公。
> 桃园结义三兄弟，后入常山赵子龙。

《绝清茶》阵谣诀：

> 徐州失散关云长，左思右想慢商量。
> 未知兄弟生和死，后来叙认立纲常。

《深州失散》阵谣诀：

> 三条大路通北京，孔明操练王营兵。
> 桃园结义三兄弟，马不离鞍在古城。

《桃园阵》谣诀：

> 三仙原来明望家，英雄到处好逍遥。
> 昔日桃园三结义，乌牛白马祭天地。

《带嫂入城》阵谣诀：

> 义气传名刘关张，关羽单刀保娘娘。
> 过了五关诛六将，樊城寄歇再商量。

《插草结义》阵谣诀：

> 一插草为香，兄弟忠良将；
> 二插草为香，义气刘关张；
> 三插草为香，三军师马黄；
> 四插草为香，四海扶明皇；
> 五插草为香，五人立誓章。

至于其他以梁山聚义、瓦岗绿林等江湖义气内容，直接化入"茶阵"与谣诀者，亦比比皆是。如：

《梁山阵》谣诀：

> 头顶梁山忠根本，才捆木杨是豪强，
> 三八廿四分得清，可算湖海一能人，
> 脚踏瓦岗充英雄，仁义大哥振成风。

《七星会旗》阵谣诀：

> 一枝大旗七粒星，四九三七正分明。
> 洪字写来无加减，义气兄弟莫绝情。

《绝清剑》阵谣诀：

> 联盟兄弟本姓洪，四海和同共一家。
> 若有奸心无义子，动开宝剑实难容。

凡此，即如迄今所见最早的一份乾隆五十二年（一七八七年）清政府起获于台湾的《天地会盟书誓词》中所说："今夜歃血拜盟，结为同胞兄弟，永无二心。今将同盟姓名开列于左。本原异性缔结，同洪生不共父，义胜同胞共乳，似管、鲍之忠，刘、关、张为义……自今结盟后，前有私仇挟恨，尽泻于江海之中，更加和好。有善相劝，有过相规，缓急相济，患难相扶。"[①]除政治口号而外，"江湖义气"则是秘密社会聚集各方人众的最基本的精神支柱。隐语行话在江湖群体中的基本功能之一，即维系、协调其内部人际关系，而将"江湖义气"融入隐语行话的构造形态之中，不外进一步强化了它的这一功能。这种现象，亦是"江湖义气"这一源远流长的侠文化意识作用于隐语行话的必然结果，是其文化心态在言语活动中的自然流露与积淀。

4. 性文化意识

《孟子·告子上》云："食、色，性也。"这是古代哲人关于"色"（性）的原生态认识。在西方性心理学家霭理士看来，"性是任何事物也无法熄灭的长明之火"。可以说，性文化是贯穿人类社会文化始终的一种基本文化现象，它绝非能够因为忌讳而消失；只要人类社会存在，它就是一个不容回避的客观现实。相反，诸般忌讳与回避，其本身反而说明它是个不容忽视的事实。

从古至今，无论是上古文化遗存，文字、器物、建筑，乃至各种口头流传，都深刻地留有性文化的踪迹。汉画像砖中的野会场面，古岩画中的交媾画面，古建筑中的性器象征造型，古老图腾中的性崇拜，创世纪神话中的生殖造人传说，传统医学养生术

---

① 蔡少卿《中国秘密社会》第三十页，浙江人民出版社一九八九年版。

中的房中术，古典哲学中的阴阳五行学说，古今民歌中的情歌，民间传说中的"浑故事"，民俗语言中的有关性的隐语、秽语，音乐中的"淫曲"，《痴婆子传》《金瓶梅》等小说中的性描写，乃至一向在禁毁之列的《春宫图》《秘戏图》等等；上下古今、雅俗明暗，性与世间万物诸事相关联的形态、现象实在无可尽数。如果说，人类性文化意识在社会生活中无孔不入，似乎并非言过其实。

那么，民间隐语行话中是否也同样存在性文化意识的渗入痕迹呢？毋庸讳言，答案是肯定的。

在探讨、考察性文化过程中，人们不难发现，经典文献中有关性的内容堪称凤毛麟角。汉字的原生态构造中，早就含有性的因素。例如，我们至今使用频率仍然很高的"好"字，按其甲骨文、金文构造形态，本义则是女子生育；殷周钟鼎中的"妇好"，以及后来出土的"妇好墓"，均是对生育英雄的赞誉。在此意义上，才派生出女子貌美之义，系指产妇形象而言。尽管我们今天说"好"时已无此义，但原本却是如此。又据郭沫若《释祖妣》的考证，祭祀之"祀"字（即古"示"字），即出自男根模型，以"示"为偏旁的"祖"字亦然。又如"宗"字构造为祭祀男根，"宾"字原形则是祭祀女阴的。

然而，用文字记载的与性相关的文化现象却极少，大都沉淀到下层文化，亦即民间文化中去了，积淀、内化于各类以口耳相传为基本传承方式的民俗语言材料之中。作为民俗语言特殊形态的民间隐语行话，尽管有其特殊性，但在渗透、积淀性文化意识信息方面，却毫无例外，并且十分丰富。

民间隐语行话（主要是语词形态的隐语行话）中的性文化意

识，大致有如下三个方面：

（1）以"阴阳"为本位的性区别

在中国古文化典籍中，以"阴阳"观念阐释自然现象、社会现象者，每每可见，因为它很早就被用作古典哲学的一个基本概念，并以此来认识自然与社会诸现象。以《国语》为例，即常有这类论断。如《周语》说："周将亡矣。夫天地之气，不失其序。若过其序，民乱之也。阳伏而不能出，阴迫而不能蒸，于是有地震。今三川实震，是阳失其所而镇阴也。阳失而在阴，川源必塞。"其以"阴阳说"解释自然现象（灾异）的目的，在于说明是社会现象（"周将亡矣"）之兆，不外"天人感应"之类。又如《周语》亦称："气无滞阴，亦无散阳。阴阳序次，风雨时至；嘉生繁祉，人民和利；物备乐成，上下不罢，故曰'乐正'。"亦即《越语》所谓"因阴阳之恒，顺天地之常"。

关于"阴阳"起源诸说之中，有一重要观点，即认为其出自性文化意识。对此，有人曾作过简括介绍：[①]

"性器"源说：认为阴阳观念起源于"生殖器崇拜"。如《老子》中"谷神不死，是谓玄牝；玄牝之门，是谓天地根"（《老子·六章》）中的"谷""牝之门"系指女性生殖器；"是谓天地根"，表明这是女性生殖器崇拜。——从这一观点，我们可以引伸出：所谓"阴阳"，置阴于阳之前，暗示先有阴后有阳，也可认为阴阳观念产生于女性生殖器崇拜或

①　谢松龄《天人象：阴阳五行学说史导论》第二七页，山东文艺出版社一九八九年版。

"母系"观念，与《老子》的说法暗暗契合；然而这于"乾坤""刚柔""天地""动静"等将"阳"置于"阴"前的重视"阳性"的观念，必非出于一源，由此亦可见《易》与"阴阳"来源各异。此外，有人将《易·系辞》中"夫乾，其静也专（团），其动也直（挺）"指为男性生殖器，因而"阳"（乾）亦男性生殖器；"夫坤，其静翕（闭），其动也辟（开）"指为女性生殖器，因而"阴"（坤）示女性生殖器。还有人认为爻象"—"象（像）男性器，"－－"象（像）女性器等等，不一而足。

在诸说纷歧中，此说虽非定论，却同诸说一样，顺理成章。以《老子》《周易》等经典为代表的这一思想，非但早已渗透在各层次文化之中，民间隐语行话亦同样刻下了它的深深痕迹。在此，且以《新刻江湖切要》上卷的"亲戚类"为例：

> 父：日宫。母：月宫。祖父：重日，乾宫，东日。祖母：坤宫，东月，重月（似母之母矣，今改老明。明者，日之月）。伯父：左日，日上部，甲老。伯母：左月，月上部（该称日上才），甲才。叔父：右日，日下部，椒老。婶母：右月，月下部（称日下才），椒才。兄：上部。嫂：上部才。弟：下部。弟妇：下部才。夫：官星，官通，盖老。妻：才老，乐老，底老。妾：偏才，通房，半才。姊：上水，水上部，斗上。姊夫：斗上官。妹：下水，水下部，斗下。妹丈：斗下官。……丈人：才日，外日，插老。丈母：才月，外月，[补] 插姥。大舅：才上。小舅：才下……

显然，其中的"日月""乾坤""老才""盖底""官水"等，分别是标示"阳"（男）与"阴"（女）两性的性别符号。对此，我在分析"民间秘密语的逻辑结构与系统性"时，曾有论及：

> 以"日月"代男女，古文化早有之，如《礼·昏义》："故天子之与后，犹日之与月。"……一若《易·系辞下》云："乾，阳物也；坤，阴物也。阴阳合德而刚柔有体，以体天地之撰，以通神明之德。其称名也，杂而不越。"日月、男女、风雨、动静、尊卑、贵贱、吉凶等之对立合德，乃阴阳交感所生现象。这种传统文化思想，是汉民族文化积淀主纲之一。性别之分，于亲缘关系中纵横交错，至终以此为干。而且，在此传统主纲上，阴阳、乾坤始终未处于平行地位，阳统阴承，男尊女卑，进而为夫贵妻荣，至今未绝此迹。秘密语又以夫为"盖老"妻为"底老"，亦缘于此（天为正，地为底），一脉相承。即或帝后龙凤之谢譬，亦不例外。横者本为平行层次，却不平等。

至于以"老""官"作为"阳"（男）性语符，则是出自汉语传统的称谓习惯。以"水"作为"阴"（女）性语符，亦有所本，取女性性格"柔情似水"之譬，即如《易·系辞下》中所谓"刚柔有体"之"柔"；其"刚"，显指"阳刚"，合则为"阳刚阴柔"矣。明清江湖切口以"才"隐指女性，亦有所本，当出自汉代以来宫中女官名（多系妃嫔称号）。《史记·淮南衡山列传》："令故美人、才人得幸者十人从居。"明杨焯《宣德窑脂粉箱歌为莱阳姜仲子赋》有句："成都宫扇展琉璃，景德磁盆嵌珠宝。官哥定汝皆名窑，才人捧出盛仙桃。"至清，《红楼梦》第四回中亦说："除聘选妃嫔外，在世宦名家之女，皆得亲名达部，以备选择为宫主、郡主入学陪侍，充为才人、赞善之职。"凡此可鉴。

其中，"日""月"在亲族关系序列称谓中，前者用为男系亲属的性别语符，"月"则作为女系（主要是用于姻缘亲属关系）的性别语符，仍不外"阴阳"代性别的进一步伸展。"祖母：坤宫，东月，重月……今改老明。明者，日之月。"所谓"日之月"为"明"的取义，则是阳、阴两性从属关系的体现，是父系社会的标志。"外公：从日，今改月日"，及"外婆：从月，今改重月。月月，母之母也"。凡此，都是对姻缘亲属关系中女方亲属称谓的性别语符的顺序体现，即称其男性亲属，亦将代表阴（女）性的"月"语符置前作为区别标志。

（2）有关性器、性行为的隐语行话的构造取义

性器、性行为，是性文化意识中最为敏感的部分，也是历来民间语讳的主要方面。仅一部《金瓶梅》，有关男根的忌讳隐语，即有多种说法，如"半边俏""刷子""刀马""三寸货""王鸾儿""大腿"之类；有关性行为的，又有"丢身子"（出精）、"跑马"（遗精）等。

民间隐语行话中有关性器、性行为的说法，兼含一般民间语讳与隐蔽群体内部事体回避人知双重意义，堪称隐上加隐。有关性文化的意识，皆融会其构造取义之中。试看下例：

《行院声嗽·身体》谓阳物为"蘸笔"，阴物为"才前"，乳为"缠手"。"才前"之"才"，系明清隐语行话中标志女性的语

符（详见前述），显然其构造取义系就女阴生理位置居人体前后而言。"蘸笔""缠手"，则是对两种性行为的譬喻与形容。这种描述性构造取义，是有关性器、性行为的隐语行话常见形态。

当代各地黑社会犯罪群体有关性器、性行为的隐语行话，因地域异，尤其名目繁多。

（3）"性乱"隐语行话中的性意识

"性乱"，是为传统文化的道德规范所不容忍的现象。然而，历代作为社会丑恶变态文化形态的娼妓，却屡禁不衰。在现存民间隐语行话文献中，有关娼妓和性乱的内容，亦占有相当数量，比例颇为不小。仅是明代专录娼妓当行（含嫖娼内容）隐语行话的辑集，即有《金陵六院市语》《六院汇选江湖方语》和《行院声嗽》三种之多。至于历代其他隐语行话文献中，夹杂有关内容的，尚为数不少。

署名"明·风月友"的《金陵六院市语》，首称"六院风景不同，一番议论更别，既难当时分晓，可不预先推详"；末又云，"千言万语，变态无穷，乍听乍闻，朦胧两耳，致使村夫孺子，张目熟视，不解所言，徒为彼笑。故略序（叙）以告同人，须把他这场看破"。显然，是一位隐去真实姓名的风月场中熟客，据其切身经验传述"嫖经"。所用手法，则是以译解当行隐语行话来述说行中经验。试看：

> 谈笑诎字居先，举动者字为尚。无言静坐，号为出视；有望不成，则云扫兴。扩充知其齐整，稀调欲为莫言。好田现，而走曰趱。讨曰设，而唱曰咽。超者打之谓，嗟乃小之辞。燥皮，相戏之称。垂头，歇宿之意。趣鸨子，极妙情

怀；麻苍蝇，可憎模样。以冷淡为秋意，言说谎作空头。情
不投者，不着人言；涉败兴者，为杀风景。眼里火，见者便
爱；尝场水，到处沾身。闯寡门者，空谈而去；吹木屑者，
不请自来。

……

至若埋梦即没有之意，扯淡则胡说之辞。弄把戏以喻乎
偷，郎兜以明乎大。方列趄，与房里去声音粗近；设谶剪，
与讨房钱声实相同。哥道是，则曰马回子拜节；问是谁，则
曰葛五妈害眼。滥嫖呼为高二，烘人比之刘洪。行经号为红
官人，用绢呼作陈妈妈。有客妨占，号曰顶土；粉头攒龟，
名为打弦。赚人以娘称己，自道小名柳青；令客连念三汪，
诱此声为犬吠。

事事语语，悉与嫖妓行事相关。至近代，娼妓业仍繁盛一
时，仅民初一部《全国各界切口大词典》的"娼妓类"，即辑有
北京八大胡同、上海长三书寓，以及雉妓、花烟间、钉碰间、粤
妓、台基、茶室、江山船、相公堂子等，凡十种娼妓业当行隐语
行话。诸般性变态心理，均可从这些隐语行话中显示出来。且以
北京八大胡同妓院常见者为例：

挑人儿：嫖客选妓。挂客：妓选嫖客。靴子：一妓数客
或一客数妓之互称。割靴：嫖友人钟情之妓。热客：妓钟情
之客。热人儿：客钟情之妓。打头客：为雏妓破瓜。上劲
儿：妓缠嫖客与之调情。裂锅：妓与客绝交。锅锅：调停妓
客重归于好。弦子套：妓与乌师私通。咬乖乖：接吻。开方

子：妓索小费。清倌：未破瓜雏妓。浑倌、桌面儿：已破瓜之妓。

有关"性乱"的隐语行话，揭示的是性变态文化意识，是社会丑恶现象在这种特殊的民俗语言形态中的反映。首先，它是适应掩饰诸般性变态行为的需要而创制、使用的。尽管其因时代、群体、地域而异，但所印证的性变态文化意识的本质，却是一致的；所不同的，仅仅是所构造的隐语行话的符号及取义视点、方式的变化而已。

隐语行话所积淀、内化的人文意识是很丰富的，可以从多种视点考察、剖析。上述四种视点的初步分析，仅为其中几种基本的常见意识体现。例如，历代隐语行话符号的语音构造、修辞方式、语法结构、逻辑结构等语言文字学方面的规律与特点，均涵化着汉语的传统人文精神，是其脱胎于母语文化的必然胎记。

可以认为，探索隐语行话形态构造的人文意识，是一个颇富文化史和民俗语言学科学意义的课题。本篇尚属初浅尝试，期待有识之士在这方面提供更富价值的研究成果。

三、隐语行话的传承轨迹

对于各类民间秘密社会群体来说，隐语行话属其最核心的机密之一，被其成员视若身家性命。

对于各种以生计为本的工商诸行及一些自由职业者群体来讲，隐语行话是其赖以谋生、维持经济来源的特殊工具之一。相对秘密社会群体的隐语行话那种全封闭性而言，其他组织松散的群体的隐语行话，则属半封闭性的符号系统。尽管如此，由于其关系生计大事，同样也被看成当行主要秘密，绝不轻易外传。

因此，"春点学不全，花打是枉然。能送一锭金，不吐半句春；能送十千钱，不把艺来传"，即成为使用隐语行话诸行百业群体成员自觉遵奉的不成文规矩。

既然都把隐语行话视为行中秘密，那么，说隐语行话的人们又是怎么会说的呢？有些多年以前流行的隐语行话，是如何流传至今的呢？

要解开这一文化史之谜，只有从探查隐语行话的传承轨迹入手，才能寻得切合实际的答案。

1. 跨群体的历时性传承

《江湖通用切口摘要》说："今所记皆各道相通用者，至于各行各道另有隐切口，乃避同类而用。"所谓"跨群体"的隐语行话，亦即"各道相通用者"，传承亦然。《通俗编·识余》所录"江湖杂流"的隐语行话数目，实际上也就是"各道相通用者"。

相对使用隐语行话的社会群体而言，存在一个"外部社会"。"跨群体的历时性传承"，则是就相对"外部社会"的"内部社会"诸群体而言。

在披览、研究历代隐语行话文献过程中，我们时常可以发现一些时代、群体有别，而隐语行话符号却相似或相同的现象。例如：

（1）分（分头；分不刀）——八

《绮谈市语·数目门》："八：分不刀；卦。"

《通俗编·识余·杂货铺》："八：分头"

《切口大词典·商铺类·金线业之切口》："分头：八也。"又《杂业类·山果业之切口》《行号类·猪行之切口》《手艺类·席子业之切口》："分：八也。"

（2）河戏——鱼

《行院声嗽·鸟兽》："鱼：河戏。"

《西湖游览志余·委巷丛谈》："以鱼为河戏。"

《金陵六院市语》："称'河戏'知其用鱼。"

《新刻江湖切要·鸟兽虫鱼类》："鱼：河戏。"

（3）汪——三

《新刻江湖切要·数目类》："三为汪；又：汪辰。"

《金陵六院市语》；"令客连念三汪，诱此声为犬吠。"

《通俗编·识余·江湖杂流》："三：汪。"

《江湖通用切口摘要》："三曰汪。"

《切口大词典·星相类·星家之切口》："汪：三也。"

（4）上手——得；赢

《国社锦语》："上手：得。"

《新刻江湖切要·人事类》："赢曰上手。"

《切口大词典·武术类·跑马卖解之切口》："上手：赢也"

（5）招子——眼睛；眼镜

《六院汇选江湖方语》："招子，乃眼睛也。"

《江湖通用切口摘要》："卖眼镜者曰招子包。"

《切口大词典·杂流类·卖眼镜者之切口》："招子包：卖眼镜者。"

东北土匪黑话①："招子——眼睛。"

当代刑事犯罪团伙②："招子：眼。"

（6）青子（青资）——刀

明朱有燉《诚斋乐府·乔断鬼》："青资是刀儿。"

《江湖通用切口摘要》："刀曰青子。"

《江湖行话谱·行意行话》："大刀为海青子。"

东北土匪黑话："青子——刀。"

当代刑事犯罪团伙："青子：刀。"

---

① 见曹保明《土匪》（东北民俗丛书），春风文艺出版社一九八八年版。

② 见《刑事犯罪隐语》，中国刑事警察学院刑事侦察教研室编，一九八二年印行。

（7）盖老（灵盖；盖子）——夫

《绮谈市语·亲属门》："夫，厥良；盖老。"

《行院声嗽·人物》："夫：灵盖。"

《六院汇选江湖方语》："盖子，乃妻也。"

《江湖切要·亲戚》："夫，官星，官通，盖老。"

（8）底老——妻

《绮谈市语·亲属门》："妻，底老。"

《江湖切要·亲戚》："妻：才老；乐老；底老。"

现在逐例分析一下。

例（1）与例（3），均系析字方式构造，即"分"字形体中含有"八"字形，"汪"字形体中含有"三"字形。析字，在汉字文化传统中，是一种历史悠久而习见的文字游戏，如"千里草为董，十日卜为卓"，又如《曹娥婢》上的"黄绢幼妇外孙齑臼"，析之即为"绝妙好辞"（取旧写繁体字结构）。历代隐语行话中，不乏此类结构，例如：一为"挖"（取其所含"乙"字形谐音一），二为"竺"，三为"春"，四为"罗"，五为"悟"，六为"交"，七为"化"，八为"翻"，九为"旭"，十为"田"。悉为清末民初挑脚夫、轿夫行隐语行话中的数目。

例（4）以得、赢为"上手"之"上"，取增加之义，亦有所本，如《周礼·秋官·司仪》："凡四方之宾客，礼仪辞命饩牢赐献，以二等从其爵而上下之。"据贾公彦疏知："爵尊者礼丰，爵卑者礼杀。"个中"上下"，显取增减之义。因而，这里的"上手"，即以手中有所增加为义。

例（2）以鱼为"河戏"，则系就鱼戏河中意会而来。汉字造

字法"六书"之一为"会意"如日月合体为"明",下大上小为
"尖",山高为"嵩"之类,人们均可凭字形结构意会其义。隐语
行话中的"会意"构造,则需就词面意义加以"意会"取义。

例(5)以眼、眼镜为"招子"或"招子包","招"之本字
当为"昭",系就眼光明亮而言,属间接取义。例(6)以刀为
"青子",亦属此类,系就刀光(青光)而言。"青资"之"资"
即"子",乃记音用字之别,于此无实质意义。其他再如例(7)
与例(8),分别以夫、妇为"盖""底",仍属意会构造。传统
文化以天为阳,地为阴,天在上为盖,地在下为底,而与阳阴、
上下所对应的性别即为男女。占卜方式中的杯茭卜,即以蚌壳的
仰俯为阴阳,与此相类。从性文化来讲,似当又隐与交合的体位
相关,这也是颇易为人意会所及的。

综上说明,同一民族的传统文化的积淀,为隐语行话的跨群
体的历时性传承,奠定了总体上的基础。具体说,传统的思维模
式与语言文字在历时性传播过程中的相对稳定,即其守成性,为
不同群体选用以往既存的隐语行话符号提供了一定机缘。

一般情况下,各种民间社会群体的隐语行话符号体系,并非
由一两人事先通盘编就或规定好了,然后再一一传授给本群体各
个成员,要大家照此使用。相反,却是在具体活动中由少至多地
根据实际需要逐渐积累起来的,是一种以口耳相传为主的约定俗
成过程。在此过程中,借助某种媒介吸收一点以往与本行相近或
不同群体使用过的隐语行诸符号,既可充实、丰富本群体现实所
需符号,又无碍其回避外人知晓、维护本群体利益的功利性,不
失为一种积极、便利而又切合实际的方式,即让已失去时效的符
号为现实所利用。

那么，以往一些群体的隐语行话是怎么流传下来的呢？

首先，是行中人一代代地口耳相传。这同众多的民间传说、故事、歌谣、谚语等口头文学的传承方式，是一致的。尤其是，当一种群体的隐语行话失去时效之后，在一般人说来，却不失其新奇与趣味的心理刺激，何况就此还可刺激人们了解有关佚闻趣事的心理，乃至引起一些联想。近代以及当代一些中小学生中流行说"切口"的语言游戏，大多是从前辈人口中偶然听说后，刺激了好奇心理，继而相互说着玩成为一时乐事，并无维护什么群体利益的功利性要求，也不是意在加入什么群体。此间，某些隐语行话符号被有的群体吸收，则顺理成章、自然而然。

其次，是书面流传。尽管各种民间社会群体成员大都经济地位低下，很少有掌握书写符号的条件，但其骨干成员中仍不乏能够读写的人物。他们在需要时，即以书面形式向本群体成员传授隐语行话。《江湖切要》《通用江湖切口摘要》《江湖走镖隐语行话谱》等，均属这类读本。这类读本既为当时内部使用，亦为后世了解其当行隐语行话提供了比较全面、系统的直接材料。比起口耳相传来，又准确、翔实许多。同时，出于某种兴趣或需要，行外有关人员对一些隐语行话的记录、搜集，也是一种重要书面传承渠道。例如，宋代汪云程《蹴鞠谱》中收录的《圆社锦语》，明程万里《鼎锲徽池雅调南北官腔乐府点板曲响大明春》中所辑《六院汇选方语》，明无名氏《墨娥小录》中所辑《行院声嗽》，明田汝成《西湖游览志余》所录"梨园市语""四平市语"数事，以及清翟灏《通俗编》卷三十八记述的"杭州市语"等，悉属此类。

书面辑集诸行隐语行话，有的在于政治需要和军事目的。例如清季张德坚主编的《贼情汇纂》，是咸丰四年（一八五四年）奉曾国藩之命，运用官方搜集的各类情况综合编成，目的在于为剿灭太平天国的需要服务。其中，卷五辑有《贼中军火器械隐语别名》十九事，卷八又辑有《隐语》三十三事，计四十二事，悉以通语解释隐语。至今，此书已成为学者研究太平天国历史的重要官方文件。

在此，尤其应当注意的一部以译解隐语行话方式为主要方式揭示江湖诸行内幕的重要著作，是署名云游客的《江湖丛谈》。"云游客"，是已故著名北京评书演员连阔如发表此书用的笔名。连阔如本名毕连寿，一九〇三年出生于北京一个满族镶黄旗人家庭，卒于一九七一年。这是一位自幼生活于下层社会，谙世颇深的老艺人。他"只上了半年私学、两年小学，十二岁就学徒了，进过北京的首饰楼、照相馆；天津的杂货铺、中药店；到烟台、大连做小买卖；摆过卦摊，饱尝了人世间的酸、甜、苦、辣"。① 后来，又拜李杰恩、张诚斌等为师，学说评书，并以说《东汉演义》成名。

《江湖丛谈》原由北平时言报社于六十年代分三集出版，一九八八年由中国曲艺出版社合为一集，作为"中国曲艺研究资料丛书"的一种出版了标点本。一九九〇年，由连阔如的女儿连丽云与丈夫贾建国重为校订、编次，改题为《江湖内幕》，交中国民间文艺出版社出版。此书以作者自身浪迹江湖的经历和调查的直接材料为内容，通过译释江湖隐语行话，比较系统地揭载了京、津及部分北方都市江湖诸行行事与内幕。即如作者自白，是

---

① 连丽云《回忆父亲连阔如》，见《江湖内幕》卷末，中国民间文艺出版社一九九〇年版。

书在于"揭穿少数人的黑幕,为大众谋利除害"。从一定意义上说,《江湖丛谈》是一部以隐语行话为经、以诸行行事与内幕为纬的江湖文化概述性专著。

除《江湖切要》《切口大词典》等为数有限的专门词典外,近代辑释江湖隐语行话的最重要专著,恐非《江湖丛谈》莫属。说来有趣,书中所揭示的一些江湖隐语行话,迨至当代乃可从一些社会群体中听到。例如,当年专在火车上绺窃的贼叫"吃轮子钱",又叫"吃飞轮的",扒窃时注意隐蔽、收藏为"护托",转移给同伙赃物为"过托",事败露为"醒了";当代黑社会则把在火车上行窃称为"蹚大轮""吃大轮",称扒窃时的掩护动作为"托",有意遮挡事主视线为"挡托",掩饰行窃动作为"护托",发觉被跟踪为"醒了",事败露为"醒了水"。凡此,虽稍有变异,仍未离根本,均可觅其轨迹。

学者们和有关专业部门从所需要的角度出发,利用以往记录隐语行话的书面材料进行科学研究,亦不能排除这些材料的传播过程为其他不轨群体从中获得借鉴与利用的可能性。但就历史上的隐语行话文献来说,被当代直接利用的可能性比较小。因为,出于维护当行切身利益的需要,谁也不愿用业已成为文化史料的"公开的秘密"语去保守内部秘密。个别现象,另当别论。至于某些隐语行话为后世一些群体所沿用,数量毕竟有限,而且更主要是在以口头为主的亚文化传承过程中发生的。

迄今为止,隐语行话等民俗文化微观现象的跨群体历时性传承机制,仍属尚未彻底揭示并获清晰论证的一种科学之谜,有待进一步探索、研究。

2. 群体内部的共时性扩布

"扩布",亦属传承范畴。隐语行话群体内部的共时性扩布,是发挥其现实功能的基础。试想,如果一个群体中仅有少数成员掌握其隐语行话,其存在的实际价值也就很小了,只有在大多数乃至全体成员都能掌握的条件下,才会最大限度地表现出其现实作用。

因此,隐语行话群体内部的共时性扩布,主要是向其新成员传授这些内容和有关使用的方法与相应的"规矩"。这项内容,也是许多社会群体新成员要取得正式成员资格与身份必修的主要基础课。可以说,这个程序,是隐语行话传承扩布的最基本、最重要的主渠道。

旧时工商诸行学徒从业的入门之课之一,即是尽早地熟练掌握当行隐语行话。这情形,恐怕有点类似初到另一国度就学、谋生的人,必须首先掌握该国的通用语言和文字,否则即不能自理生活、举步维艰、难以生存。

旧时典当业新来的"学生"(即学徒),首先必须在掌柜的指导下刻苦学习"当字",即典当业用以书写当票等契账用的秘密字,以及当行隐语行话,其次才是逐渐掌握有关业务知识。否则,连起码的当票上写的是什么也不认识,别人讲的有关隐语行话也听不懂,无异于盲聋。自中国典当业肇始于南朝佛寺以来,"当字"为何时、何人所创,已难详为考究。有的传说认为,"当字"乃由明末山西(中国第二当商之乡)民间书画家、江湖郎中傅山首创,编有《当字谱》。此事虽无史证,业中有《当字谱》流传却是事实。据一位北京当业的老从业者回忆:"徒工入铺,先需学习当字，每人都给《当字本》一册，是请内行善书者写的。当字本一册有几十页，实际草字并不是太多的，多数仿照开票样式，举出各种实例来。"① 据前天津当业会长主子寿说，该地当业学徒进铺的头一年里，亦例须"认当字，有当学本，又称'当字谱，约一千余字"。②

同时，典当业隐语行话也直接在经营活动中使用，关系至关重要，因而学徒亦务须尽快掌握。例如在天津典当业，一为"道子"，二为"眼镜"，三为"炉腿"，四为"叉子"，五为"一挝"，六为"羊角"，七为"镊子"，八为"扒手"，九为"钩子"，十为"拳头"。"如果当户嫌价低，拿着当品要走的时候，坐柜掌柜必要过来打圆盘。比如站柜的说拳头眼镜，用意是已经给过十二块钱了，坐柜的认为可以再加两块，就说拳头叉子，暗示给十四块钱。总之，比较值钱的东西，他们是尽量不让当户走开的。③ 也就是说，同"当字"一样，当行隐语行话也是其必须首先掌握的主要基础业务知识。

对于江湖秘密社会群体的新入伙成员来说，掌握当行隐语行话更为重要。《说唐》中讲说，程咬金加入绿林响马后的初次出战前，即因不通当行隐语行话而闹出笑话。

> 使达听了大喜，带了喽罗，一齐上山。那山上原有厅堂舍宇，二人入厅坐下，众喽罗参见毕，分列两边。俊达叫

---

① 高叔平《北京典当业内幕》，刊《文艺资料选编》第二十三辑，北京出版社一九八五年版。

② 王子寿《天津典当业四十年的回忆》，刊《文史资料选辑》第五十三辑，文史资料出版社一九六四年版。

③ 同上。

道："兄弟，你要付帐，要观风？"咬金想道："讨帐，一定
是杀人劫财；观风，一定是坐着观看。"遂应道："我去观风
吧。"使达道："既如此，要带多少人去行劫？"咬金道："我
是观风，为何叫我去行劫？"俊达笑道："原来兄弟对此道中
的哑谜都不晓得。……'讨帐'，是守山寨，问劫得多少。
这行中哑谜，兄弟不可不知。"咬金道："原来如此。我今去
观风，不要多人，只着一人引路便了。"俊达大喜，便着一
个喽罗，引路下山。①

　　一旦进入江湖社会，不谙熟隐语行话寸步难行，即如江湖谣
诀所说："会全生意要知江湖话，才能称起江湖班。四大部州，
三教九流，八大江湖，校里二行，有一不明是未全。"旧时有些
人想谋个凭嘴哄人赚钱的生计，拜师学技，首先即须学其隐语行
话。不然，即或把生意真经传给你，你也读不懂其中奥妙。例如
"巾行"，是个以巫卜星相为业的迷信行当，其从业经验多掺杂隐
语行话写出，在行中传抄，即或传至外人手里，看上去也莫名其
妙。试看北京巾内行流传的《方观成之玄关》片段："忭时假装
怒，隆时假陪欢，他喜我偏怒，他怒我偏欢。冷处要生急，急处
要生冷。先忭后隆，本中妙诀；轻敲响卖，秘内元机帮衬假奉
承，语中有刺，欲要吐，欲不吐，随卖随封。得钞时休言多寡，
卖响处灭迹藏形。失撇宜留后意，受擒作伴。逆来顺受，不可忭
咽；顺中有逆，须详有假。是忭必响，是隆必倒。"其中，忭，
是故意施加恐吓、惊讶等刺激；隆，是恭维、称赞、安慰；敲，

---

　　① 据陈汝衡修订本《说唐》（据清乾隆间《说唐全传》本），上海古籍出版社
一九七八年新一版，第九九页。

即迁回盘询；卖，是道出占卜结果、亮底；失撇，是未拢络住顾客；响，是令对方深信、折服；啊，即说的话。如果不懂这些隐语行话，获得这本生意经亦属枉然。

在南方，广州一带江湖巾行亦有这类秘本流传，如"江相派"集团则有所谓《英耀篇》《扎飞篇》和《阿宝篇》，被视为师门三宝。一如上述的《玄关》，"三宝"的关键性用语均用隐语行话写。《英耀篇》是看相的生意经，《扎飞篇》是舞神弄鬼的生意经，《阿宝篇》是以种金银为名骗财的生意经，都是江湖骗术。例如其《英耀篇》中说道："一入门先观来意，既开言切莫踌躇。天来问追欲追贵，追来问天为天忧。八问七，喜者欲凭子贵，怨者实为七愁。七问八，非人有事，定然子息艰难。士子问前程，生孙为近古。叠叠间此件，定然此件缺；频频问原因，其中定有因……急打慢千，轻敲而响卖。隆卖齐施，敲打审千并用。十千九响，十隆十成。敲其天而推其比，审其一而知其三。一敲即应，不妨打蛇随棍上；再敲不吐，何妨拨草以寻蛇……先千后隆，无往不利；有千元隆，帝寿之材。故曰：无千不响，无隆不成。学者可执其端而理其绪，举二隅而知三隅。随机应变，鬼神莫测，分寸已定，任意纵横。慎重传人，师门不出帝寿，斯篇玩熟，定教四海扬名"云云。个中，天，是父亲；追，是子；八，是妻；七，是夫；生孙，商贾；古，倒霉；千，一如《玄关》之"敲"；比，兄弟；帝，愚蠢；寿，自找不利。至于"隆""卖"，悉同《玄关》。破译了这些关键用语的隐语行话，即可洞悉其当行所谓秘术了。

旧时镖局行中，多同匪盗打交道，掌握隐语行话，亦是当行

从业镖师必须谙熟的必修课。前北京会友镖局镖师李尧臣回忆说:①

> 我进了会友镖局以后，就跟师傅宋彩臣练习武艺。保镖的光会武艺还不行，必得学习行话。当时买卖家各行各业，都有行话，镖局子也有镖行的行话，不过镖行的行话，不仅是在同行之间应用，主要是和江湖上的贼人见面，必须用行话交谈。这种行话，我们叫做"春点"，一般人就称之为"江湖黑话"。镖行和贼打交道，首先得会"春点"，光凭武艺高强，想制服他们，那还是不行。

> "朋友"见面以后，必须拿黑话对谈，说明这一方确是镖行，对方确是"江湖上的朋友"。黑话的内容，不外两点，第一，彼此都是一师所传，应当讲江湖的义气。更重要的，镖行必须承认，你这碗饭是贼赏给你吃的。他问:"穿谁家的衣?"就答:"穿朋友的衣。"要问:"吃谁家的饭?"就答:"吃朋友的饭。"这倒是句老实话，要没做贼的，也就用不着保镖的了。做贼的，每天以打劫行抢为生，看着镖行的情面，有一部分"高高手，放过去"了，这不是做贼的给镖行留下的这碗饭么?所以镖行称贼作"当家的"，跟称呼镖行"掌柜的"一样。

> 两下里拉了一阵黑话，平安无事，放你过去。有荆棘条子的，他就替你挑开，表示他同意"借路"，让你通行了。临分别时，还要客气几句:"当家的，你有什么带的?我到×

---

① 李尧臣《保镖生活》，刊《文史资料选辑》第七五辑，文史资料出版社一九八一年版。

×（某处）去，二十来天就回来。"贼人一般说："没有带的，掌班的，你辛苦了。"

镖行从业者的两件看家本领，一是一身武艺，再即江湖隐语行话，两者缺一不可，都关系着财产与性命。武艺要师承苦练，隐语行话亦需师传熟记。流传至今的一部清末民初的《江湖走镖隐语行话谱》抄本，正是镖行从业人员圈子里传习当行隐语行话的实证。

民间各类秘密社会群体内的隐语行话传承扩布，随其组织的封闭性程度而形成许多相应的"行规"。一般说，民间秘密结社组织的封闭性愈强，其有关当行隐语行话传承扩布的"行规"即愈为严密和慎重。清季民间秘密结社哥老会中曾流行这样的歌谣："江湖一点诀，莫对父母妻子说；若对父母妻子说，七孔流鲜血。"对家中至亲尚不可泄露，对行外人泄露更是万万不允之事了。

天地会及其各派系的《海底》，又名"金不换"，是其会中秘密流传的主要秘本。《海底》中所记皆会内核心机密，其中即包括各类隐语行话。按照会规，一旦泄露，即被处以极刑。因而，《海底》被天地会成员奉若身家性命，至关重要。流传至今的《海底》，可见如下一些版本：

（1）陈培德等编《海底》，生社一九三六年出版。

（2）李子峰编《海底》，"中国秘密结社丛书"之一，一九四〇年出版。

（3）博爱山人校书《改良真本江湖海底》，果州达古斋印。

（4）张赟集稿《金不换》，南宁桂南印刷厂一九四七年印。

（5）群英社编《江湖海底》，成都源盛堂刊本，台北古亭书屋一九七五年作为"秘密社会丛刊"的第三辑影印。

《海底》是当初天地会会众用以掌握会中秘密规矩和隐语行话的读本。也就是说，一如典当业的《当字语》和镖行的《江湖走镖隐语行话谱》之类，天地会隐语行话的共时性传承扩布存在两种主要方式，一为成员间口耳传习，一为凭《海底》得知，从而应用于实际活动的各种需用场合。

综上得知，隐语行话在群体内部的共时性传承扩布的根本动因，在于当行行事的切实需要，也是其获得该群正式成员资格的内在标志之一；是客观要求同主观意识两相默契的必然结果。相对历时性的纵向传承而言，这是一种共时性的横向扩布过程。从形式上看，以口耳相传与心记为主，兼辅以书面读本两种渠道，一经初步入门，即可在实际行事中巩固与扩展。

3. 其他特殊的传承扩布现象

从上述隐语行话的纵横双向传承扩布轨迹说明，这是一个颇为复杂而微妙的过程。

除此而外，还应注意到介于特定群体内外之间的一些特殊传承扩布现象，亦即从群体内部向外部的渗透性扩散。例如，以群体成员本身为媒介向其家庭成员及亲友的扩散，乃至向村落等生活地域的扩散。这种向外"扩散"式的特殊传承扩布过程，施事与受事（或说给予与接受）者双方，大都是无意识的，是在不自觉的状态中的渗透与滋润吸收似的传播扩散过程。

这种现象，主要发生于众多组织结构比较松散的社会群体，其隐语行话对外大都处于难以人的主观意志为转移的半封闭状态。至于那些组织结构比较严密的秘密社团，其隐语行话处于全封闭状态，严格禁止外泄，然而，一当其解体或时过境迁，当行隐语行话的"时效性"逐渐淡化或完全消失，照例亦会出现对外的渗透性扩散。

不久前，从一个"长篇纪实文学"作品中，看到这么一段情节：①

> ……此话太伤人了！江湖客们都以为刘青山定会给以颜色。谁知他却不恼不怒，只是盯着姑娘身边的老头，脸上说不出是啥神色。许久才问："请问姑娘什么'海'（师承何处）？府上何地？来此有何借模（见教、传授）？"
>
> "她不懂'春典'。""记者"抢着回答，"是位空子（行帮外行）！
>
> "不。"坐在长辫姑娘身边的老头说，"她是'母女海'（母亲传授的）。老家浙江宁波，母籍安徽凤阳。来此结交朋友，并有忠言相告！"
>
> "老先生是她的……"刘青山抱拳而问。
>
> "我是她的舅父。"老头抱拳而答。

很显然，这是一位出自"江湖世家"的姑娘。她的武功及"江湖春典"，是从其母亲（亦应包括其同为江湖中人的舅父等亲属）那里传习来的。尽管就现实来说，仍属行帮群体成员之间的内部传承扩布，但其自幼的家庭、亲族环境的熏染（包括无意识

---

① 熹葆《当代江湖黑话骗局大曝光》，《浔阳江》杂志一九八九年第五期。

的隐语行话等江湖规矩之类的传习），则是一种先期的群体对外
扩散性质。因为，那时她尚未成为江湖行帮中的一员。

　　这里，介绍一个现实生活中实有真人其事的"切语世家"
现象。

　　一九九〇年夏，在筹备举办首届"中国民间秘密语行话研究
专题学术研讨会"期间，我们收到了安徽境内某师范学院中文系
一位副教授的来信。他在信中说："我一九三五年出生在河南省
沁阳市内，从小跟家里人学讲'隐语行话'（就是我论文中讲的
那种切口），我们全家人，父母姐妹人人会讲。一九四三年，我
跟父亲逃荒到蚌埠，在安徽生活了四十多年，对安徽的'隐语行
话'也做了搜集整理。"论文除提供了有关隐语行话的见解外，
很有趣的则是他所出生的这个"切语世家"现象。他作为"切语
世家"中健在的主要传人，并对北方反切语形态的隐语行话有所
研究，对于考察隐语行话的传承轨迹这一科学研究课题说来，实
在是位难得的人才，他提供的是具有实证性价值的宝贵材料。

　　请看这位副教授的介绍：

　　　　我出生在河南沁阳城内，小时候觉得好玩，便跟家里人
　　学（说）"切语"。"切语"，又叫"切口""黑话""查洋"
　　等等。据老年人说，早先的红枪会以及许多会道门的人都会
　　讲这种隐语。

　　　　民国以后，河南失明的算命先生几乎人人会讲，几个算
　　命先生在一起，总是讲切语，不讲正常的语言，所以人们又
　　把这种切语叫做"瞎子语"。我小的时候就和算命先生对过
　　话，他们中有的讲得很好，有的结结巴巴，也不怎么样。但

总的说来，可以肯定，河南的算命先生都会讲这种切语。

从前，我父亲在河南老家做手艺，兼卖估衣，我们在旁边看摊子。人多时，父亲总是用切语告诉我们："坎兰好搞！邪绞太勾！"意思是："看好，小偷！"

一九四三年，我们家迁到了安徽蚌埠。那里也有许多人懂得切语。五十年代，我在蚌埠一中上学时，就有一位姓吴的老师能讲切语。每到晚会或各种游艺会时，学生就叫他出节目，讲切语，逗得哄堂大笑。在学生中，讲得好、讲得多的是淮河流域正阳关一带的学生，他们中许多人能讲。

听说某市公安局有一个老侦察员，他在侦破案件时，能用各种隐语和对方攀谈，把对方弄得迷溜马拉的。① 到时候，你问什么，他答什么，许多疑难案子都能破掉。

这位"切语世家"的传人，自幼生活在一个上辈家庭主要成员及父母双方直系亲属都会讲"切语"并成为一种言语习惯的家庭环境之中。他的祖父原是小手工业者，后当了阴阳先生。他的被拐卖到江苏的大姐，刚学说话时就学说切语，因而讲得颇好。由于日久天长的影响，使之"觉得好玩，便跟家里人学"。事实上，这就是一种无意识的传播与潜移默化接受隐语行话的特殊传承扩布的现象。因为，当时年幼的受事者，并未具备使用这种语言的社会变体作为特殊交际工具的条件；而其家庭成员，亦未曾有意识地出于某种特定需要向其专门性传授。当其学会这种"切语"后，用来和"算命先生"对话时，亦不过是出自一种好奇心

---

① 即迷迷糊糊的。

理，"觉得好玩"罢了。

他的父亲，是位以制做牛角梳、牛角烟嘴为业的小手工艺人。据他说，当他生母和姐姐被歹徒拐卖外地之后，就由其父亲带着他同妹妹一同生活，以加工牛角梳等手工艺品兼摆摊出售估衣糊口。老人家在临街的铺内进行手工劳动，由他们兄妹俩看守前面的货摊。当其父亲在一些情况下需要提醒他俩什么时，碍着众人面前不便明言，于是即以他们幼时已逐渐听懂会说的"切语"来传达所要说话的意思。直到这时，以往在无意识中传播亦在无意识中掌握的"切语"，才在现实生活需要中正式派上了一定的用场。其父在世时，父子对话一向用切语。现在，他的孩子也能听懂他用切语与爱人谈话。俗话说，有心浇花花不开，无意插柳柳成荫。后半句，恰同上述现象有其相近之处。

应当注意，这个"切语世家"的出现，并非是孤立和偶然的现象。在其外部，当时存在着一个相应的具有亚文化氛围的社会大环境。其家庭上辈的主要成员、亲属，以及少年时代，即朝夕生活在这种有讲"切语"语俗的外部社会环境之中，是这个亚文化群体的固有社会成员。即如这位先生所谈到的，在其原籍和客籍之地，都有着相当多的人会用这类"切语"进行言语交际，直到读中学时，还遇到一位能讲切语的老师。因为自身熟悉这种语言变体，所以凭其耳闻的直感则极易发现会讲此语的人。可以说，这是一种特殊的民俗语言文化嗅觉。

他凭切身体验和所受过的专业知识训练，将原籍河南沁阳的切语同客居地安徽蚌埠的切语作了语音学上的比较，发现了由于方音差异所带来的拼切上、下字声调方面的细微差别。这一事例说明，受过专业训练而又出自"切语世家"的他，在进行民间隐语行话（尤其是反切语等语音学构造形态的）科学研究方面，有着得天独厚的优越条件。应该说，这是他从这个"切语世家"获得的一份颇有价值的文化财富。

从这例"切语世家"现象不难使我们得出这样的判断，即在其原籍、客籍乃至其他一些地域，至今仍存在一定数量的同类现象，有待有关领域的人文科学工作者们及时地发现、调查，为科学研究抢救、积累一批具有可观价值的资料。毋庸置疑，这是一项很有科学意义和应用研究前途的工作。

此外，我们还应注意到，除家庭成员间隐语行话自然性传承扩布而外的地域群体的同类现象。例如，旧时在一些帮会成员、土匪团伙成员比较集中，或经常出没的村落、地区，其方言语汇中吸收的有关隐语行话材料则相对较多。东北的吉林，曾是胡子长期活动的地区，许多土匪本即当地人。因而，当地方言中吸收一些胡匪隐语行话的机会就比较多。如"起皮子"，本指起事开局，方言用指闹事、起哄；"花舌子"，本指说合人，方言用指玩嘴皮子、满口空话者；"卧底"，指打进内部接应，方言取义与之相近；"点背"指不顺气，方言仍取此义；"明了"，指被人知晓，方言仍取此义；"烫了"指受伤，方言用指受骗、遭到伤害或损失等。凡此，均属非意识性的自然性传承扩布的结果。

从文化学讲，隐语行话的各种传承轨迹，主要是作用于亚文化群体内部的文化交流与传播过程的印证。考察这一轨迹，对于发现和研究隐语行话源流、性质、构成、功能等诸方面的规律性特征，都是富有积极意义的。同时，对于深入考察使用各种隐语行话的社会群体的当行行事、文化心态、活动规律，乃至其性质、历史与人员成分的构成等项，都不失为一种具有实际价值的科学探索途径。

四、隐语行话与跨文化传通

跨文化传通，是就不同文化背景的人际交往中的文化现象而言的。

　　拉里·A·萨姆瓦等著的《跨文化传通》中说："纵观历史，可以清楚地看到，由于人们的文化背景不同，由于时间上的隔离，以及在思想方法、容貌服饰和行为举止上的差异，相互理解与和睦共处始终是一个难题。正因为此，跨文化的传通才得以成为一个专门学科而产生和发展起来。"① 值得注意的是，这部"为任何一个从事跨文化工作或在生活中涉及跨文化交往的人而著"的专著中，没有忽略主流文化群体与亚文化群体间的跨文化传通，尤其是亚文化群体的语言代码——隐语问题。这一点，就隐语行话的研究来讲，无疑是一个富有价值的科学视点。

　　然而，我们这里所要讨论的隐语行话的跨文化传通，已不仅仅局限于《跨文化传通》中初步涉及的隐语功能，以及将此作为考察、理解亚文化群体行为之类的基础性问题。在此，我们试图

---

　　① 中译本第二页，陈南、龚光明译，生活·读书·新知三联书店一九八八年版。

能更为深入一步地探讨，在主流文化同亚文化相互发生交流、影响与作用的跨层次传通过程中，以及亚文化群体平行层面的跨地域、跨群体文化传通过程中，隐语行话的基本生成、变异轨迹，进而引发一些新的探索性思考。

1. 隐语行话与跨层次的文化传通

晋代张景阳诗云："阳春无和者，巴人皆下节。"典出战国时宋玉《对楚王问》："客有歌于郢中者，其始曰《下里》《巴人》，国中属和者数千人……其为《阳春》《白雪》，国中属而和者不过数十人。"此后，"阳春白雪"与"下里巴人"，即往往被用来象征"雅"与"俗"之别。换言之，它们分别表了两个不同的文化层次。

所谓"主流文化"，亦即通常说的。"上层文化"或"雅文化"；而"非主流文化"，又称"亚文化"，即"下层文化""俗文化"，都是相对而言的。

严格说，文化层次的划分，只能是宏观地就总体相对而言，其临界线颇为难定，并无截然鸿沟可据，存在的只是个较宽而又模糊的交叉带。雅文化的底座是俗文化，二者始终处于动态的相互渗透、相互影响和相互制约的运动之中。在微观现象上，往往表现出层次的交叉，亦即跨层次的文化传通作用的结果。

近年来，我国以市民通俗文学、乡土文艺为表象的"俗文化热"的一时风行，即属一种覆盖面颇大的跨层次的文化传通现象。不过，这只是属于由俗层次向雅层次的单向性跨文化传通。如果西洋古典交响乐等，亦同时在市井乡里广受青睐，那么，则堪称是双向的跨文化传通现象。

隐语行话作为亚文化群体的语言代码，是一种特殊的民俗语言现象，是对语言的反动，亦是"帮助反主流文化提供自卫的手段"，① 即一种反主流文化现象。在一向以高雅、正统自诩的身处上层文化群体的人士眼里，它一向被视为低俗"黑话"。然而，当其出自某种特殊需要时，亦会不惜有失雅士之尊，运用一番。

明陈洪谟《继世纪闻》卷二载："逆（刘）瑾用事，贿赂公行。凡有干谒者，云馈一干，即一千之谓；云一方，即一万之谓。后渐增至几干几方。"其《治世余闻》卷二亦载："太监李广，以左道见宠任，权倾中外，大臣多贿求之。"俟李广死后，"上意其藏必有奇方秘书，即令内侍搜索。奉命者送封其外宅，搜得一帙纳贿簿首进之。簿中所载，某送黄米几百石，某送白米几千石，通计数百万石；黄米即金，白米即银。上因悟广赃滥如此，遂籍没之。"由此两例可知，以隐语作为行贿受贿金钱数目代码，非但已成仕官阶层"行话"，甚至已进入宫廷权势人物账簿文字。对此，明季世情小说《金瓶梅》中，亦不乏例证。如下例：

> 单表来旺儿押到提刑院。西门庆先差玳安送了一百石白米与夏提刑、贺千户。二人受了礼物，然后坐厅。
>
> （第二十六回）

> 西门庆吩咐二人："你等过灯节再来计较。我连日家中有事。"那李智、黄四，老爹长，老爹短，千恩万谢出门。
> 应伯爵因记挂着二人许了他些业障儿，趁此机会好问他要。

---

① ［美］安德列·里奇《跨种族传通》第一四二页，纽约哈珀和罗出版公司一九七四年版。

正要跟随同去，又被西门庆叫住说话。

（第四十三回）

前例之"一百石白米"，显系白银百两的隐语；而后例之
"业障儿"，亦指银钱。有趣的是，民间这类隐语行话事物，在有
明一代竟被直接用于作为主流文化群体的上层社会生活之中。显
然，这也是以隐语行话的具体事象形态的，俗文化向雅文化的单
向性跨层次的文化传通。其主要的传通动因，则在于隐语行话的
回避人知这一最根本的功能。

至当代，上述这类由俗入雅的单向性跨层次文化传通，仍然
存在。有一篇报告文学，① 一如云游客《江湖丛谈》译解江湖隐
语行话揭载江湖内幕的手法，是通过透析"黑话"来批评当代社
会时弊的。其"黑话"虽非严格意义上的隐语行话，亦不失为
"准隐语行话"，亦可作为隐语行话的跨层次文化传通的参证。试
看如下两例：

> 让我们来听听两位局干部的对话：
>
> "昨天县里跑马拉松了。"（县常委开会）
>
> "书记朝你打的喷嚏。"（否决了提升他的建议。赞成叫
> 拍巴掌。）
>
> "唉，到年龄了，金盆洗手吧。"（直接从武侠小说中引
> 用的：退休。）
>
> "着啥急，听说市委书记要拨一辆'丰田'给你。"（职
> 务的代称：县——丰田，市——皇冠，省——奔驰。）

---

① 贾鲁生《黑话》，《报告文学》杂志一九八〇年第一期。

　　奔驰的列车。硬卧车厢里。这两位干部在谈论着许多县常委会议上的秘密。既要表达清楚，又要掩饰严密，他们拉长了直意和隐意的距离，把黑话变成了密码。但只要是黑话，直意和隐意间就必然有某种内在的联系，即使表面上看来是风马牛不相及。如同旧时的官轿一样，小汽车是等级的象征，用来隐喻职务再恰当不过了。马拉松本来是形容会议之长的，在这里却固定为常委会的专用代名词，唯一说明的就是这个县常委会从未开过短会。打喷嚏常常是感冒的前兆，稍稍变通一下，把否决叫做不感冒，又因为不感冒是如今社会上人人都明白的没有兴趣的意思，于是再改变一下干脆叫做打喷嚏了。

　　看来，黑话之所以能够在上层使用，就是因为它同时具备了表达和掩饰两种功能。他们迫切需要有一种语言能够有力度地、准确无误地表达出自己的思想，同时又能把内心世界里难以见人的东西严严实实地掩藏起来以免损害了自己的光辉形象。他们忽然发现，他们最为轻蔑的下等人的黑话，是语言中最为奇妙的一种表述方式！于是也顾不得脏了手，从社会最肮脏的角落里拣起一大堆黑话，藏在自己的思想深处，稍加改造，随时取用。让我们再听听几位供销员的对话：

　　"上哪儿了？"

　　"打狗去了！"送礼，如同肉包子打狗。

　　"什么馅的？"

　　"第一夫人配狗不理。"指茅台酒和人民币。

　　"合同签了没有？"

　　"一枪一个准，哈哈，全毙了！"

　　说来有趣，这篇报告文学的作者不仅试图从社会学视点考察这些现象，甚至还联及语言学角度。"从语言学的角度看，黑话正在把俗语和雅语，把粗鲁、畸形的念头和奇妙、荒唐的思想的表现形式融合起来。"尽管其并非学术研究，却触及了由俗入雅的两个层次间的跨文化传通问题，以作家的视点对隐语行话这种跨层次文化传通做了诠解。再回过头去重新审视一下明代陈洪谟笔下的及《金瓶梅》中的几例现象，亦不外同此一理。

　　如果说，方言作为语言的地方变体而同俗文化结有十分密切的不解之缘的话，那么通语（共同语）则主要同主语文化发生关系，是主流文化信息藉以传播的基本载体，是最重要的运载工具之一。通语从非主流文化范畴的地域方言（如隐语行话）吸收语汇材料，亦属一种单向性的跨文化传通过程中的产物。也就是说，没有这种传通，即无从产生这样的结果。同时，又是这种传通的印证。

　　元明杂剧、明清小说，尽管大多是一些语言比较浅白的通俗文学艺术，但相对其他民间口头文学而言，则已经逐渐转向主语文化层次。在此，我们所注意到的是其艺术语言中吸收了为数不少的民间隐语行话，往往出现的频率还很高。这就说明，这些隐语行话语汇业已为当时的通语所接受。否则，戏文或小说（主要是话本小说）的观众、听众及读者，就会莫名其妙地难以接受了，会直接妨碍艺术效果。

　　我们发现，作者有意为作品人物的语言中插入一些隐语行话的时候，是要有专门交待的，使之成为故事情节所需要的有机构成部分。例如，明朱有燉《诚斋乐府·乔断鬼》中有一个情节，即裱褙匠同"大嫂"夹杂当行"市语"的对话。裱褙匠说："大嫂，你收了银子了？将前日落了人的一个旗，两搭儿荒资，把那青资截一张荒资，荷叶了，压重处潜垛着，休着那老婆子见。"对方答道："你的嗽，我鼻涕了，便去潜垛也。"对二人的满口隐语行活，作者借"小鬼"这一角色向观众作了现场译解："他说'旗儿'是绢子，'荒资'是纸，'青资'是刀儿，'荷叶了'是包裹了，'压重'是柜子，'潜垛'是藏了。他说：教他老婆将那落的人的绢子纸，用刀儿截一张纸包裹了，柜子里藏了，不要他娘见。那妇人说'鼻涕了'是省得了，便去藏也。"并进一步交待说，"小鬼自生时，也是个裱褙匠，"因而他能听得懂这二人说的隐语行话。

显然，这是根据剧情需要而有意插入的一段当时裱褙匠行中的隐语行话，并随即向观众作了巧妙的译解。

然而，更多的随意进入艺术语言之中而又不作任何译解的隐语行话，则显然已属当时各阶层观众、读者所大都可以理解的普通语汇，是自然的正常运用，无需进行什么译解性交待。

试看下面诸例：

（1）"刀麻儿"（即"刀马"）原来本是宋代蹴鞠行的隐语行话，指足，一如《圆社锦语》云："刀马，脚"。但是在元明杂剧中已进入通语，频繁出现。例如：《僧尼共犯》剧第一折《哪吒令》曲："顶老儿一样光，刀麻儿一般大，胡厮混一迷里虚花。"又第四折净白："又好又好！再看你那刀麻儿如何扎作？"邓玉宾《村里迓鼓·仕女圆社》套："俊庞儿压尽满园春，刀麻儿踢倒寰中俏。"两剧三例之中唯末例仍与蹴鞠相关。

（2）称肉为"线道"，本为宋代以来市语，如《绮谈市语·饮食门》："肉，线道。"在《行院声嗽·饮食》类中，又谓为

"线老"；其又载肉店为"线钹"。然而，在明代话本小说中，已直接随文用于人物对话语言，如《古今小说》卷三十六："这汉与行院无情，一身线道，堪作你家行货使用。"显然，"一身线道"即"一身肉"之意。

（3）一如当代人们习称暗娼、女流氓为"马子"，原本黑社会团伙的隐语行话，后因公开化而逐渐不再具有隐秘性质。宋明时行院市语称妓为"顶老"。因屡见于元明戏曲、小说，故亦失其隐秘性质，成为当时通语语汇材料。例如：《琵琶记》："终日走千道，走得脚无毛。倒不如做虔婆顶老，也得些鸭汁吃饱。"商衢《一枝花·叹秀英》："生把俺殃及做顶老，为妓路划地波波。"《金瓶梅》十五回："少顷，顶老彩漆方盘，拿七盏来雪绽般盏儿，银舌叶茶匙。"又九十四回："一般儿四个唱的顶老，打扮得如花似朵，都穿着轻纱软绢衣服。"《水浒传》二十九回："一个年纪小的妇人，正是蒋门神初来孟州新娶的妾，原是西瓦子里唱说诸般宫调的顶老。"《古今小说》卷三十六："告公公，我不是掉卓儿顶老，我便是苏州平江府赵正"等等。尽管宋、明"市语"专集中均将其收入，如《行院声嗽·人物》释"鼎老"为"妓女"，《金陵六院市语》谓"小娃子为顶老""小娃子，雏妓也"；但是，明徐渭《南词叙录》中已说，"顶老，伎之浑名"，不再视之为"市语"了。

当然，亦应指出，一些隐语行话之所以通过早期白话通俗文艺作品进入通语，则在于其相对文言来说浅白许多，更接近于民俗语言，易于融和。因此，通俗文艺作品即理所当然地成为某些隐语行话跨文化层次地"进身"，通语的桥梁。

同样道理，也是因为文化层次"接壤"的关系，使得地域方言也自然成为通语选用隐语行话语汇材料的过渡性层面，或称之筛网、渗透层。先由方言吸收、过滤，再选一些进入通语。一般情况下，这是隐语行话进入通语的必经之路。

细究起来，宋元以来的隐语行话语汇最终进入现代汉语充当语言材料的数量，已相当可观。因为，就语词形态的隐语行话而言，虽可达编著专门辞书规模，但毕竟为数有限，生生不息，亦伴有淘汰、更替与消亡。就现代汉语在主流文化的地位而论，被吸收的历代隐语行话材料无疑是跨越自身层次了的，是跨层次文化传通的积淀性产物。我们可以不无根据地随手举出众多这样的实例，① 堪称俯身可拾。如：打食儿、踩盘子、顶硬儿、绑票、出血、花舌子、抬轿子、挂彩（挂花）、上手、不正、冲撞、自打（白搭）、调皮、狗子、空头、扯淡、查呼、标正、秀、钉梢、眼线、粉，出手，跳槽、回头客、色迷、挑眼儿、缺德、损、拉皮条、找户头、码头、开天窗、避风头、风头紧、把风等等。如今，人们在言谈、文字中使用这些语汇材料时，一般人谁会想到它们原本是些令人耻于上口入文的"黑话"呢！这个事实本身，非但时间推移之故，根本还在于跨文化传通的作用。

上面所探讨的，主要是属于亚文化范畴的隐语行话向主流文化的跨文化传通。下面，则简略考察下主流文化向亚文化跨文化传通在隐语行话这一民俗语言特殊形态中的体现。

主流文化与亚文化传通过程中，在隐语行话上最为直观的反映，一是随着某些隐语行话语料的公开化或被采入通语，即被新创制的语料所替代，以满足当行需要。例如，"马子"这个几乎

_____

① 考证、论述，详参《中国民间秘密语》，于此不赘述之。

曾是南北共用的用指暗娼、女流氓的语料公开化之后，各地则相继有了诸如"袖子""满天飞""梭叶子""尖咀""海台子""挑炉的""马达""油子""麻子""套圈""烙铁""圈子"之类的新叫法，取而代之。

另外，更显著的方面，则是随着社会的发展，新旧事物的更替，隐语行话所表现的内容、事物，亦相应地推陈出新，以适应某些群体应付现实社会环境的需要。换言之，主流文化的发展运动，亦直接制约和刺激着包括隐语行话形态在内的亚文化的相应运动。在这一运动过程中，一如通语采用隐语行话材料的筛选机制，主流文化始终处于积极的、主导地位，亚文化则一直是被动地随伴而行的运动过程。

在此，不妨举些个比较明显的语例。《新刻江湖切要·官职类》辑载：

> 皇帝：巍巍太岁；[广] 则天；配天。皇后：[补] 巍方。太子：[补] 巍欠；将代巍。驸马：[补] 攀龙驹。宫女：[补] 长门客。太监：寸判通；念二；甘奄；[广] 阴阳生；无聊。阁老：天孤；孤子；[广] 白头姑。尚书：太水通；[广] 典谟；叠负。督察院：者孤；督院巡孤；[广] 叔孤。抚院：巡孤；[广] 临孤；古二。希政：左孤；阳孤；古三。……百户：百孤。武进士：寒孤，又寒士。武举人：寒斗。武秀才：寒通，又冷占。

时至一九一一年辛亥革命推翻了中国历史上最末一代封建皇帝之后，上述封建职官统统成了语言中的历史文化遗存。可以断言，即或当年使用这些隐语行话的江湖群体仍然存在，上述有关职官的代码也因国家的改制而失去了实用价值和存在意义。如果需要的话，只能就新的政体中的有关职官重新创制相应的隐语行话代码。在民国印行的《全国各界切口大词典》中，虽然收录了当时仍沿用下来的某些隐语行话，如船为"瓢儿"、典当为"兴朝阳"、帽店为"顶公朝阳"等，悉见于《江湖切要》。且不论其何因未作改变，这些隐语行话所代表的事物的依然存在却是事实。然而，有关上述职官的隐语行话却因诸官职的不复存在而自然消亡掉了。相反，《切口大词典》的许多内容，却又是以往所不存在的新事物、新隐语行话。如《警士之切口》：

> 看街：警士也。岗位：警士站立之所也。出差：出去站岗，或奉公事也。寻把：私勒规费也。敲硬牌：向赌台取费也。横子：警棍也。令子：口号也。插子：小窃也。大岔子：抢案也。探底：询问也。

有的"切口"，则是随其行业的出现之后逐渐产生的，无此行业群体之际即不会形成当行隐语行话。又如《信局业之切口》：

> 快飞漂：信班船也。相见欢：送信之人也。包封：所带之货色也。重头：信中有洋银者。烧角：火焦信也；寄信者，遇死亡病革时用之，表示火速之意。飘风：鸡毛信也，用途同上。下找：信资未付者。上找：信资已付者。长头：商号之庄信也。短路：路近之信也。长路：路远之信也。没过票子，信不投递者。横杠：一也。重头：二也。堆头：三也。天平：四也。歪身：五也。平肩：六也。差肩：七也。

拖开：八也。勾老：九也。满头：十也。

至于现代的"千子"（钢笔、圆珠笔）、"玲铛"（手表）、"坐规"（座钟）、"大杵"（大电警棍）、"百棵"（一百斤粮票）、"望影子"（看电影）、"旋风"（跳交际舞）、"压轮"（骑自行车）等，均属前代未有的隐语行话，因为它们所隐代的也都是前所尚未诞生或国内不曾有过的事物。

这些说明，隐语行话的时代差异之一，即其所代表的事物的时代性。这种时代差异，正是主导文化作用于隐语行话的主要跨文化传通的显著标志。

总之，表现在隐语行话这一形态上的主流文化与亚文化之间的跨文化传通，是一种相互间的双向运动。就总体而言，这种运动刺激着隐语行话新陈代谢、发展变化，同时又是跨文化传通的特殊轨迹与印证。可以肯定地说，如果没有这种跨文化的传通，隐语行话也就难以存在与发展。

2. 亚文化层次内隐语行话的跨文化传通

在亚文化层次之内，隐语行话的跨文化传通运动，主要是在地域及群体之间进行的。

在总体文化结构中，亚文化尽管是相对主流文化的一个层次，仍不外属于其中的一个部分。但是，即或是在亚文化内部，亦因地域文化（亦属主流文化的一个层面）或群体文化之别，而存在许多差异。这个差异的存在的对应方面，是共同性（或共通性）。在其异同之中，则有着跨文化传通的因素。萨姆瓦等说：

"每一个亚文化或亚群体，尽管是主流文化的一部分，其本身就是一个社会实体，具有其独特性，并为其成员提供一系列的主流文化中所不具备的经验、背景、社会价值观和人生期望。所以，尽管人与人之间外表都相似，但要进行传通却未必容易，因为，实际上他们可能来自差异很大的亚文化或亚群体，他们的经验背景相去甚远，以至不能够在交往中结成相互正确理解的关系。"①

在各种亚文化群体中，除隐语行话具有维系群体共同利益和人际关系的功能而外，行业祖师信仰作为尤其直接的精神文化形态，更加典型地反映着群体个性和差异。例如以下行业祖师信仰，即各有其主：

笔业：蒙恬　　　　　　　木匠：鲁班

花业：百花仙子　　　　　农业：神农氏

玉器业：白衣观音　　　　商业：财神

靴鞋业：孙膑　　　　　　纺织业：黄道婆

化妆师：观世音　　　　　盐业：葛洪

陶业：范蠡　　　　　　　造纸：蔡伦

养蚕：马头娘　　　　　　席篾业：张班

铸造：李老君　　　　　　医药：华佗、孙思邈

造酒：杜康　　　　　　　理发业：罗祖

玻璃业：陆毒大王　　　　乞丐：伍子胥、范丹、

泥塑业：女娲　　　　　　　　　窦老、高文举

相声：东方朔　　　　　　吹鼓手：韩湘子

---

①　萨姆瓦等《跨文化传通》中译本第四一页，生活·读书·新知三联书店一九八八年版。

梨园：白猿、老郎神　　娼妓：白媚神、吕洞宾

丝织业：伯余　　　　　扇业：齐纨

道情：张果老　　　　　绘画、扎彩业：吴道子

评书：魏征　　　　　　棕制品业：伏羲

镖行：达摩老祖　　　　货郎：许仙

书坊：文昌帝君　　　　鞭炮业：祝融

香烛业：葛仙翁、关公　网巾业：马皇后

寿衣业：朱子樵　　　　算盘业：孔子

厨师：灶神　　　　　　砚业：子路

浴池业：智公　　　　　墨业：吕洞宾

星命业：鬼谷子　　　　采煤业：窑神

窃贼：时迁　　　　　　制帽业：三皇

银钱业：财神　　　　　刺绣业：顾儒

风水：郭璞　　　　　　豆业：樊少翁

典当业：号（耗）神　　火腿业：宗泽

果农：桔神　　　　　　海货业：拉踏张

盐业：井神　　　　　　挑水业：井泉童子

针业：刘海　　　　　　接生婆：子孙娘娘

茶业：陆羽

纵观中国行业神崇拜的历史，我们可以发现其中这样一种交叉现象，即：（1）一业多神，如梨园业的老郎神、唐明皇、喜神等，及至具体行当又有武猖神、李龟年、青衣童子、鼓板郎君等信仰。（2）一神多业，如鞋、帽、成衣、丝织、医药、弹花、缠绳等业均奉黄帝为祖师，木、瓦、石、竹、造船、扎彩、棚匠等业共奉

鲁班为祖师，金、银、铜、锡、采煤、补锅等业奉老君为祖师。
（3）同行业祖师又可因时代、地域而不同，如唐代茶馆业奉陆羽
为行业神，以后又先后增加了卢全和裴汶；同为陶瓷业，景德镇
供奉的是童宾，宜兴供奉的是范蠡，石湾供奉的是舜帝，东北等
地还有供奉陶正为祖师的。行业神崇拜的交叉，即属亚文化层次
内的跨文化传通作用的产物之一。无独有偶，隐语行话在亚文化
层次内的跨文化传通，其结果亦与之大体相似。现分述如下：

（1）多群体共用的隐语行话

《江湖通用切口摘要》小引中说："今所记皆各道相通用者，
至于各行各道另有隐切口，乃避同类而用。"其"各道相通用
者"，即多群体共用的通用性隐语行话。

明清以来，诸行隐语行话颇盛一时，皆以当行行事为本，多
"避同类而用"。然而，在相关行业群体之间的接触、交往中，由
渗透、融合而逐渐产生了一些便于沟通信息的通用性常用隐语行
话。《通俗编·识余》所录"江湖杂流"隐语行话数目代码，一
留、二月、三汪之类，以及所谓"通行市井者，如官曰孤司，店
曰朝阳之类，即属通用性隐语行话。镖行为业务关系，要经常同
江湖匪盗等打交道，因而从业镖师除要掌握当行隐语行话外，尚
必须学会江湖诸行通用的隐语行话。否则，即吃不成这一行的
饭。《江湖通用切口摘要》以及《江湖走镖隐语行话谱》等所辑
录的，均属这类江湖诸行通用的隐语行话。可以说，一如方言之
于普通话，这种通用性的隐语行话即亚文化群体之间的一种"共
同语"。这种"共同语"的产生，亦即隐语行话在亚文化群体内
跨群体文化传通运动的结果。这一运动过程的基本机制，在于认

同与约定俗成，主要因素，则在于传通。没有这种传通运动，就产生不了认同与约定俗成的通用性的跨群体隐语行话。

至于通用性隐语行话实例，多有一些专辑、专集为证，无须赘引。

（2）跨地域的隐语行话传承

跨地域的隐语行话现象，亦属隐语行话的跨文化传通作用的结果。只不过，这种现象往往也兼有跨群体性质，并直接同历史传承因素相关。例如我们前面曾引录过的，明季"六院"市语中谓眼睛为"招子"，清季江湖通用的隐语行话则谓卖眼镜的为"招子包"，而同以吴下俗音记录的《江湖通用切口摘要》乃至《切口大词典》所载一脉相承，近代东北"胡子"的"黑话"亦称眼睛为"昭（招）子"。像这样情况，颇有一些。例如：

（1）《江湖行话谱·走江湖行话》："小米饭，星星散。"又："小米粥，星星乱。"近代东北土匪亦如是说。

（2）《江湖行话谱·行意行话》："抽大烟为啃海草。"吉林《临江县志·匪语》亦载："肯海草：吸食鸦片。"

（3）据民初上海出版的《切口大词典》记载，扒手称裤子为"岔枝"，而近代山西理发行业，亦称裤子为"衩子"。"岔枝"与"衩子"，音近义同。

（4）《江湖通用切口摘要》谓狗为"皮条子"，不仅山西晋南隐语行话与之相同，而东北土匪亦如此，如说狗咬即为"皮子炸"。

（5）《江湖行话谱·行意行话》《临江县志·匪语》及《切口大词典·盗贼类·短截贼之切口》，均载马为"风

（疯）子"，而近代山西晋南的隐语行话与之亦颇相近，谓之
"疯疯子"。

　　凡此，均属隐语行话跨地域（或兼跨群体）的亚文化传通现
象。其中，除却通用性隐语行话的跨群体兼跨地域的覆盖因素而
外，则主要在于亚文化群体成员的迁徙流动传承。近代东北土匪
"黑话"中有些语汇同关内隐语行话的"雷同"，即属此类。一上
述跨地域（并兼跨群体）的隐语行话跨文化传通现象，至今依然
存在。例如当代各地黑社会群体的隐语行话，仍不乏其历史轨迹
的遗存：谓伞为"开花子"（南方），火柴为"崩星子"（东北），
饼为"翻章子"（东北），小米饭为"星星伞"（东北），枪为
"喷子"（东北），眼为"招子"（南方），头发为"苗"（山西、
黑龙江），等等。

　　此外，在隐语行话形态构造上的跨文化传通，也是值得注意
的现象。试以浙江龙泉县蛟垟村菇民的隐语行话为例。旧社会贫
穷百姓生活艰难，菇民绝技在身，聊以谋生。因此，对种菇技术
不得不保守。另外，在菇民心目中山魈每时每刻都在监视，有些
事或吃点捕来的禽兽肉，喝碗老酒，必须隐瞒山魈。鉴于这两种
原因，菇民就编造了一套黑话，又称行话，世代流传。[①] 有趣的
是，其隐语行话颇多依汉字形体构造之例，如谓饭为"食反"，
晚上为"日免"，明天为"日月"，钱为"金戈戈"，金为"两点
全"，烟为"火西土"，钞票为"西示"，货为"化贝"，贼为
"贝戎"，三为"横川"，四为"横目"，七为"皂脚"，九为"丸

────────────

①　徐起佳《龙泉县蛟垟村菇民信仰》，《民间文艺季刊》（上海）一九九〇年第
四期。

去点"等等。可以说，这也是隐语行话的跨文化传通现象，其媒介在于主流文化中的汉字结构形态。其结果，不止产生了一些新的隐语行话，亦难免带来一些跨群体、跨地域乃至跨时代的符号相似或相同。例如，其五为"吾去口"，即与宋代《绮谈市语》所载五为"吾不口"相近，七为"皂脚"亦类如"皂不白"。又如，同《通俗编·识余》所载"杂货铺"隐语行话数码中的三为眠川、四为睡目、七为皂底、九为未丸，亦颇相类似。

五、隐语行话与社会犯罪问题

隐语行话，是一种反主流文化的亚文化群体的语俗。

一如主流文化群体不可能存在人们所期冀（实为一种美好愿望）的那样"纯粹"，亚文化群体的构成，由于经济地位、文化环境及素质的关系，尤其显得复杂。这一群体的构成往往沉积、混杂着诸种社会糟粕。有的则直接表现为社会犯罪。这种社会犯罪，尽管通常不存在直接的政治因素或背景，但亦极易为政治势力所利用。历史证明，有些亚文化群体往往同社会犯罪发生联系，也有的即是以社会犯罪为宗旨的群体（团伙、集团）。

隐语行话往往被社会犯罪群体利用为一种犯罪工具，或同犯罪行为发生联系。可以认为，人们习惯于将隐语行话称之为"黑话"，将说"黑话"的人同社会犯罪（或"坏人"）联系起来，其直接因素即在于此。

尽管如此，隐语行话既然往往可以为社会犯罪群体所利用，或同犯罪活动发生直接、间接的联系，那么，我们亦可反其道而用之，将其作为一种了解社会犯罪内幕的特殊符号系统，和反社会犯罪的一种工具。即如萨姆瓦等在探讨跨文化传通时所说：

　　要想深入了解任何亚文化及其群体的方法之一，是考察其语言的运用。亚文化及其群体的人们不仅享有作为其成员的资格，参加社会社团和文化社团的活动，而且他们也共享着语言传通的方式和类型。实际上，没有表现出某种特殊语言的群体是不被人们当作亚群体看待的。因此，亚群体和亚文化是可以根据他们的语言、价值观念和行为来考察的。这种分析的方法说明，经验和语言是要相互结合而起作用的。

　　在研究那些与主流文化相去甚远的亚文化时，经常可以发现其语言具有附加的意义。例如，在人们认为主要是由异常行为构成的亚文化中，该文化的语言类型非常可能发展成为一种隐语（argot）。这类"异常行为"取有各种各样的形式。例如，囚犯是由于违犯法律而成为异常人，他们就具有某种隐语。流浪者和乞丐，按多数标准来说，虽不是罪犯，但他们跟主流文化格格不入，因而也具备某种隐语。对我们来说，关键在于懂得隐语是限于特定亚文化及其群体内所使用的语言，其成员是在主导文化之外的。懂得隐语是了解有关亚文化或亚文化群体的关键所在……隐语是语言和行为相结合的一种方式。

　　因此，我们不妨把对某些隐语行话的研究作为了解犯罪和反犯罪的一种手段。

1. 隐语行话与犯罪活动

在中国历史上，从什么时候起运用隐语行话作为了解犯罪和反犯罪的手段？五代时和凝、和嵘父子的《疑狱集》，宋代郑克的《折狱龟鉴》，以及清代蓝鼎元的《鹿州公案》等有关狱案的专门文献中，尚未见有关记载。

一条较早的文献材料，是在清代采衡子的笔记《虫鸣漫录》卷二中发现的。全文如下：

> 六合士子，约伴至金陵乡试，泊舟野岸，有贼扶板探足入，共拽入舱。贼惧，求释。士令其将贼中隐语备述而笔记之，彼此习以为戏。
>
> 抵金陵，日夕聚谈，久而愈熟。一日，同入酒肆，以隐语相欢笑。捕役十余人，疑而围之，散处各席，捕头别据一座，遥侦之。群士喧阗谐谑，无非隐语，而举止又大不类。捕头跃身坐案上，士顾之亦不惧，角（逐）隐语如故。
>
> 捕头下席问曰："君等何为，所言何语？愿闻其详。"士哗然曰："我辈所为所言，与尔无涉，悉疑为？"捕头曰："不明言，逻者毕集，将不免拘絷矣。"有晓事士人，备语获贼、习隐语状，捕役乃散去。

凡此，虽说是因借隐语行话作为语言游戏相谑，引起捕役注意，惹出一场虚惊，却说明了一种事实，清季的有关反犯罪人员，即已经注意利用隐语行话语作为侦破或缉捕犯罪分子的手段。这些捕役虽然不解个中隐语，闻之则诧异生疑，凭其职业的敏感嗅觉，可以初步断定"不是好人说的话"，因而才可能发生"将不免拘絷"之举。

利用隐语行话作为反犯罪的工具，首先是通过破译其内容所指，来了解、揭露犯罪者的活动与行为事实，从而把握证据和一般活动范围、规律。

有一部揭露当年上海黑社会青帮内幕的书，即专门有一段是以译解隐语行话方式来说明史事的：

> "青帮"在十大帮规中最后一条规定："谨记仁义礼智信"，完全是一套假正经，事实上他们是无论什么坏事都干得出来的。什么"对买贼"（从中调包）、"贩夜子"（拐卖小孩）、"贩猪仔"（贩卖壮丁运往国外）、"开条子"（拐卖青年女人为娼）、"赌软子"（设赌行骗）、"装榫头"（破敲竹杠等）、"软破相架"（明抢暗偷）、"摆丹老"（借钱不还，倒打一耙）、"淘砂子"（贩卖私盐）、"开门口"（逼良为娼）、"倒棺材"（以赌骗钱）、"拔人"（绑架勒索）、"包开销"（店铺开张硬要钱），凡此种种，一切伤天害理的坏事，他们是无一不干的。①

隐语行话是根据本群体行事的实际需要而创制、使用的，是言语活动与行为的结合。因而，从译解隐语行话入手，可以了解该群体的隐秘行为，掌握其活动轨迹。不同的犯罪群体，有着因其犯罪性质、活动范围及内容而异的常用隐语行话。请看下面

---

① 傅湘源《青帮大亨》第八九页，中国文史出版社一九八七年版。

诸例：

（1）青皮切口（拆白党的隐语行话）

老蟹：老年妇女。崭盘子：貌美的女人。倒盘子：丑女人。钉腔：跟踪。兜圈子：四处游荡以物色被引诱妇女对象。摆香：探询女方口气。背阿大：引诱。抱腰：相助。擒把：到手银钱。玉蟹：虽又丑又老而家产殷富的女人。枫蟹：妙龄女郎。失匹：引诱未成。小房子：租用的幽会场所。卷横塘：卷走女人的金钱。出货：拐骗妇女去外埠。反攻：事败吃官司。引水：酬劳。

（2）蚂蚁王切口（拐匪的隐语行话）

好心老爹：男拐匪。好心老太：女拐匪。一路通：有本事的拐匪。帮忙人：小拐匪。兔腿：拐匪的探风报讯者。一盆花：总称被拐妇女。抹充：遭拐妇女。霄堆：被拐儿童。遮得密：评说妇女相貌。灶君娘：貌丑女人。斩劲：貌美女人。有人爱：不美亦不丑的女人。枯兜：老妇。鲜花：少女。撑得起：四肢匀称。开门山：没有眼病。交口利：不缺齿。盖青天：头发不秃。蜡榻：面色黑。湖水：面色白。哩塞：聋子。石支：脸上有雀斑。漂尾子：跷脚。的的：小脚女人。稀稀：大脚女人。坝的：脸上有麻子。单照：一只眼。过空照子：眼睛不明。活路：秃发。子鸟：有乳婴的妇女。东流水：出卖妇女。得石头：出卖儿童。出口：拐往外埠。一口吞：将妇女、儿童一次性绝卖。见世面：卖入妓院。大家胖：将妇女押入妓院，共分收益。过昭关：从陆路

拐骗妇女出境。跑底子：从水路拐骗妇女出境。齐跟起：拐
骗得手。母舅板脸：事败被捕。

（3）翻高头切口（越墙贼的隐语行话）

上手把子：能空手上墙的。下手把子：需借助竹竿、梯
子上墙的。滑条：竹竿。高升：绳梯。登云：上屋。开天
窗：上房顶揭瓦抽椽入室。窨子：房屋。稀窨：卧室。神
窨：庙宇。皇窨：佣人仆役住室。满窨：空屋。窨正：厅
堂。扇子：门。江扇子：开着门。介扇子：关着门。小扇
子：窗户。上阳：上房顶探听动静。把风：在外放哨接应。
皮条子：看家狗。探笆：探察有无看家狗。伏笆：用有毒食
物喂看家狗。折笆：已毒死的看家狗。马：高墙。骑马：在
墙上。土狗货：越墙入室。越鞍子：得手后逃离现场。上
窨：不及远逃就近藏匿赃物。一线进：众贼依次越墙入室合
伙盗窃。上场：拒捕。落钩：被捕。打鹩：夜间行窃。拉
帐：分赃。

（4）开窨口切口（掘壁贼的隐语行话）

开桃源：掘墙洞。相挖：掘地道入室。打腰子：动手挖
掘。买路：事先探查行窃路线、地形。单滚：单独作案。带
档：结伙作案。探水路：院墙坚固，掘前用水浸湿。探院：
从墙洞入室。排塞板：撬门而入。失匹主：被窃人家。木枣
木：同伙。老娘：包裹。皮子：衣物。贤良：师傅。岗窨：瓦
房。草鞍：草房。行捻：路遇同伙，结伴作案。干扒虎：独自

掘墙。划圈子：掘墙出洞。坐井子：入院拆房。白土杠：趁风大行窃。浏：行窃遇雨。掩码子：趁夜晚行窃。亮子高：夜间月明。飘花：降雪。号上：捆绑赃物。灰家：捕役。偏马：在墙上。得了：被捕。大院子：监狱。上学：入狱。

凡此，"青皮"与"蚂蚁王"，"翻高头"与"开窑口"，各为两种相贴近的犯罪行当。前者，一为诱拐妇女及其钱财，一为拐骗贩卖妇女儿童；后者，一为越墙入室行窃，一为破墙入室行窃。然而，均因作案方式的差别，而专有当行一套围绕本群体活动内容相关的隐语行话。破译了其当行隐语行话，也就掌握了其基本作案手段及一般规律。这样，就为进一步破获有关犯罪案件、缉捕犯罪分子与团伙，取得证据，提供了可能性和便利。同时，更有利于制止犯罪和发现犯罪活动踪迹，乃至区别犯罪群体。

在此，应当论及的是社会犯罪群体同其他社会群体隐语行话的区别问题。这对于运用隐语行话语料分析、鉴别是否专业犯罪群体（团伙、集团），是十分重要的一个环节。

根据隐语行话语汇内容基本都同当行行事相关，是言语活动与行为相结合的产物这一原则，我们即可以就一定数量的隐语行话进行定量定性分析，从而获得基本的判断性的鉴定结论。

请看如下几个行业群体常用的隐语行话语汇材料：

（5）东北采参业的隐语行话①

棒槌：人参。放山：挖参。放芽草市：四五月参芽出土

① 据全宝忱《关东山民间风俗》，中国民间文艺研究会吉林分会等编印，一九八五年。

季节。放青草市：六七月绿草浓密季节。放红榔头市：七八月参籽鲜红季节。放刷帚头市：参籽落地季节。放黄罗伞：霜后季节。领棍：各帮放山头领。边棍：领棍助手。腰棍：一般放山者。明手：有经验的老放山人。拉帮：结伙放山。端锅：做饭的。单棍撮：单人放山。压垵子：搭设简易窝棚。大货：份量重的人参。拉背：进山。老爷府：山神庙。初把：初次放山新手。麻达山：迷失方向。钱串子：蛇。叫棍：用木棍敲树干。拿火：休息。拿饭：吃饭。拿觉：睡觉。喊山：发现人参即喊"棒槌"以通知同伴。接山：领头的询问喊山人所发现的人参情况。抬参：挖参。打兆头：在树干上留暗记。趴山货：上年发现而未采的参。压起来：藏参。起黑票：偷参包逃走。辍棍：一季来参结束下山（棍，系指采参者用的"索拨棍"）。

（6）浙江龙泉山区菇民的隐语行话①

猪肉：歪老。老酒：三点。饭碗：饭脑。香菇：香老。斧：嗘。柴刀：弯。稀饭：平饭。吃饭：戽添。老鼠：磁拉。小老鼠：五脏。看山：乃山。香菇寮：香老寮。睡觉：上席。坏：羊角。好：子女。回家：落棚。父亲：八七。母亲：女良。兄：双可。弟：两点弟。姊：女且。妹：女未。丈夫：丈介。妻子：地板。女人：尖登。本地人：蛮儿。贼：贝戎。土匪：十一。一：丁点。二：双龙。三：横刀。

---

① 据徐起佳《龙泉县蛟垟菇民信仰》,《民间文艺季刊》（上海）一九九〇年第四期。所录语料，在龙泉、庆元、景宁三县菇民中通用。

四：横目。五：吾去口。六：高头。七：皂脚。八：过海。九：丸去点。十：挑手合（拾）。一百：一寸。一千：一撇。一万：一草。

　　凡此，（5）、（6）两例，同前述（1）至（4）例相比较，显然形成了犯罪群体与非犯罪群体的明显对照。究其赖以区别的基本依据，即在于对其当行隐语行话常用基本语汇（语料的定量）所反映的当行行事（内容的定性）的分析与鉴别。事实亦正是如此，两种群体的形成，各有其完全不同的宗旨和媒介；前者在于犯罪目的，而后者却在于具体经济、生产活动的需要。

　　例如菇民隐语行话的产生，一是出于保守当行技术（生计利益），一是出于行业信仰与禁忌。而且，使用起来亦有其行业规矩，即初一、十五两个晚上不许运用隐语行话交谈。因为，这两天晚上是菇民们供神、过节的日子。这仍是行业信仰与禁忌。

　　专业犯罪群体与诸行经济、生产群体的隐语行话鉴别，比较容易一些。最令人不易鉴别的，是那些成员构成及当行行事都比较复杂的群体。例如江湖艺人、迷信职业，以及某些金融、商业群体，其隐语行话既有维护当行权益的一面，同时又具有掩饰其中不法成员或不法行为（坑骗人、作弊）的作用，甚至成为主要手段。以对其隐语行话的定量定性分析，只能鉴定行业之别，而不能据以说成是犯罪群体。

　　因此，运用隐语行话考察、鉴别社会群体，尤其是否同犯罪有关联，是一项非常严肃的事情，必须坚持实事求是、具体事物具体分析的科学原则，不能凭主观臆断轻率做出断言。

2. 隐语行话与反犯罪手段

民俗语言学视野中的基本对象材料不止是方言这一种品类，还包括俚语、詈语、秽语、秘密语、行业习惯语、戏谑语、口头禅、乳名、绰号、称呼语、亲属称谓、社会称谓、俗语、民间流行习语等等；又包括语调、腔调、语病、话语习惯等同语料音义、语法关系比较密切的言语习惯形式。运用隐语行话材料进行科学分析、鉴别，是公安、司法侦破、预审工作的一种比较重要的基本反犯罪手段。

一位从事刑事犯罪侦破缉捕工作的警官，曾在一次学术会议上发言说：

……犯罪隐语是违法分子在长期犯罪过程中逐步编造、流传、形成和发展起来的。它的形成是犯罪分子主观与客观上的需要。一是犯罪的需要，即作案的需要；二是隐匿的需要，即能在光天化日之下直接传递犯罪信息，避免局外人听懂的需要；三是安全的需要，即为了作案得手，逃避发现，逃避侦查，逃避打击的需要；四是交流需要，即罪犯之间保持默契地结交联络、配合交流的需要。因此，犯罪隐语始终作为违法犯罪分子专用暗语和进行犯罪活动的工具。它的发展，有些是旧社会遗留下来的，有些则是犯罪分子新编造的，有些是模仿恐怖组织和黑社会的黑话，还有些是把普通语言改变原意，用歪曲词意，借用词语，变更词形，借用民间日常生活、职业熟语以及淫秽语言来编造各种各样的隐讳语言。现在各地犯罪隐语，基本上自成一体，在种类和数量上有所增多，并且出现一事多词或一词多义的现象……所以，我们有必要了解犯罪隐语的历史演变，认真研究犯罪隐语，掌握其黑话，做到知己知彼，为侦察破案和打击各类刑事犯罪服务。

一般说来，隐语行话在公安、司法等部门的反犯罪工作中，主要用作语言识别与鉴定的语料。就其实际作用来说，主要有以下几个基本方面：

（1）为侦察犯罪提供线索，确定涉嫌对象范围。通过对语料的识别与鉴定，可以基本确定作案者是否专业犯罪群体及哪一行当的成员，或属其他行业群体的非专业犯罪团伙成员；可以基本了解其作案时间、地点、手段、结果等方面的信息。加之对所操语音等其他相关内容的鉴别，则可进一步确定涉嫌对象的范围，为侦查、缉捕提供方向。

例如，某地四名犯罪分子结伙越墙进入一户农民住宅，以刀威逼抢走现金及一些物品。然后，其中一名歹徒喊了一声"及地"，于是都逃离了作案现场。当地刑警部门的侦查员根据被害人提供的这一线索，经调查、识别后初步判断，这是当地境内一个犯罪团伙使用的隐语行话语汇，"及地"亦即快逃、撤退。因而，排除了外地犯罪分子流窜作案的可能，比较准确地确定了涉嫌犯罪者的群体范围，及其所经常活动的地区，为侦查与缉捕提供了方向。经进一步的工作，结伙抢劫的四名犯罪分子全部捕获，证实了事先的判断。

（2）利用所准确掌握的具体犯罪群体（团伙、集团）的隐语行话，迷惑对方，诱之落网，或以此为掩护打入群体内部开展侦查及获取罪证工作。这是有关部门用以对较大群体、分布范围较广，而组织上又相应严密的犯罪集团经常使用的一种反犯罪斗争手段。这是一种以彼之矛攻其之盾，为我所用的反犯罪手段。其中，主要是利用了隐语行话在规模较大而组织比较严密的犯罪群体中，所具有的内部联络与识别身份（是否同伙成员）的重要功能。国内外一些反犯罪题材文艺作品，经常以这类手段内容作为必要的故事情节。

（3）为预审犯罪分子提供武器。据了解，有一定经验的预审人员，可以通过隐语行话这一线索，判别犯罪分子（或涉嫌犯罪者）是否惯犯、有无前科，借以为制定审讯重点、方法，扩大线索乃至制服对象，提供依据。

据介绍："犯罪分子满口黑语、各种隐语都通，大都是惯犯、累犯或有前科的，或是交织多种犯罪的，反之则是偶犯。如犯罪分子能讲、听得懂各地犯罪隐语，一般都是流窜犯，反之则是本地犯罪分子。如被打击处理过的犯罪分子，有相当部分人会讲公安、劳改部门及拘留、逮捕方面（内容）的隐语，以此，办案人员可以判别其有无前科。"例如，其扒窃犯被当场捕获后，预审中，发现其所流露出的隐语行话语料与另一待破的重大案件所获语料相近。于是，根据这一线索进一步审讯，证实了这一判断，促使另件大案一并破获了结。

（4）为揭露犯罪群体和定性量刑制裁提供必要的证据。严格说，犯罪群体成员运用其当行隐语行话为工具或手段，进行联络、勾通有关犯罪活动信息，商议、策划及指挥犯罪活动，以及以此来串供或掩盖犯罪行为逃避法律制裁，无论其犯罪行为是否成为事实或造成什么样的后果，这个行为及其过程的本身即属犯罪活动的构成方面。那么，这一过程中所运用过的隐语行话语料本身，已属于一种犯罪证据，可以作为揭露其犯罪活动与依法定性量刑制裁的必要根据。

在此，不妨以一篇反犯罪题材的纪实性文学作品的有关情节为例。这篇作品有一个"贼王"黄瘸子被捕后被审讯的情景：

"我的问话，你听清楚了吗？"

"听清了。"

黄瘸子不再装聋了。女贼——是他的心腹支队，远比他的"南下支队""北上支队""鬼队"的人厉害，她们一反他集团不成文的规定和自古以来贼道的规矩：打破地域、车次进行掏窃。其中，女贼之首妮大王不仅绺窃（扒窃或掏窃），还会干男贼的活：压疙瘩（锁头）、踩花灯（夜间入室）。她行窃技术高、胆子大，所有的女贼她都抱把（当头儿），有垛（私刻的公章），还兼分管指令男女贼搭配姘宿。这伙女贼里的高手，连黄瘸子都佩服：有耍飞刀（在行人中走着削窃）的孟小波，偷魂儿（施女性之姿色分散被害人精力，伺机行窃）的白雪，还有摘挂儿（火车上挂衣服时偷）的小美，打堆儿（藏钱）的二华，调包（拎提包）的洋娃娃等等。这些女贼，车上、车下，死的、活的（睡的醒的，指被害人）全拿（掏的意思）。而且，人人掏窃技术全面：飞亮盖儿（捻兜），削、割、抠（刀子作案），翻板（掏内衣），搓皮（掏外衣），摸荷包（钱包），干得疯狂。每个女贼，都有见了钱不掏下来誓不罢休的窃癖。尤其使贼王感到女贼的优越在于保护男贼，这些女贼既是神偷能手，又是男贼的老婆、姘头、情妇……长期流窜中与男贼扮成夫妻旅行、探亲、做买卖，或去旅游、结婚、度蜜月……一旦男贼掏"响"（被发现），她们可以上前掩护，一旦"掉脚"（被抓），她们可以借去探监时用暗语串供、否供，以便设法营救。在他百贼集团里，如果没有这些女贼，他的黑伙团伙将失去基础。然而现在，这张王牌被公安机关拿到了。更可怕的是，女贼对男贼的案子了如指掌，大凡他们掏了上杆儿（百元）的、上槽（千元）的、上坎（万元）的钱，谁又瞒得了她们？这些鬼混人间的女妖，毕竟能用女人特有的姿色和本领顷刻间使男贼们绘声绘色地把干大案时的心情、手段和盘托出。

黄瘸子心里叹息：一叠子全打了。①

"隐语是语言和行为相结合的一种方式。"② 像"压疙瘩""踩花灯""抱把""耍飞刀""偷魂""摘挂"……这些本即代表各种犯罪行为的隐语行话符号，其当行事中运用、实践的过程，就成了犯罪事实，这些符号亦自然而然地成为罪证形态的一种。即或在被审讯过程中，这种符号仍不失为揭露犯罪和定性量刑制裁的必要证据。

隐语行话是犯罪群体的犯罪形式之一，是其言与行合一的特别符号系统。同时，它也理所当然地成为反犯罪行为的有力工

---

① 司马公主编《形形色色的女犯》第三三至三五页，中国文联出版公司一九八八年版。

② 萨姆瓦等《跨文化传通》中译本第一九二页。

具。这也是正义与非正义、道德与反道德之间理应出现的两个方面，是谓"魔高一尺，道高一丈"。

上面仅就"隐语行话与社会犯罪问题"，一般性地探讨了两个基本方面的内容。至于更具体、更深入、更广阔的方面，已非本书论述、探讨的范围，当由有关方面的专家在其限定的条件中进行。不过，上述作为文化史的一般性的基本理论的粗浅探讨，或许对有关专家有所裨益，仅此而已。

最后，提请读者注意的是：隐语行话可为社会犯罪群体所利用作犯罪的工具，亦可变害为利、成为社会反犯罪的有力武器。同时，虽然歹徒犯罪往往使用隐语行话，但社会上使用隐语行话的群体并非都是犯罪群体，其成员亦并非都是犯罪分子。就历史事实及总体来说，利用隐语行话犯罪者，在全部使用这种语言变体的人口当中，仍属少数。尽管隐语行话有被匪贼利用的事实，却不能以偏概全，这一特殊民俗语言形态的本身，仍不失为民间文化中的智慧产物。

六、隐语行话与民间文化

隐语行话，是一种特殊的民俗语言现象。它对民间文化有着特殊的影响。

1. 隐语行话是民间文化中的一种特殊语俗

戴维·W·摩洛在研究赌徒隐语行话时提出："隐语远非仅仅是语言的特定形式，它们反映了一种生活方式……它们是研究有关心态、对人们和社会的评价、思维方式、社会组织和思维能力的关键所在。"① 这是有道理的。为什么呢？因为一种群体的隐语行话符号体系所掩盖的内容，既是其秘密，也正是该群体内部主导文化所在。这就是美国描写语言学派代表人物兼人类学家爱德华·萨丕尔说的，语言不脱离文化而存在，不脱离社会流传下来的、决定人们生活面貌的风俗和信仰的总体。② 隐语行话的本身，就

---

① 《投骰赌徒的隐语》，刊《美国政治社会学年鉴》第二六九期，一九五〇年。
② 《语言论》中译本第一八六页，商务印书馆一九八五年版。

是中下层社会群体的一种语俗，是民间文化的一种特殊语俗。

为什么说它是一种"特殊语俗"呢？作为民间文化范畴的语俗类型是很多的，如谜语、谚语、流行习俗、惯用语、称呼语、绰号、詈语、禁忌语、语言游戏等等。尽管大都可以寻得使用者的年龄、职业等种种社会文化层面痕迹，但均非特定社会群体用于内部交际的特定符号体系，均非直接以对语言的反动来实现内部信息交流的保密需要，均非某些特定群体的固有语俗，都是开放性而非封闭或半封闭性的。相反，隐语行话作为一种特殊语俗，则是某些社会群体用于内部交际、维护内部利益（当行秘密）和组织、协调内部人际关系需要的必然产物。

隐语行话作为民间文化的一种特殊语俗，具有前面说到的封闭或半封闭性、符号性、群体性，及口头性、地方性和传承性等基本特征。由于其主要用于口头交际过程和内部口耳相传，人群中的方言文化背景和因素的影响就在所难免。清光绪间苏州桃花仙馆石印的唐再丰《鹅幻汇编》卷二十收录的《江湖通用切口摘要》引言中称："江湖各行各道，纷纷不一。切口，即隐语也，名曰春点。字无意义，始从吴下俗音而译之，阅者原谅焉。"即可为证。方音之讹误，势必导致隐语行话的自然变异，加上其他人为因素、社会因素及为保密而应情况变化因素的影响，就愈发使之在传承过程中不断发生各种变异，难免出现隐而又隐的趋势，对于考其形制构造、本来用字之类，愈发困难。尽管如此，江湖隐语行话在传承过程中仍保持了相当的稳定性。例如，清末民初活动在今河北、山东的江湖丐帮"穷家行"称一吊钱为"干桁"，而当代华北、东北等地的流氓、乞丐等黑社会团伙中将一百元称为"一杆子"。这是一种历经社会变迁后的传承变异，并非偶合。至于将狗称为"皮子"，几乎是清末以来至四十年代江湖隐语行话中的"通用语"，在传承中竟未发生变化，仅各地方音有异而已。

宋元时即将养雏妓称为"养瘦马"，二十世纪以来仍称妓女为"马子"，而当代东北地区黑社会团伙则将之改称"抽子"，又足见其变化之殊。

凡此可见，民间隐语行话作为民间文化中的一种特殊语俗，虽有其特殊属性和规律，却由于其以母语文化为基础派生而出，仍大体因循了民间文化的一般语俗特征。

2. 江湖文化与民间隐语行话

在中国社会发展史上，有一个超越时代的复杂社会现象，即所谓"江湖社会"及其文化。说其复杂，是因它既藏龙卧虎，又藏污纳垢，鱼珠泥沙并蓄。反抗黑暗政治的揭竿起义者，以江湖义气联络各方、团结部众，如清季的天地会及后来的多种秘密社会团体。古代隐士有称隐居江湖的，如《南史·隐逸传上》即载"或遁迹江湖之上"。诗人不得志流落四方亦称落魄江湖，如唐杜牧《遣怀》诗云："落魄江湖载酒行，楚腰纤细掌中轻。"甚至高僧也有称走江湖者，梁慧皎《高僧传·竺法汰》："与道安避难，行至新安，安分张徒众，命汰下京。临别，谓安曰：'法师仪轨西北，下座弘教东南，江湖道术，此焉相望矣。'"同时，那些杀人越货、走私枉法的流寇匪盗亦自称江湖中人。至于那些四海为家到处流浪卖艺、行医、占卜或以乞讨为生计者，同样也自称是吃江湖饭的。仗义行侠的江湖义士，一向为世人所褒扬、敬畏；

"江湖骗子"，却是对一些江湖丑类及其恶行的习惯称谓。凡此种种，美与丑、善与恶、是与非，皆为"江湖"所兼容，交织缠绕地构成神秘而复杂的江湖文化，是民间文化研究尤其隐语行话研究中最令人棘手，而又不能绕行的一个领域。

《江湖通用切口摘要》称："江湖赌技，总分四行，曰：巾、皮、李、瓜。行此者名曰相夫。凡做相夫者，不曰做而曰当，故自称当相者。算命、相面、拆字等类，总称曰巾行。医病、膏药等类，总称曰皮行。戏法四类，总称曰李子。打拳头、跑解马，总称曰瓜子。"各行道之中，再加细分，不仅各有隐称，亦别有当行的隐语行话。例如皮行，在桌子置放药瓶行医卖药的称之四平；同时兼备有锉药现卖的称之捻之；在地上摆瓶卖药的称之占谷；掮布招、摇虎撑，走街串巷卖药的称之推包；用铁槌敲打自身方式招徕顾客的卖药者，称之边汉；用自我割份方式招徕顾客的卖药者，称之青子图；卖象皮夹纸膏的称之龙宫图；卖膏药只收香，不收钱的称之香工；自称戏曲艺人，而走乡串村行医的称之收包；摆草药摊的，称之草汉；卖眼药的，称之招汉；卖人参、三七的，称之根根子；打弹弓卖膏药的，称之弹弓图；卖假龙骨的，称之凄凉子；治毒疮卖春药的，称之软账；先以变戏法招徕观众，而后卖药的，称之聚麻；卖药糖的称之甜头；祝由科、画符称之于头子；画符治病、且能说明病因的，称之叉李子；走乡串村送符的，称之劈斧头等等。五花八门的走江湖行医卖药人，真假善恶混杂，以骗取资财为生计者居多。由于其行无定踪，以赚钱为本，坑人误命不负责，讲医德者颇少。

那么，历来为什么屡有人自愿上钩、甘心上当，屡屡受骗者，至今不乏其例呢？其中主要是同民间文化的传统观念有关。

在世俗观念中，仗义行侠、行善除恶和江湖义气是走江湖者赖以自立或结盟的一个精神支柱，也是赢得人们敬畏的根本所在。当人们对清官政治失去信赖之后，遇急遇难无助之际，即寄托于江湖侠义的帮助。十九世纪末二十世纪初，活跃于鄂北老河口一带的一个哥老会支派，本名"九龙山"，颇讲江湖义气，聚众达数千人之多，后来干脆就改称为"江湖会"，成为清末"扫清灭洋"的一支重要力量。由此可见"江湖"在世俗观念中的影响力量之大。至于江湖骗子，也正是巧妙地利用了人们这种心理趋向，以行善为名，以做恶为实。

不久前，曾见到清佚名氏手辑的《江湖黑话谱》，① 其所录皆属当时江湖走镖者行事，是为初入镖行者备用的教习读本，正其名当为《江湖走镖隐语行话谱》。谱中说：

"会全生意要知江湖话，才能称起江湖班。四大部州，三教九流，八大江湖，校里二行，有一不明是未全。"凡此可见，掌握当行隐语行话是江湖中人必不可少的基本常识，既是存身立命生计之本，也是凭以自卫、识别身份的"护身符"。正因其关系如此重大，所以，出于维护当行者共同利益的需要而"能送一锭金，不吐半句春。能送十千钱，不把艺来传"。这种不成文的江湖行规，是以江湖义气为基点的一种约定俗成的江湖习惯法。如有违犯，即辱没江湖义气，为江湖所不能容忍。因为，江湖文化的核心是江湖各色人等所尊奉的江湖义气，而隐语行话也是协调和维系当行人际关系的基本工具。这一点，也充分示了隐语行话

---

① 中国社会科学院文学研究所编印的《双楷书屋考藏珍本丛书》初集影印本，署"清佚名撰"。

的群体性、封闭性特征。

由于隐语行话与江湖社会行事关系甚为密切，明清以来流传的一些隐语行话辑集，时有径以"江湖"二字冠名者，如明代教坊掌教司程万里《鼎镌徽池雅调南北官腔乐府点板曲响大明春》书中收录的《六院汇选江湖方语》，经卓亭子删订作序的专书《江湖切要》，唐再丰《鹅幻汇编》中收录的《江湖通用切口摘要》，① 民初北京打磨厂学古堂排印的《江湖行话谱》，等等。

于此，应指出的是，《六院汇选江湖方语》的"六院"，是指明代金陵（南京）的六家著名酒楼、妓院，该辑卷首却称："但凡在于方情，而在江湖上走动者，称（以下辑释隐语行话一百五十余事）"，可知"六院"虽为当时京师为"宿商贾"所建，亦是江湖中人经常往来出入之所，至少那些过往商贾往往要雇有江湖镖师随行护身的，妓家与江湖中人打交道多了，自需谙知江湖秘密语规矩以应付营业之道。与此同时同地、相关而又可为互证的，今所见辑录当时六院妓家本行隐语行话的《金陵六院市语》，即附载于卓亭子删订过的《江湖切要》一书卷末，署"明风月友著"。这就是说，江湖中人由于时常出入六院，为方便起见，亦需掌握其当行隐语行话，即如《金陵六院市语》卷首所称："六院风景不同，一番议论更别。既难当时分晓，可不预先推详?"所谓"议论"，即就六院中人言谈时所夹杂的当行隐语行话而言。这样一来，本为妓家的《金陵六院市语》何以附载于《江湖切要》书末，乃至当时江湖中人与六院的过从之谜，也就可以找到

---

① 民初金老佛将此收入《九流三教江湖秘密规矩》时题为《江湖通用切口》，上海大通书社一九三七年版。

了答案。江湖中人常居无定所，游无定踪，出入酒楼妓家，自属常事；而对生意人来说，"来者都是客"，则是其基本的生意经。互通隐语行话，各为其便，正是其功利性所在。

民间秘密结社，是江湖社会中组织性较强而又极引人注目的群体。他们大都承继了江湖义气等江湖文化，其中也包括使用隐语行话这一民间语俗。不过，他们的隐语行话，虽以江湖秘语为基础，或间有交叉，却大都具有更强的封闭性。如果说，一般江湖通用隐语行话是半封闭性的符号体系，那么民间秘密结社的隐语行话则是全封闭性的，这是由其结社宗旨和有组织地保守内部机密的切实需要所决定的。"亚文化及其群体的人们，不仅享有作为其成员的资格，参加社会社团和文化社团的活动，而且他们也共享着语言传通的方式和类型。""对于我们来说，关键在于懂得隐语是限于特定亚文化及其群体内所使用的语言，其成员是在主导文化之外的。懂得隐语是了解有关亚文化或亚文化群体的关键所在。"① 其缘故亦如安德列·里奇说的，"隐语帮助反主流文化提供一种自卫的手段"。② 译解、剖析江湖秘密组织的隐语行话，对于了解、把握其组织性质、行事规律等内幕及其亚文化心态，均有重要意义。据蔡少卿《中国秘密社会》书中记述：③

　　会规用以约束会内兄弟，互不通属的各个哥老会对这方面的规定大同小异，在实际活动中亦少有变动。暗号暗语则不同，其功能是掩护哥老会活动，一旦一种暗号或暗语为官

---

　　① 萨姆瓦等《跨文化传通》中译本第一九一至一九二页，三联书店，一九八八年版。
　　② 《跨种族传通》第一四二页，美国纽约哈珀和罗出版公司，一九七四年版。
　　③ 浙江人民出版社一九八九年版，第六二至六三页。

方和公众知晓，就要变更，因此哥老会的暗号暗语十分复杂。而且，各地风俗习惯和方言土俗有差异，暗号暗语的差异就更大了。……暗语的字面意思和实际隐含意思不一样，一般人不易理解。这里举几个暗语为例子：

扫面子：帮中人与某人有隙，派兄弟故意与他为难。

闹场：对有代隙的人，遇他有热闹的宴会时，故意捣乱；或因戏院、茶楼、酒楼、澡堂不买账时，故意去闹。

争风头：帮中人与帮外人发生纠纷，各不服输，扩大纠纷，双方集人群携刀棍动武，谓之争风头。上前动武时，名为开头，又曰上阵。

摆硬功夫：遇事以小刀向自己腹上或腿上猛戳，流血而不动声色，表示不怕死，使人畏怯，以达到他的目的。

帮会弟兄熟习了会内的一套隐语，即使在烟茶酒肆之中，也可高谈阔论，传递信息，而帮外人殊不能详其意。据说，哥老会红帮内的隐语，不下十万余言……

哥老会是最初以"反清复明"为宗旨的天地会的一个主要支系，始终有着政治斗争的历史背景，然而从上述四例隐语的译解中却不难使人窥得帮中江湖恶习颇盛，会众成分十分复杂，良莠不一。事实上，哥老会成员除手工业工人、破产农民外，即是遣散的官兵和无业游民，辛亥革命后它几乎完全堕落为社会恶势力，与其固有的会众基础有着直接关系。

凡此种种，隐语行话作为一种江湖社会语俗和特定符号代码，以其内在的联系为考察这一特定的民间文化，提供了一个别有洞天的窗口。

3. 市井文化与"市语"

在汉语中，"市井"有多种含义，如城邑中的交易场所、城镇、街市、商贾、城市流俗之人或无赖之徒，包罗诸行百业，而活跃其间者大多为市民。隐语行话一名"市语"，当系就其是市井社会生活的一种习见语俗而言。

宋人陶榖《清异录》中说，"和尚市语以念珠为百八九"，"百八九"即僧人隐语行话中的一个语汇，考其语源当系念珠多取一百零八颗之概。在本书首章曾引述过宋曾造的有关论述，他在《类说》卷四引（元澄）《秦京杂记》语云："长安市人语各不同，有葫芦语、镟子语、纽语、练语、三摺语，通名市语。其后，宋张世南《游宦纪闻》卷二："井邑间市语谓犀下品为鬼犀。"宋孟元老《东京梦华录》卷九"宰执亲王宗室百官入内上寿"："惟用群队装其似像，市语谓之拽串。"明祝允明《猥谈》中亦称："本金元阛阓用谈吐，所谓鹘伶声嗽，今所谓市语也。"至清初，翟灏《通俗编》卷三十八"识余"在逐一举了米行、丝行、绸绫行、线行、铜行、药行、典当、估衣铺、道家星卜、杂货铺、优伶及江湖杂流等十二行一至十的数目市语后，又写道："江湖人市语尤多，坊间有《江湖切要》一刻，事事物物，悉有隐称。诚所谓惑乱听闻，无足采也。其间有通行市井者，如官曰'孤司'，店曰'朝阳'，夫曰'盖老'，妻曰'底老'，家人曰'吊脚'……俱由来于此语也。"至于以"市语"径为隐语行话辑集之名者，除明代的《金陵六院市语》外，宋代陈元靓《事林广记续集》卷八中已收录有一种《绮谈市语》，共辑释隐语行话三百六十余事，按内容分为天地、君臣、亲属等十九门。如其"亲属门"所录，以夫为"厥良、盖老"，以妻为"内政、底老"，以婢为"赤脚符"，妾为"妮子堕"之类。所谓"绮谈"，于此当含故意不直言之义。

凡此可见，以"市语"称隐语行话，至迟于宋代已始。同时，宋、明、清三代所谓"市语"，大都主要用指市井诸行，即或如翟灏那样亦用作江湖隐语行话之称，亦仅是将之视为诸行中的一行而论之；其所指出"江湖人市语""有通行市井者"诸例，又可佐证市井诸行市语与江湖人秘密相通和互相渗透的关系。一如前面已谈过的，江湖人隐语行话读本附载妓家市语，六院中人又力求掌握"江湖方语"，同为一理，是民间文化在中下层社会不同群体间相互平行层次的渗透与融合现象。

市井社会，三教九流，五行八作，世事炎凉，人生百态，亦自然于"市语"中得到反映，觅得轨迹乃至史证。例如市井的蹴鞠游艺，远在春秋战国时即已盛行，《史记·苏秦列传》曾载："临淄甚富而实，其民无不吹竽鼓瑟，弹琴击筑，斗鸡走狗，六博蹋踘者。"至宋代尤为盛行，帝王亦有此好，宫廷中还设有御用球队，每逢盛会往往举行蹴鞠比赛，民间亦有各种蹴鞠结社，并有当行市语流行。今所见当时的《圆社锦语》，光是数目隐码即有两套之多，如一为"孤"或"解数"，二为"对"或"勘赚"，三为"春"或"转花枝"，四为"宣"或"火下"，五为"马"或"小出尖"，六为"蓝"或"大出尖"，七为"星"或"落花流水"，八为"卦"或"斗底"，九为"远"或"花心"，十为"收"或"全场"。有趣的是，其后一套数目隐码的所指部分，或有取自蹴鞠当行行事为之者。如"勘赚"，一本作"勘脿"，即指二人踢法，《蹴鞠谱·二人场户》："两人对立，各用左右脿，一来一往，三五十遭，不许杂踢。"又"花心"，在《蹴鞠谱》中属"九人场户"，为一种踢法。至于一般隐语行话中亦不乏此类，如以好为"圆"，左边为"左拐"，右边为"右拐"，骂人为"冲撞"，晚为"蹴鞠梢"，靴鞋为"拐搭"，吃饭为"入气"，失礼为"穿场"等，颇富当行特色。据宋人王明清《挥尘后录》卷七记述，北宋时人高俅，初为苏轼小史，能笔札，后属枢密都承旨王铣。王铣尝遣高俅给端王赵佶送箆刀子，见其善蹴鞠，即留用身边。及赵佶即位为徽宗，对高俅优宠有加，任殿前都指挥使，加至太尉，开府仪同三司。其父高敦复得任节度使，兄高伸自言业进士，直赴殿试，后登八座，子侄亦皆为郎。也就是说，高俅以其一身球技得宠皇王，不仅一人得居高位，亲族也普遍称贵。《水浒传》第二回中，也有相似描写。仅此一斑，足见一时市井风情。

历来描述市井社会生活通俗文学，最以明清为盛，其中又不乏用及当时诸行流行市语之例。于此，仅选言称"市语"的三例。

其一，见于《西游记》第二回：

祖师又道："教你'流'字门中之道，如何？"悟空又问："流字门中，是甚义理？"祖师道："流字门中，乃是儒家、释家、道家、阴阳家、墨家、医家，或看经，或念佛，并朝真降圣之类。"悟空道："似这般可得长生么？"祖师道："若要长生，也似'壁里安柱'。"悟空道："师父，我是个老实人，不晓得打市语。怎么谓之'壁里安柱'？"祖师道："人家盖房，欲图坚固，将墙壁之间，立一顶柱，有日大厦将颓，他必朽矣。"悟空道："据此说，也不长久。不学！不学！"

其二见于《警世通言》卷三七：

　　当日茶市罢，万员外在布帘底下，张见陶铁僧这厮，栾四十五见钱在手里。万员外道："且看如何？"元来茶博士市语，唤做"走州府"，且如道市语说："今日走到余杭县"，这钱，一日只稍得四十五钱，余杭是四十五里；若说一声"走到平江府"，早一日稍三百六十足。若还信脚走到"西川成都府"，一日却是多少里田地！

其三，见于《儿女英雄传》第十一回：

　　却说李老、韩七两个一路上真个的是小心谨慎，不辞辛苦；不但安公子省了多少心神，连张老也省得多少辛苦。沿路上并不是不曾遇见歹人，不是他俩人匀一个远远的先去看风，就是见了面说两句市语彼此一笑过去，果然不见个风吹草动。

例一的市语"壁里安柱"，意思是终也要朽，在文中指难得长生之道，实为一种隐喻，是歇后语。因而，这里的"打市语"之"市语"，就不是"古代行帮使用的隐语"① 了。即或个中"市语"不属隐语行话，亦非直言，具有"隐"性，仍可见一时市井风习。例二称"走州府"为"茶博士市语"，即当时市井茶

---

① 　见人民文学出版社一九八〇年版第十六页脚注④黄肃秋注释。

肆的当行隐语行话，即指借便贪取私匿钱财。即如其下文万员外所道："你一日只做偷我五十钱，十日五百，一个月一贯五百，一年十八贯，十五年来，你偷了我二百七十贯钱。如今不欲送你去官司，你且闲休！"例三的"市语"，则属江湖隐语行话，其"看风"即指观察或探查情况、动静。凡此，诸般"市语"与市井风情融为一体，其本身既为语俗，亦属市井风习事象，自可从中窥视市井诸行微观化气象。又如《水浒传》第六十一回说浪子燕青："不则一身好文绣，更兼吹的、弹的、唱的、舞的、拆白道字、顶真续麻，无有不能，无有不会；亦是说的诸路乡谈，省的诸行百艺的市语。"可知懂得诸行百艺市语，于当时也是市井中令人羡慕的一份本事，是为人处世的一种精明之道。何以如此，一时风气使然。有这种本事，即可与诸行广为交往，洞悉诸行行事，更好地立足于当世。

综上可见，隐语行话既属一种民间语俗，亦是可借以译解、透析民间文化的特别符号体系。其根本机制在于，它不仅隶属民间文化范畴，亦凝聚和运载着多种具体层面的民间文化信息。